한국 근대 산업의 형성 04

한국 근대 임업사

한국 근대 산업의 형성 04

한국 근대 임업사

최병택 지음

푸른역사

책을 내며

어떤 사람은 객관적이고 확고부동한 팩트fact를 복원해내는 것이 역사 연구의 목적이라고 한다. 이런 생각은 실제로 과거 어느 한 시기에 제법 널리 퍼져 있었다. 당시에는 '역사학이야말로 과학'이며 '역사적 사실을 복원하는 작업은 과학적 연구방법과 다름없다'는 주장에 이의를 제기하는 사람이 많지 않았다. 돌아보건대 '과학적 연구방법'이라는 표현은 어느 누군가의 연구에 강력한 권위를 불어넣는 마술과 같은 것이었다. 과학적으로 연구한 끝에 내놓은 주장에 어느 누군가가 이의를 제기하거나 새로운 해석을 가미하는 것은 일종의 모험이었다.

사실 제대로 된 연구자라면 자신이 내세운 주장이 검증 과정에서 반박되거나 폐기될 수 있음을 받아들여야 한다. 오늘날 연구를 업으로 삼아 살아가는 상당수 사람은 자신의 주장에 대해 제기되는 검증과 논쟁을 겸허히 수용한다. 사실 필자는 오랫동안 역사학으로 연명해왔지만 그런 태도를 제대로 갖추지 못했다. 연구자로서 갖추어야 할 바람직한 자세를 배우는 데 관심을 두지 못한 탓이다.

임업 문제에 관심을 가지기 시작했을 때, 필자는 그렇게 미숙한 태도로부터 벗어나지 못한 상태였다. 조선 후기와 일제강점기의 임업 문제에 대해 가졌던 선입견을 제대로 깨지 못하고, 그저 그것을 재확인하는 것만이 바람직한 연구방법이겠거니 하는 안일한 생각에 젖어 있었다. 그러다보니 임업 관련 주요 사건과 정책에 담긴 의미를 파악하는 데 엄청난 시간과 시행착오를 거쳐야 했다. 대한제국 시기에 발표된 삼림법으로 어떤 일이 벌어졌는지, 조선총독부가 삼림령이라는 법령을 공포한 이유가 무엇인지 등 복잡하기 이를 데 없는 사항들을 짧은 지식으로 파악하는 것은 무리였다.

조선 후기 임업 문제를 파악하는 것도 그랬다. 많은 사람은 조선 후기를 그저 사회경제적으로 발전을 시작한 때로 여기곤 한다. 사실 예전에는 조선 후기 사회경제의 문제점을 찾아보겠다고 달려드는 것 자체를 터부시하는 분위기가 없지 않았다. 필자 역시 그러한 타성에서 좀처럼 벗어나지 못하다가 《조선왕조실록》, 《비변사등록》, 《승정원일기》 등과 같은 사료를 몇 년간 살피는 과정에서 선입견에서 빠져나와야 한다는 생각을 갖게 되었다. 이 글은 바로 그렇게 먼 길을 돌아 겨우 정리해낸 결과물이다.

필자가 임업 문제에 관심을 갖게 된 것은 학위논문 주제를 탐색할 때부터였다. IT, 자동차, 조선업과 같이 제조업으로 성장해온 오늘날의 한국사회에 임업은 그다지 눈길을 끌지 못하는 분야다. 하지만 조선왕조와 개항기, 일제강점기에는 임업과 산림 문제가 사회의 가장 중요한 현안 가운데 하나였다. 사실 필자 역시 그 중요성을 뒤늦게 깨달았다. 솔직히 산림 문제가 복잡하게 얽힌 실타래와 같다는 것을 알아낸 것이 그리 쉽지 않았다.

십여 년 전, 자료를 수집한다면서 시골 마을 노인정을 찾아 돌아다니던 무렵에 필자는 일제강점기와 해방 직후 땔감을 채취할 때 벌어진 사건을 여러 건 청취할 수 있었다. 100세에 가까운 어느 어르신은 자기 고장에 나무를 심는 것이 얼마나 힘들었는지, 땔감을 찾아 얼마나 헤맸는지, 그리고 목재를 베어 파는 일을 하면서 어떻게 가족을 부양했는지 들려주었다. 그 치열한 삶의 증언을 듣던 자리에서 그저 새파란 어린아이 같았던 필자는 '삶의 무게가 이토록 무거운 것이었는가' 하는 생각을 어렴풋이 품을 수 있었다.

그런 경험이 축적되면서 필자는 책상 위 공론만 남발하는 연구자에서 보다 신중한 연구자로 거듭나야 한다는 생각을 가질 수 있었다. 그런 자세로 다시 돌아본 산림 문제는 매우 심각하고도 중대한 사안이었다. 오늘날과 같은 산림 환경, 그리고 임업 기반은 어느 하루아침에 이루어진 것이 아니었음을 새삼 느낄 수 있었다.

필자는 조선 후기 산림 문제가 매우 심각했다고 본다. 오늘날 상당수 사람은 우리를 둘러싼 산 경관에 익숙해진 탓인지 조선 후기 산림 상태도 오늘날과 같았거니 여기곤 한다. 하지만 사료를 조금이라도 뒤져보면 그렇지 않다는 것을 쉽게 알 수 있다. 산림 문제는 좀처럼 해결하기 어려운 숙제였다. 사실 산림이 황폐해지면 인간의 일상생활은 큰 곤경에 처한다. 농지는 산에서 흘러내려오는 토사에 덮여버리게 되고 홍수가 잦아져 목숨을 잃는 사람도 생긴다. 이런 생태적인 문제점을 제대로 이해하지 않으면 왜 그토록 위정자들이 산림 문제를 두고 걱정했는지 이해할 수 없을 것이다.

어떤 이는 조선총독부가 그와 같은 산림 환경을 극복하겠다고 공언했다는 점을 긍정적으로 보곤 한다. 그런 사람 중에는 당국이 내세우는 담론과 실제의 간극을 제대로 이해하려 하지 않는 논자도 없지 않다. 필자는 이 역시 학문적 반증가능성을 받아들이지 않은 태도라고 생각한다. 조선총독부 당국자가 식민지 조선의 임업 현실을 비판하면서 이를 개선하겠다고 말했다는 이유로 일제하 임업을 긍정적으로 본다거나, 영·정조가 산림녹화의 필요성을 거론한 적이 있다는 사실을 지적하면서 그들이 선견지명을 지닌 성군이었다고 말하는 것 역시 바람직하지 않다. 이 분야 연구 성과를 돌아보면서 이런 아쉬움을 표현하는 것은 순전히 더 나은 연구를 기대하기 때문이다.

사실 필자에게는 사물을 분석하고 이해하는 능력이 부족하다. 그런 관계로 사료 해석이 잘못되거나 빠뜨린 자료도 없지 않을 것이다. 사실 필자가 가진 능력에 비추어 볼 때 이렇게 글을 작성해내는 것이 바람직하지 않을 수 있다. 그럼에도 누군가에게 필자의 부족한 주장을 반박할 여지를 남겨두는 것은 의미가 있으리라 생각한다. 이 분야 연구는 그와 같은 반박과 재반박이 중첩되는 과정에서 더욱 발전해나갈 것이 분명하다.

2022년 7월
최병택

I

서론

조선 후기 산림 이용 실태에 대한 선행연구

흔히 '근대화'란 전근대 봉건사회가 경제·정치·사상 등 사회 전 분야에 걸쳐 변화를 겪으면서 이전에 비해 질적으로 다른 사회로 변해가는 과정이라고 한다. 혹자는 근대화를 촉발하는 핵심적인 동인이 자본주의의 형성이라고 말하면서, 자본주의가 어떻게 형성, 전개되었는지 알아보면 그 사회의 근대 기점과 근대화의 정도를 알 수 있다고 한다. 이런 시각은 근대화 과정을 자본주의 발전 혹은 산업화 과정과 동일시하는 특징을 지니고 있다. 돌아보건대 오늘날 대다수 한국인은 근대화를 촉발하는 원인이 다름 아닌 경제성장(혹은 산업화)이라는 생각에 젖어 있다. 이런 생각을 지닌 사람에게는 근대화라는 주제를 논할 때에 산업화 문제가 가장 중요한 이슈로 여겨지는 것이 당연하다.

근대화와 산업화라는 서로 다른 개념을 밀접하게 관련지어 생각하는 사람들은 민생안정이라는 목표를 달성하고자 할 때 반드시 산업화가 이루어져야 한다고 본다. 이때 산업화란 산업 생산력이 커지고 그에 따라 소득도 늘어나는 현상을 의미한다. 이렇게 산업화를 소득 증대, 산업 생산량 증가라는 개념과 동일시하고, 또 그것이 근대화라는 일련의 변화 과정에서 핵심을 점한다고 보는 사람에게는 '산업 생산량이 늘어나는 것이야말로 근대 산업이 형성되어가는 과정에 다름 아니다'는 생각이 상식일 것이다. "'근대 임업'이 언제 어떻게 형성되었는가?" 하는 문제를 다루고자 하는 이 글을 읽는 독자의 상당수도 아마 이와 같은 시각을 공유할 것으로 보인다. 하지만 필자는 '근대화'라는 개념이 꼭 생산량 증가와 관련지어 생각할 문제가 아니라고 본다.

연구자들이 흔히 근대 시기라고 여기는 일제강점기의 임업 생산량은 넓게 보아 늘어나는 추세였지만, 그것을 뒷받침할 임업 생산기반은 갈수록 쇠퇴했다. 주목되는 것은 이와 같은 흐름을 만들어낸 것이 이른바 '근대화' 혹은 '문명화'를 정책의 최우선적인 목표로 내세웠다고 하는 일제 권력이었다는 사실이다. 일제 권력은 자신이야말로 한반도를 근대화시킬 수 있는 힘을 지닌 존재라고 주장하면서, 그 논리를 근거로 식민 지배에 당위성을 부여하고자 했다. 그들이 내세운 임업 정책은 조선왕조의 그것에 비해 뚜렷하게 달랐지만, 그렇다고 해서 임업 생산기반이 획기적으로 개선되거나 생산력이 강화된 것은 아니었다.

혹자는 "그렇다면 일제강점기의 임업을 근대 임업이라고 부를 수 없는 것이 아니냐?"고 반문하겠지만, 필자는 임업 생산기반이 제대로 강화되지 않았다고 해서 일제강점기의 임업을 '근대 임업'이 아니라고 할 수 없다고 생각한다. '근대 산업'이라는 것은 겉으로 나타나는 생산량이나 생산기반 등과 관련된 지표만 살펴보아서는 그 속성을 파악할 수 없다. 어느 한 사회를 뒤덮고 있는 담론이 근대화라는 현상을 어떻게 규정하는가 하는 문제를 먼저 규명해내고, 뒤이어 그 사회가 지향한 '근대화'가 사회구성원에게는 실제 어떤 삶을 가져다주었는가 하는 문제를 살펴보아야 '근대 산업'이 그 시대 사람들에게 과연 어떤 의미였는지 다각도적으로 살펴볼 수 있는 것이다.

사실 역사 연구자들 중에서도 기술혁신과 그로 인한 생산력 발전이 시대 변화를 이끄는 근본적인 원인이라고 여기는 사람이 많다. 조선 후기 역사를 논하는 사람들 중에 이앙법이라는 농업 기술의 "진전"이 전근대 조선사회를 내재적인 자본주의 발전의 길로 접어들게 한 요인이라고 생각하는 사람이 많았던 것이 그 일례라고 할 수 있다. 기술혁신이라든지 농업 생산력의 확대라는 요인이 역사 발전의 중요 인자라고 보는 것은 역사 변화를 보다 가치중립적으로 묘사하는 데 걸림돌이 된다. '발전'이라든지 '근대화'가 무엇보다 중요한 가치라고 믿는 분위기가 만연할 경우, 어느 특정한 시기를 묘사하려는 역사가는 자기도 모르게 '경제적 측면에서 이전보다 발전된 것이 무엇인가?' 하는 관점에서 역사를 바라보게 된다. 그와 같은 문제의식이 전제되면 분석하고자 하는 시기에 그 사회가 갖고 있던 한계와 모순을 조망하기 어려워진다.

역사를 연구하고자 하는 사람은 항상 자신의 분석 결과가 어느 특정한 시각에 의해 편향된 것이 아닌지 돌아보아야 한다. 누군가에 의해 만들어진 거대 담론을 '원래부터 존재하는 잣대'로 받아들이게 되면 교과서적 서술에서 배제되어 있는 하위 주체라든지 기존의 틀에 포함되지 못한 다양한 요소를 간과하게 된다. 그렇기 때문에 혹자는 성찰적인 자세야말로 연구자가 가져야 할 가장 중요한 덕목이라고 했던 것이다.

이런 의미에서 '근대' 혹은 '근대화'라는 단어를 둘러싼 다양한 시선이 존재한다는 사실을 의식하는 것은 상당히 중요하다. 최근 김덕영은 "한국의 근대화는 경제와 동일시되고, 경제는 다시 경제성장과 동일시되었으며 경제의 다양한 측면, 즉 합리적 시장과 금융 시스템, 노동윤리, 기업문화, 분배와 복지 등의 근대화는 도외시되었다"라고 지적했다.[1] 그는 근대화를 경제성장으로 환원하여 생각하는 것을 "환원근대"라고 부르면서, '환원근대적 사고'로 근대화를 바라보게 됨에 따라 민주주의와 인권과 같은 경제외적 삶의 가치에 대해 인지하지 못하는 현상이 만연하게 되었다고 했다. 다른 연구자는 한국인들에게 각인된 근대화 개념이 '우리'와 '타인들' 혹은 서구와 비서구, 발전국가와 후진국가라는 이분법적인 구분을 당연시하는 분위기를 자아냈다고도 분석했다. 또 근대화에 대한 편협한 이해방식이 대세로 굳어짐에 따라 진화론적 사고와 발전주의가 극복되지 못했다는 지적도 제기된 바 있다.[2]

돌아보면 한국 근대사의 제 문제를 논하는 연구자들 사이에서도 '근대화'에 대한 성찰이 부족한 느낌이 없지 않다. 상당수 논자들은 전통사회에서 근대사회로 변해가는 물질 토대의 변화와 그로 인해 발생하는 갈등 혹은 모순을 부각시키려고 했다. 그 과정에서 조선 후기 사회는 정상적인 근대화의 맹아가 발현한 시기로 가정하고, 일제강점기는 그와 같은 근대화를 향한 흐름이 왜곡 혹은 단절된 시기로 묘사하는 경향이 나타난 것이 사실이다. 필자는 상당수 연구자들이 '성장'이라는 가치와 척도를 만들어낸 후 '과연 어느 시기에 근대적인 경제성장이라고 할 만한 변화가 나타났는가?' 하는 점을 부각시키고자 했다고 생각한다.

근대화에 대한 단선적인 인식, 그리고 근대적 경제(혹은 산업) 성장이 나타나기 시작한 때를 구조적으로 드러내고자 하는 노력들은 임업을 비롯한 제 산업 분야의 변화 과정에 나타났던 문제점들을 보다 객관적으로 바라보는 데 장애가 되었다. 더욱 문제가 되는 것은 연구자 자신들이 지닌 가치와 태도를 성찰적으로 되돌아보지 않았다는 점이다. 필자는, 그와 같은 연구태도가 오랫동안 이어지면서 역사 연구 결과물의 소비자 혹은 역사교육의 학습자들이 역사를 객관적인 사실의 '꾸러미'로 받아들이게 되었다고 생각한다. 또 대다수 연구자들이 상정하고 있는 가치와 태도를 '객관적인 그 무엇'이라고 여기기에 이르렀다고 생각한다.[3] 이렇게 역사를 이해하는 태도는 아이러니하게 객관적 사실의 복원을 더 어렵게 하는 결과를 낳게 된다.

근대 임업 문제를 논하고자 하는 이 책에서 다소 장황하게 근대화라는 이슈를 둘러싸고 제기되고 있는 사항들을 논한 데에는 이유가 있다. 일반적으로 일제강점기의 임업을 바라보는 사람들은 조선왕조 시기의 '울창한 숲'이라는 이미지를 상정하는 동시에, 조선총독부가 토지조사사업이나 임야조사사업으로 산림 소유권을 강탈하는 바람에 한반도의 울창했던 숲이 급속도로 사라지게 되었다고 생각한다. 그러나 조선 후기에 의미 있는 사회경제적인 변화가 나타났다고 해서 산림 자원이 훌륭하게 보존될 수 있었던 것도 아니며, 일제강점기에 임야조사사업이 시행되었기 때문에 산림 자원이 고갈된 것도 아니다. 필자는 '어느 시기에 자본주의 근대화가 뚜렷이 시작되었으므로 그 시기에는 산림의 생산력도 분명히 좋았을 것이다'라는 식의 생각이 어디까지나 선입견에 불과하다고 본다. 조선 후기에는 관용 임산물 공급을 맡고 있던 상인들로 인해 전국 산림이 단기간에 황폐해졌다. 공인을 비롯한 궁가, 아문들의 무분별한 산림 자원 채취행위를 효과적으로 제어하고 지속가능한 산림 생산력 확보에 유효한 정책 조치들이 취해지지도 않았다.

간단히 생각해보아도 연료재, 건축자재를 비롯한 산림 자원에 대한 수요가 높아지고 목재의 유통량이 늘어날수록 숲은 빠른 속도로 황폐해진다는 것은 추측하기 어렵지 않다. 사실 산림 자원은 제조업 생산품이나 식량에 비해 공급 탄력성이 낮은 편이다. 쉽게 말해 나무는 그 수령이 수십 년에 이른 것만 건축재로 사용할 수 있다. 그런데 묘목을 심어서 목재 시장에 내놓을 수 있을 정도로 기를 동안에 건축재 수요가 그에 맞추어 줄어들었다가 목재 공급력이 회복될 때 다시 정상화될 것이라는 보장이 없다. 수요는 항상적이지만, 공급은 그에 미치지 못하는 것이다. 그렇기 때문에 시장에서 건축재 혹은 연료재에 대한 수요가 높아지고 산림 자원의 유통이 활성화되면 이내 공급력이 고갈되는 문제가 나타나게 된다.

요컨대 임업은 시장과 상품화폐경제가 역동적으로 움직인다고 해서 곧바로 근대화되는 것도 아니고, 생산량이 늘어났다는 이유로 긍정적으로 평가할 만한 분야도 아닌 것이다. 그렇기 때문에 임업의 '근대화'를 논할 때에는 단순히 산림 자원의 생산량이 어느 정도로 늘어났고, 또 얼마나 산림 자원이 수탈당했는가 하는 점을 분석의 기준으로 삼기 어렵다.

한국 사회 구성원 대다수는 조선 후기 역사를 바라볼 때 국왕의 권력이 커져 국민과 위정자들이 "단결"할 수 있게 되고, 그 힘으로 경제적 발전을 이루어내는 것이 바람직하다고 여긴다. 그런 생각을 품게 되면 "왕권의 강화는 곧 민생의 안정이며 국가발전으로 연결된다"는 식의 내러티브가 만들어지게 되고, 조선 후기 어느 국왕이 일부 지역에 한해 시

행한 나무 심기 정책도 '백성을 위한 백년대계'로 확대해석하게 된다.[4]

조선 후기에 왕조 정부는 왕실용 목재 조달을 위해 특정한 지역을 '봉산'으로 지정·구별하고 일반인의 출입을 금지했다. 또 궁방들이 연해 지역에 소금 생산기지를 두도록 허용하기도 했다. 여기에서 잠깐 당시 소금 생산에 대해 간단히 설명할 필요가 있겠다. 조선 후기에는 가마솥에 바닷물을 부어넣고 장작으로 열을 가해 물을 증발시키는 방식으로 소금을 만들어냈다. 그러다보니 궁방에게 절수된 소금가마 인근에서는 연료용 장작을 확보하기 위한 벌목이 대대적으로 이루어졌고, 그 영향을 받아 해당 지역 산림의 상태가 악화되었다. 임산물을 특권적으로 이용하고 일반인의 접근을 불허하는 시스템은 민간에 자생하던 장작이나 건축용재의 공급 시스템에 충격을 가하는 요인으로 작용했던 것이다.

전근대 신분제사회에서는 이러한 특권이 대체로 용인되었다. 역대 국왕들은 관료들의 반대를 무릅쓰고 자신의 가족이나 친척들의 생활을 보장해주기 위해 산림을 대대적으로 절수해주곤 했다. 그 덕분에 엄청난 면적의 산림과 그 산물을 독점할 수 있었던 특권층은 나무를 베어내 땔감으로 팔거나, 그렇게 만들어진 벌채 적지를 화전으로 만들어 소작인을 들이기도 했다. 문제는 그들이 나무를 심어 기르는 데에는 소극적이었다는 사실이다. 그들은 나무를 심어 기르는 데 투입되는 비용과 시간을 감내하기 꺼려했고, 자발적으로 산림녹화를 주도해야 한다는 사명감도 없었다.

만일 전근대 시기에 산림에 대한 관리 시스템이 지금처럼 제대로 갖추어져 있었다면, 특권층의 이와 같은 행동은 사회적인 논란거리가 되었을 것이다. 그러나 신분적 특권을 바탕으로 이루어진 축재행위를 제도와 시스템으로 제어할 수단이 없었기 때문에 이를 문제 삼기란 어려웠다. 게다가 조선 후기에는 땔감 수요가 늘어났다. 이런 상태에서 땔감을 베어내 판매함으로써 얻을 수 있는 이익을 저버리기란 쉽지 않았을 것이다. 요컨대 조선왕조는 오늘날과 달리 신분 간 차이를 당연시하고, 권세가와 종친의 산림천택 사점私占을 허용했다.

한편 중앙 각사와 연계되어 있는 목상木商들이 관의 명령을 빙자해 국용 목재 생산지인 봉산에서 남벌하는 일도 빈번했다. 조선 후기 목상들은 때때로 궁가와 관청의 침학을 받기도 했다. 일례로 당시 목상의 대다수는 한강 뚝섬 일대에 자리 잡은 시전상인이었는데, 궁가나 관청의 사인使人들이 수시로 이 시전을 드나들면서 쓸 만한 목재를 구해놓고서는 그 대금을 지불하지 않은 일이 잦았다. 뚝섬의 목상들은 한강 상류 유역에서 확보한 목재나 땔감을 수운을 이용해 공급받았는데, 지방관들이 이를 가로막고 규정에 없는 징세를 시도하는 일도 적지 않았다. 이렇게 빈번한 침학으로 발생하는 손해를 벌충하고자 목상들은 일반인들에게 판매하는 목재의 값을 높게 매겼고, 그 결과 일반 소비자들의 부담은 날로 늘어났다.

조선 후기 임업의 실상은 이와 같이 여러 가지 문제점을 안고 있다. 그런데 혹자는 조선 후기에 왕권을 강화하려 노력했던 국왕들이 나무 심는 데에도 적극적이었다면서 그 노력을 긍정적으로 파악하려 하거나,[5] 법전에 지방관으로 하여금 식목을 하게 하는 내용이 있음을 들어 식목 정책의 선진성을 부각하기도 했다.[6] 또 조선 후기 사람들이 나름대로 근대적인 산림 소유권 의식을 가지고 있었다는 점을 부각하려고 노력하기도 했다. 조선시대 사람들도 현대와 다름없는 소유권 의식을 갖

고 있었기 때문에 얼마든지 임업이 발전할 수 있는 여지가 있었다는 것이다.[7]

조선 후기 임업을 둘러싼 논의들은 조선의 국왕들이 과연 산림의 무분별한 이용을 방치했겠는가 하는 논의로 이어지곤 했다. 이러한 분위기 속에서 혹자는 기존의 주장을 강화하려는 의도에서 관찬사료에 나타난 조선 후기 식목 권장 및 실제 식목 사례들을 열거하기도 했다. 국왕들이 지속적으로 산림 조성에 노력했고 나무 심기가 광범위하게 실행되었다고 주장한 것이다.[8] 이러한 입장에 서 있는 연구자들은 전란 피해 복구 과정에서 건축자재 수요가 늘어나는 등 여러 가지 피치 못할 상황이 겹치면서 산림이 황폐해졌을 뿐이며, 이러한 상황에 대응하고자 조선왕조 정부가 산림의 무분별한 이용을 통제하는 등 여러 가지 노력을 기울였다고 보았다.[9]

하지만 조선 후기 산림이 선진적으로 관리되었다거나 다른 어느 나라와 견주어도 손색이 없을 정도로 식목이 잘 이루어졌으리라 보기는 어렵다. 나무를 심어 기르는 데에는 꽤 많은 세월이 소요되고, 비용도 만만치 않게 든다. 그런 만큼 국왕으로부터 산림에 대한 모든 권리를 부여받은 기득권층이 굳이 사비를 들여 숲을 조성하고 가꿀 것이라 기대하기란 쉽지 않다. 당시 국가권력은 주로 국용 목재의 확보에 전력을 기울이는 데 머물러 있었다. 산림의 보속 경영을 위한 제반 조건을 만들어내는 것이 임업 정책의 핵심 사안이 아니었던 것이다. 일반인들이 생각하는 것처럼 조선 후기에는 산림이 울창했다고 보기 어려운 이유가 바로 여기에 있다.

이상과 같은 생각에서 조선 후기의 산림 자원 생산력이 줄어들었을 개연성이 크다는 점을 언급하는 동시에 그와 같은 문제에 조선왕조와 일제 식민 지배 당국이 각각 어떠한 대응책을 내놓았는가 하는 점을 다루기로 한다.

일제강점기 임업 정책에 대한 평가의 문제점

돌아보건대 그동안 일제강점기 임업 문제에 관심을 두었던 연구자들은 '임야의 소유권이 어떻게 정리되었는가?' 혹은 '일제가 얼마나 많은 임야를 강탈하고, 또 얼마나 많은 자원을 수탈했는가?' 하는 데 관심을 기울였다. 그 과정에서 어떤 연구자는 임야조사부와 같은 기초자료를 분석하지 않은 상태에서 '일제가 임야조사사업을 명분으로 내걸고 무시할 수 없는 규모의 임야를 국유지로 지정해 강탈했다'는 주장을 펼치기도 했다.[10]

최근의 여러 연구 성과를 종합해볼 때 이는 사실과 거리가 멀다. 현재 국가기록원에 보관되어 있는 임야조사부 관련 기록물이나 조선총독부가 발간한 통계자료를 분석해보면 조선총독부가 설정한 산림 정책의 목표가 다른 곳에 있었을 개연성이 크다는 것을 쉽사리 알 수 있다.[11] 일제강점기 산림 문제에 어떤 방식으로든 자신만의 견해를 표명했던 기존 연구자들 중에는 실제 자료를 기초로 귀납적인 결론을 이끌어낸 사람이 적었다. 일부의 논자들 사이에서 통용되던 시선을 차용해 미리 결론을 내려놓고 그에 따라 일제 정책의 방향과 성격을 설명하려 했던 것이다.

혹자는 조선총독부가 조선인 소유의 임야를 강탈했다는 점을 부인하는 것이 마치 일본제국주의를 옹호하는 것으로 여기곤 한다. 그러나 필자는 조선총독부의 임업 정책을 매우 비판적으로 바라보고 있으며, 일제가 지향한 '문명적 임업'이란 것이 사실상 실효성이 없었다는 입장에 서 있다. 그리고 산림 문제에 대해 조선총독부가 뚜렷한 성과를 거두지 못한 이면에는 일제의 공공 정책을 관통하고 있던 '수익자 부담 원칙'과 관치주의로 인한 비효율성 문제가 있었다고 본다.[12]

이와 관련해 언급하지 않을 수 없는 이슈가 있다. 다름 아닌 지난 몇십 년 동안 근대사 연구자들 사이에서 큰 논란을 불러일으킨 식민지근대화론자들이 임업 문제에 대해 사고하는 방식이다. 이들에 의하면 일제강점기의 임업 정책은 조선왕조의 그것에 비해 더 효율적이었다고 한다.[13] 그들은 조선총독부가 임야조사사업을 통해 조선인이 소유해야 할 산림을 빼앗은 것이 아니라 산림의 소유권제도를 확립했다고 본다. 또 그 덕분에 산림녹화가 쉽사리 이루어질 수 있었다고 주장하기도 한다.

일제강점기에 산림녹화가 성공적으로 이루어졌다는 주장에는 다소 문제가 있다. 《조선총독부통계연보》와 같은 자료에 의하면 정보당 임목축적에 커다란 변화가 나타나지 않기 때문이다. 그러나 임야조사사업을 통해 산림을 대규모로 강탈당했다는 기존 해석을 다시 돌아보아야 한다고 지적한 점만은 고려할 만한 가치가 있다.

식민지근대화론 입장에서 산림 문제를 논하는 연구자들이 나타난 후에 몇몇 연구자들은 조선왕조가 생각보다 적극적으로 산림을 조성하려고 노력했음을 어필하기 위해 노력하거나, 조선시대에도 엄연히 산림 소유권이 존재했다고 주장하는 식으로 대응했다. 그런데 조선왕조도 조선총독부 못지않게 적극적으로 산림을 보호하려고 했다는 정황을 언급한다고 해서 일제가 지향했다고 하는 '문명적 임업'의 근본적 한계를 지적했다고 할 수는 없다. 이런 점에서 조선왕조도 나름대로 선진적인 산림 정책을 지향했다는 것이 과연 어떤 시사점을 던져주는가 하는 의문이 있다.

사실 정책입안자 혹은 권력자가 식목에 뜻을 두었다는 사실을 언급하는 것만으로는 '근대 임업'의 형성에 대해 논하는 것이 불가능하다. 어느 한 개인에 불과한 국왕이 아무리 "나무를 보호하고 식목에 힘써라"고 권면한다고 해서 복잡하게 얽혀 있는 임산물 생산과 유통의 여러 가지 사안들이 한꺼번에 해결되거나 조정될 리 없다. 마찬가지로 조선총독부에 앉아 전국의 산림 관계 식민관료들에게 "식목에 힘쓰라"고 말했다는 사실만으로 임업이 '근대화'되었다고 주장하는 것 역시 적절하지 않다. 임업 문제는 위정자 개인의 의지만으로 극적으로 변화하기 어려운 구조적인 특징을 지니고 있다. 이러한 점에서 최근 나무가 지니는 생태사적 중요성을 지적하면서 임업 문제를 구조적 분석의 방식으로 정리할 필요가 있다고 주장하는 목소리가 나타난 것은 고무적인 일이다.[14]

필자는 일제강점기와 조선 후기에 대한 역사상을 사전에 정립한 다음 그에 맞추어 식목 활동이나 산림 보호 정책 사례를 수집하는 것이 아니라 자료를 검토함으로써 조선 후기 임업이 지니는 내적 문제점을 도출해내는 방식이 좋다고 생각한다. 사실 배재수 등 일부 연구자들은 필자와 같은 관점에서 조선 후기 산림 정책을 분석한 바 있다. 이들은 자료를 통해 양란 이후 산림 관리가 부실해지고, 민간 부문에서 목재 수요가 증가하여 산림이 황폐해졌다는 점을 확인했다. 또 국가에서 조달해야 하는 목재 수급에 차질이 발생했다는 점을 주의 깊게 살피면서, 그와 같은 상황 변화에 대응해 국가가 특정 용도의 목재 조달을 목적으로 하는 봉산 구역을 지정했다는 사실을 밝혔다. 나아가 봉산은 산림 보호를 위해 일반인의 입장을 금지한 곳이 아니라 국가의 독점적인 임산물 이용을 위해 구별된 곳이라고도 했다.[15]

한편 최근 김동진은 생태사적 관점에서 산림의 변화상을 추적하면서, 14세기 말 이래 한반도의 숲과 산림천택은 급속하게 농경지와 땔감 채취지로 전환되었다고 주장한다. 그는 16세기에 조선왕조가 산림천택 개간을 허가하는 바람에 숲 개발이 촉진되었다고 본다. 또 그 영향으로 산림 상태가 드라마틱하게 훼손되었을 개연성이 크다고 파악했다.[16] 그가 제시한 조선 후기 임목 축적 추정치는 지나치게 과장된 면이 있으나 조선 후기 산림이 지니고 있던 문제점을 이해하는 데 시사점을 제공한다고 볼 수 있다.

필자는 배재수, 김동진 등이 생각하는 것처럼 조선 후기에 산림 자원이 고갈되어가는 추세를 보였다고 생각한다. 그리고 그와 같은 문제점을 자아낸 자연 환경의 변화, 사회문화적 문제점이 무엇인지 알아내는 데 관심이 있다. 나아가 한국 근대 임업이 바로 그와 같은 문제점을 해결해야 하는 과제를 극복해가면서 점차 그 발전 방향을 잡아갔다고 보며, 그 과정에서 나타난 문제점이 무엇인지 알아내는 것이 연구사적으로 의미가 있다고 본다. 다시 말해 조선 후기 이래 직면하고 있던 임산물 생산, 공급 체계에 나타난 문제점이 '근대 임업'의 형성 과정에서 어떻게 처리되었는지 살펴볼 필요가 있다고 생각한다. 이러한 시각에서 필자는 먼저 조선 후기 임산물의 공급구조에 어떠한 문제점이 있었는지 먼저 정리해보고자 한다. 또 이어서 일제강점기에 접어들어 식민권력이 그에 어떻게 대처했는가 하는 점을 거론할 생각이다.

'지속가능한 임업 경영'이라는 관점의 중요성

일제강점기의 임업 문제는 사실 그다지 주목받지 못했던 분야이다. 대다수 연구자들은 토지와 임야가 다른 성질을 지닌 땅이라는 점을 좀처럼 인지하지 못하다가 최근에 와서야 조금씩 이에 주목하기 시작했다. 그러다보니 역사교과서에서 임업 관련 내용을 서술할 때 일종의 '해프닝'이 발생하기도 했다. 이를 간단히 소개하자면 다음과 같다.

1960년대 한국의 교육 당국은 제2차 교육 과정을 바탕으로 정책을 펼쳐나갔다. 이 시기에는 역사교과서가 검정제로 발행되었다. 당시 발행된 어느 《국사》 교과서에는 "전국 농토와 임야의 4할이 총독부의 손에 들어갔다"라고 쓰여 있었는데, 국정교과서가 편찬되기 시작한 1970년대 이후에는 이 부분을 사실상 전재하다시피 하면서도 "한국인의 농토나 공공기관에 속해 있는 토지는 거의 조선총독부의 소유가 되었다. 불법적으로 탈취한 토지는 전국 농토의 40퍼센트가 되었다"라고 하여 농토와 임야를 동일한 것으로 묶어 파악한 적이 있었다.[17]

사실 1924년 조선임야조사사업이 마무리되었을 시점에서는 전국 임야의 40여 퍼센트가 국유지로 사정되었기 때문에 농토와 임야를 합친 것이 전국 면적의 40퍼센트에 도달했다는 서술은 오류가 아니다. 그러나 농토와 임야의 소유권 문제는 조선왕조 시기에도 따로 처리되었기 때문에 별개로 나누어 파악해야 한다. 조선임야조사사업이 종료되었던

1920년대 중반에 만들어진 자료에 따르면 전국 임야 중에서 40퍼센트가 무주지無主地이거나 국유봉산國有封山이었던 것으로 확인된다. 이러한 성격의 임야는 규정에 따라 국유지로 편입되는 것이 정해진 절차였다. 그런데 전답의 경우에는 국유지로 편입된 비율이 임야에 비해 현저히 낮은 것으로 나타난다.

전국 토지의 40퍼센트가 국유지로 편입되었다고 하는 주장은 농토와 임야를 대상으로 한 분석 결과에 맞는 내용이다. 그러나 임야를 제외했을 때에는 맞지 않는다. 1970년대 국사교과서 집필자들은 임야와 농토가 전혀 다른 성격의 토지라는 점을 돌아보지 않았고, 이 때문에 오류가 나타난 것이다. 그런데 이처럼 일종의 선입견을 갖고 일제의 임업 정책을 바라보는 분위기는 여전하다.

그러다보니 '조선총독부의 임업 정책이 과연 산림 자원의 보속성 혹은 지속가능성을 담보할 수 있을 정도로 유의미한 것이었는가?' 하는 문제와 같이 근대 임업의 형성 여부를 가늠하는 중요한 사안이 제대로 다루어지지 못했다. 그저 '일제가 실제로 땅을 강탈했는가?' 아닌가 하는 국지적 논쟁이 연구사의 핵심을 차지하게 되었다. 분위기가 이러했기 때문에 "일제가 임야를 빼앗지 않은 것 같다"고 발언하는 것만으로도 식민지근대화론을 옹호하는 것이 아니냐는 비판을 받아야 했다. 그 영향으로 일제 임업 정책에 내재된 근본적인 모순을 보다 비판적으로 드러내는 방식으로 연구가 활성화되는 것이 어려워졌다.

실제로 농토와 임야가 과연 일제강점기에 조선총독부에 의해 강탈당했는가 하는 문제는 한동안 이 분야 연구자들의 주된 논점이었다. 일례를 들자면 강영심 등은 조선총독부가 임야에도 신고주의 원칙을 적용하고 미신고지를 대량으로 강탈했다고 주장했다.[18] 그의 논문이 발표된 이후 그 주장이 합당한가 하는 문제를 중심으로 논의가 이어졌으며, 어느덧 근대 임업 문제를 둘러싼 논의는 소유권 확립 여부를 따지는 방향으로 나아가게 되었다.[19]

앞에서도 간단히 언급했듯이 임야 소유권 문제가 관련 연구의 핵심적인 논점으로 떠오르게 되면서 막상 임업의 '근대화' 과정을 분석해야 하는 입장에 있는 연구자들의 시선은 극도로 좁아지게 되었다. 혹자는 조선 후기부터 임야 소유권이 '존재'해왔는데, 일제가 이것을 부정하는 바람에 임업의 발전이 늦어졌다고 생각한다. 이러한 입장에 서 있는 사람의 상당수는 자신들이 지닌 가설 이외에는 그다지 관심을 갖지 않았다.

필자는 기존의 연구자 상당수가 '소유권제도가 확립되어야만 산림의 수익성을 감안한 합리적 임업 경영이 가능해진다'는 가설에 집착하고, 실제로 그러했는지의 여부를 분석하는 데 머물렀다고 생각한다. 임업이 '근대화'되었는지 여부를 살필 때 과연 어떤 점을 중점적으로 분석해야 하는가 하는 문제를 두고 보다 성찰적으로 접근할 필요가 있다.

여러 나라에서 근대 임업은 '지속가능한 임업 경영'이라는 개념의 등장과 함께 정착되기 시작했다. '지속가능한 임업 경영'이 어느 정도 자리 잡았는가 하는 점은 매우 중요하다. 어느 한 사회의 임업이 충분한 효용을 제공하면서도 산림 자원 고갈로 발생할 수 있는 공공적 피해를 방지하기 위해서는 산림이 지속가능한 상태로 관리되어야 한다. 일찍이 임학 분야 종사자들은 이러한 문제의식에서 '보속적 경영 원칙'이라는 개념을 받아들여 이를 실현할 방법을 꾸준히 연구해왔다.[20]

요컨대 임업은 용재와 대나무류, 버섯을 생산하는 과정을 포함해 산림이 주는 다양한 편익을 극대화하기 위한 일련의 행위인 것이다. 그런데 산림 산물은 인간이 원한다고 해서 필요한 양을 마음껏 생산할 수 있는 재화가 아니다. 임산 자원을 생산하는 과정은 한 세대에 그치지 않고 수 세대에 걸치는 시간과 꾸준한 관리를 필요로 한다. 임산물 수요가 늘어난다고 하더라도 그 생산이 수요를 충족시킬 수 없게 되는 상황이 종종 발생할 수 있는 것이다.

임업의 발전 과정에서 우리가 가장 관심을 가지고 바라보아야 할 사항은 이와 같이 상시적으로 발생할 수 있는 임산물 수요와 공급의 불균형을 어떤 방식으로 극복해왔는가 하는 문제가 되어야 할 것이다.

앞에서도 소개한 바와 같이 산림 자원의 공급과 소비의 균형을 중시하는 임업 경영 원칙을 '보속성 원칙'이라고 한다. 임업은 이 원칙이 제대로 지켜져야만 바람직한 방향으로 발전할 수 있다. 그렇기 때문에 임업이 '근대화'되었는지의 여부를 살필 때 보속 원칙이 제대로 자리 잡을 수 있을 정도로 효율적인 정책이 입안되었는가 하는 점을 살피지 않을 수 없다.

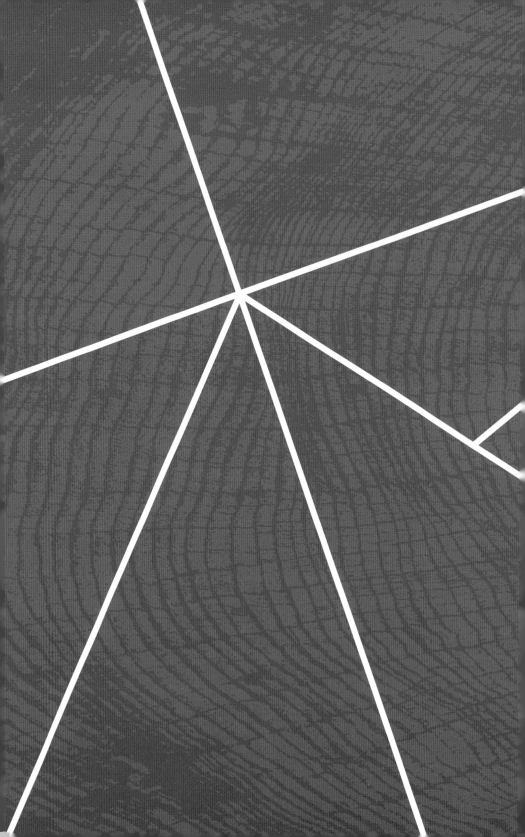

Ⅱ

근대 임업 형성의 배경과
특징을 이해하는 시각

사전적 의미에서 임업은 "산림이 가지고 있는 효용을 최대한 활용하기 위한 인간행위"이다. 또 "임산물과 산림이 주는 편익을 생산하는 경제활동"이 바로 임업 경영이다. 그런데 임산물과 산림이 주는 편익, 효용을 활용하기 위해서는 몇 가지 원칙이 필요하다. 임업 분야에서는 일종의 상식처럼 언급되지만 임업 경영은 ① 수익성의 원칙, ② 경제성의 원칙, ③ 생산성의 원칙, ④ 공공성의 원칙, ⑤ 보속성의 원칙 등에 따라 이루어져야 한다.[1] 이 원칙들은 지속가능한 임업 생산을 지향하는 주요국 산림 자원 관리 전략의 핵심을 이루고 있다.[2]

여기에서 '수익성'이란 실질 시장이자율보다 임업 투자의 수익률이 더 커야 한다는 것으로 대부분의 경제 활동에서 누구나 중시하는 원칙이다. 또 '경제성의 원칙'이란 "최소의 임업 투자를 통해 최대의 효과를 거둘 수 있어야 한다"는 것으로, 이 원칙이 지켜지기 위해서는 산림이 생산물 운반의 편의성, 노동력 확보의 용이성을 확보하기에 편리한 곳에 있어야 한다. 그런데 어떤 사람들은 수익성이나 경제성만 지나치게 따지고 임산물 보육에 들이는 노력을 소홀히 여기기도 한다. 임산물을 벌채하는 데에만 관심을 쏟고, 식목을 하지 않으면 쉽사리 산림 자원이 고갈되고 만다.

임산물이 제대로 공급되지 않는다는 문제 외에도 산림이 지니는 공익적 가치가 줄어들 수 있다는 문제점도 간과할 수 없다. 숲은 시장에서 거래되는 목재와 연료재 등을 공급하는 역할을 할 뿐 아니라 수원 함양, 토사 유출 및 붕괴 방지, 생물 다양성 보전, 경관 등의 공익을 제공한다. 어떤 연구에 의하면 숲이 지니는 공익적 가치는 목재나 연료재가 인간 생활에 가져다주는 효용을 능가한다.[3] 그런데 숲이 제공하는 공익은 그 효과가 나타나기까지 다소 시간이 걸리고, 투입되는 비용도 비교적 큰 편이다. 산림 공익은 오늘날의 사회간접자본과 같은 특징을 갖고 있어서 그 비용도 비교적 많이 드는 편이다.

이렇게 산림 공익을 확보하는 데에는 큰 노력이 필요하지만, 그로 인해 인간이 누릴 수 있는 이익은 아주 크다. 산림 토양은 빗물을 저장했다가 조금씩 흘려보내는 기능을 하며, 이를 통해 홍수량을 경감하고 갈수 피해를 줄인다. 또 강우로 인해 침식된 토사가 하천으로 유입하는 양을 줄이며, 하천 범람과 탁류로 인한 피해를 방지하는 기능도 가진다. 전근대 조선왕조 시기와 일제강점기에는 비가 100~200밀리미터가량 내려도 하천이 범람해 인명 피해를 냈다. 실제로 을축년 대홍수가 발생한 1925년 한 해 동안 낙동강 유역에 내린 강수량은 1,000밀리미터에 지나지 않았고 홍수가 발생한 달에도 한 번에 200밀리미터 이상의 비가 내린 적이 없다.[4] 오늘날에는 이 정도 규모의 강우에 산사태가 난다거나 하천이 범람하는 일이 드물다. 그러나 조선 후기와 일제강점기에는 강우의 급격한 하천 유입을 억지하는 숲이 부족했기 때문에 호우로 인한 피해가 제법 컸다.

산림 공익의 잠재적 수익이 크지만, 사사로운 이익을 추구하는 개인이 공공재에 대한 비용을 지불하지 않으려는 이른바 '무임승차 현상'이 발생할 가능성이 크다. 개인들에게 산림 보육의 역할을 맡기기에는 한계가 있는 것이다. 누차 말하는 것처럼 사실 개인이 공적인 도움 없이 스스로 숲을 가꾸고, 외부인의 무단 입산을 통제해가며 산림 자원 보육에 힘을 쏟기란 여간 힘든 일이 아니다. 따라서 산림의 공익을 조장하기 위해서는 공공적 권력이 개입해 임업 지원책을 적극 강구하고, 제도적 정비에도 힘을 기울여야 한다. 문제는 조선 후기라는 전근대 시기에 국가권력이 과연 이러한 문제에 적극적으로 대처할 수 있었겠는가 하는 점이다.

혹자는 정조와 같은 군주들이 식목에 뜻을 두고 적극적으로 이를 장려했다고 보기도 한다. 그러나 국왕들이 식목을 장려한 곳은 대부분 조상들이 묻혀 있는 능묘와 같은 특수 시설이었다. 국왕이나 관료들이 전국을 대상으로 한 체계적인 식목 계획을 입안해 의욕적으로 이를 적용했다는 정황은 아직까지 발견되지 않는다. 또 그 식목 계획의 효과를 극대화하기 위해 필요한 대체 연료재 공급과 관련된 어떠한 계획도 수립된 적이 없다.

사실 조선왕조는 개인이 점유한 산에 대해 식목을 강요할 유효한 행정적 수단을 갖고 있지도 못했다. 물론 특정한 지역을 봉산이나 금산으로 지정해서 일반인의 출입을 금하는 등 특별한 조치를 취하기도 했으나, 그에 상응해 주변 지역에 거주하는 주민들이 목재나 연료재를 정당한방법으로 구할 수 있도록 대책을 마련하지는 않았다.

조선왕조는 송금松禁 정책이라고 하여 봉산에 소재한 소나무 벌목을 엄금하는 조치를 매우 중시했지만, 이는 어디까지나 국용 목재 확보를 위한 방편의 하나였다. 그 금령도 그다지 철저히 지켜지지 않은 것 같다. 일부 아전들은 목상과 결탁하여 봉산이나 사양산에 자라는 소나무를 도벌하는 행위를 눈감아주고 부당이익을 챙겼다. 이렇게 송금 정책에 구멍이 나면서 국가적 차원의 산림 보호 정책은 유명무실하게 되었으며, 사양산까지 도벌 대상이 되는 바람에 개인 간 산송山訟도 빈번했다. 이러한 분위기 속에서 산림 황폐화의 가능성은 커지게 되었다.

어떤 이는 조선 후기에 산림이 황폐해졌다고 볼 증거가 어디에 있는가 묻기도 한다. 그러나 조선 후기에 다양한 원인으로 상당한 면적의 숲이 베어졌을 개연성을 부정하기 어렵다. 먼저 화전이나 산전의 증가로 임야가 농경지로 전환되는 일이 많았다는 점에 주목할 필요가 있다. 이경식은 조선 후기에 세 부담이 적은 화전을 일구는 사람이 많았다는 점을 설득력 있게 밝혀낸 바 있다.[5] 실제로 조선 후기 관찬사료에 따르면 "관서關西 연로의 모든 산이 민둥산이 되어 있고 산전이 경작되지 않은 곳이 없다"고 할 정도로 산전, 화전 경작 현상은 일반화되어 있었다.[6]

한편 조선 후기에 해당하는 17세기 이후 전 세계적으로 연평균 기온이 하락했던 것도 임업의 생산 환경에 큰 영향을 미쳤다.[7] '소빙하기'라고도 일컬어지는 이 시기에는 연료재 수요가 크게 늘어났고, 온돌을 사용하는 가옥 수도 증가했다. 조선 전기에는 상류계층의 가옥이라고 하더라도 온돌을 사용하는 경우가 그리 많지 않았는데, 임진왜란을 겪은

후부터 한반도의 평균기온이 하락해 온돌 사용이 늘었다고 한다. 그 탓에 온돌용 장작의 수요도 늘고, 연료재로 투입되는 산림 자원의 양이 증가했을 것으로 보인다.[8] 전근대 시기에 난방 연료재는 대부분 나무로 조달했기 때문에 겨울철 기온이 떨어질수록 나무 수요가 늘어나기 마련이었다. 나무를 땔감으로 사용하던 문화는 1960~1970년대까지도 한국 농어촌 지역에 광범위하게 퍼져 있었다.

평균기온 하락, 온돌 확산으로 인한 연료재 수요 증가 외에도 선박 건조용 목재 수요가 늘어난 것도 주목된다. 임진왜란을 거치면서 수군의 중요성을 새삼 인지하게 된 조선 정부는 병선을 철저히 관리하도록 독려했다. 그런데 병선은 바닷물 속에 잠겨 있는 기한이 길수록 쉽사리 썩어 제 기능을 하지 못하게 된다. 따라서 정해진 연한이 되면 부분 수리를 하거나 다시 건조해야 한다. 숙종 때에는 충청도, 전라도에 위치한 병선의 경우 5년 만에 부분 수리를 하고 10년이 되면 다시 건조하게 했다. 경상도에 있는 병선의 수리 연한은 더 짧아서 3년 만에 부분 수리를 하고 7년이 되면 다시 건조하도록 되어 있었다.[9] 이 병선 수리 혹은 건조에 들어가는 나무는 거의 대부분 소나무였다. 현존하는 기록에 따르면 병선 1척의 수리에 필요한 소나무는 대략 300~400그루였다고 하며, 새로 건조할 때에는 최대 700~800그루를 베어 썼다고도 한다.[10] 문제는 이렇게 건조 혹은 수리가 필요한 배가 병선만이 아니었다는 점이다. 세곡을 운반하는 용도로 쓰이는 조운선을 만들 때에도 소나무가 많이 들었다.[11]

조선시대에는 해안 지역에 궁방과 중앙 각사가 설치한 염분鹽盆이 꽤 많았는데, 이 염분이 소비하는 나무도 상당히 많았다. 염분, 즉 소금가마는 땔감을 무척 많이 소비하는 생산 시설이다. 전근대 시기에는 해수직자법海水直煮法이라고 해서 바닷물을 가마에 넣어 끓이거나 높은 염도의 간수를 만든 다음 이것을 가마에 넣어 끓이는 방법으로 소금을 만들어냈다(전오제염법煎熬製鹽法). 이 방식으로 소금을 생산할 때에는 현재 남아 전하는 기록에 따르면 대략 가마당 연간 50정보가량의 산림에서 생산되는 땔나무를 투입해야 했다고 한다.[12] 이렇게 다량의 나무가 필요한 만큼 소금가마는 바다가 가까우면서도 쉽사리 나무를 구할 수 있는 곳에 위치하는 것이 상례였다[13].

병선 및 조운선 제조용 선재船材, 소금 생산 및 난방용 연료재, 화전 개간의 성행 등으로 조선 후기에는 산림 상태가 악화되었다. 산림 황폐화는 경기도 지역이 특히 심해서 정조 때 경기감사로 재직했던 서유방은 수원 화성을 방문한 정조를 만난 자리에서 "산기슭이 벌거벗은 것은 여러 도의 공통적인 근심거리인데 그 가운데서도 경기 지역이 가장 심합니다. 사대부가의 금양禁養 지역이 아닌 것을 제외하고는 대부분 벌겋게 헐벗었습니다. 간혹 약간 풀이 우거진 곳이 있다 하더라도 땔나무를 베기 위해 도끼를 들고 들어가는 무리를 막을 수 없습니다. 물건은 한계가 있으나 용도는 끝이 없는 것입니다"[14]라고 말했다.

서유방의 말과 같이 조선 후기로 갈수록 산림 상태가 나빠졌다는 것은 사실일 가능성이 크다. 이와 관련하여 김동진은 15세기 무렵 헥타르ha당 임목 축적이 600입방미터[15]에 달했던 것이 1910년에는 43입방미터로 줄어들었으며 이와 같은 극적인 감소가 나타난 원인으로 조선 후기 연료재 수요의 증가 등을 꼽은 바 있다.[16] 그는 《경국대전》의 '경역리조京役吏條'에 기재된 공물 수납액 중 땔감과 숯의 양을 근거로 15세기 무렵 임야

1헥타르당 임목 축적을 600입방미터로 추정했는데, 이 수치가 과연 신빙성이 있는지 확신할 수 없다. 필자의 판단으로는 이 정도로 많은 양의 임목 축적은 현실적으로 나타나기 어려운 수치라고 본다.

최근 전영우는 경기도 광릉 소리봉 일대 산림이 세조의 능역으로 엄격하게 보호를 받은 숲이었다는 점에 착안해 조선 초 헥타르당 임목 축적량이 100입방미터 내외였을 것으로 추정했다.[17] 그는 조선시대 지속적으로 인구가 늘어났을 것이라는 가정하에 16세기에는 임목 축적량이 헥타르당 85입방미터로 감소했을 것으로 추측했다.

사실 김동진의 추정치는 여러모로 과도한 측면이 있다. 오늘날 세계적으로도 헥타르당 600입방미터 정도의 임목 축적량을 가진 국가는 존재하지 않는다. 그럼에도 불구하고 임목 축적량이 감소할 수 있는 원인이 많았음은 부인할 수 없는 사실이다. 또 실제로 나무가 사라져 산림이 황폐해지게 되었다는 언급은 관찬사료를 통해 자주 확인할 수 있다. 앞에서 경기감사 서유방의 언급에서 주목되는 것은 "물건은 한계가 있으나 용도는 끝이 없는 것"이라는 부분이다.[18]

여기에서 '물건'이란 목재로 쓸 만한 나무를 의미하고, '용도'란 앞에서 열거한 선재, 소금 생산용 땔감, 민간의 연료용 장작, 건축용 목재 등을 뜻한다. 나무에 대한 수요는 많은데 공급할 여력이 부족하다는 의미가 되는 것이다. 늘어난 수요에 대응해 마구잡이로 나무를 베어냈을 때에는 산림의 공급 여력이 당연히 떨어진다. 나무를 한 번 베어 쓰면 그 벌채적지에 다시 식림을 해서 임산물 공급력을 확충하도록 노력해야 한다.

무계획적인 벌목이 반복되면 당연히 산림이 급격히 황폐화된다. 유럽에서도 이런 문제점은 오래전부터 나타난 것으로 확인된다. 특히 독일을 비롯한 중부 유럽 지역에서는 16세기부터 주민들이 땔감을 구할 수 없을 정도로 산림이 황폐해져 있었다. 당시 독일 지역의 임업가들 사이에서는 이러한 문제를 극복하기 위해 "벌채량이 숲의 생장량을 초과해 산림이 황폐해지지 않도록 관리해야 한다"는 합의가 나타나게 되었다.[19]

임산물을 어느 한 시기에 다 소비해버리게 되면 당연히 후속세대가 땔감이나 목재를 확보하는 데 큰 곤란을 겪게 된다. 따라서 후속세대를 위해서라도 나무의 생장량을 초과하지 않는 범위 안에서 벌채량을 관리해야 한다. 이를 '보속성의 원칙'이라고 하는데, 전 세계 선진 임업국은 "어느 특정 세대에서 임산물을 모두 소비하지 않도록 나무 생장량에 맞추어 생산량을 조절해야 한다"는 것을 가장 중요한 원칙으로 삼고 그에 맞추어 임업 정책을 입안해나가면서 비로소 근대 임업의 기초를 닦을 수 있었다.[20]

여기서 '근대 임업'이란 임산물을 생산하는 기술이 근대화되었다거나, 임야의 소유권이 근대적으로 확립되었다거나 하는 그런 협의의 개념이 아니다. 시장에서 거래되는 임산물이 안정적으로 공급되기 위한 기반을 만들고, 숲으로부터 얻을 수 있는 공익까지 확보하는 시스템이 만들어졌을 때 임업이 근대화되기 시작했다고 보아야 하는 것이다.

오늘날에는 임산물의 안정적인 수급을 위하여 산림 기본 계획이나 지역 산림 계획을 만들어 영림 계획구를 획정하고 조림 면적과 수종, 벌채량 및 수종별 벌채 시기 등을 정해둔다.[21] 또 어떤 경우에는 벌채구를 선정해 벌목을 하되 벌기령을 산출해서 작업급의 운벌기를 정하기도 한다. 그런데 앞서 소개한 서유방의 발언에서 확인할 수 있듯이 조선 후기에는 영림구 혹은 벌채구역을 지정해 관리하는 일도 없었고, 무분별한 벌채, 벌목이 이루어졌다.

이와 관련해 혹자는 내재적 발전론이라는 관점에서 조선 후기에 상품화폐경제의 발달로 임산물을 획득해 경제적 이익을 취하려는 경향이 확산되었을 것이라고 추측하기도 하며, 그 과정에서 임산물을 둘러싼 민과 지배층 사이의 대립으로 사회적 변동의 가능성이 커졌을 것이라고 보기도 한다. 또 그러한 변화를 거치면서 임산물이 시장을 통해 공급, 소비되는 시스템이 확산되어 결국 안정적인 임산물 공급 시스템이 등장했을 것으로 생각하기도 한다. 그러나 이는 임업이라는 분야의 특징을 도외시한 단편적 생각에 지나지 않는다.

기존 연구에 의하면 조선 후기 상품화폐경제의 진전으로 농민, 수공업자 등이 장시를 통한 유통경제에 적극적으로 참여했다. 또 이로 인해 "다양한 농업 생산물과 수공업품 등이 장시에서 거래되는 상품으로 전환되었다"고 한다.[22] 임산물도 이러한 변화 과정에서 전국 장시에서 중요한 상품의 하나로 거래되었다. 그런데 임산물이 상품으로 취급되었다는 사실이 임산물 생산 환경에 긍정적으로 작용했다고 확신할 수는 없다. 오히려 조선 후기 장시에서 임산물이 널리 유통됨에 따라 산림 상태가 악화되고 연이어 임산물 공급도 불안정해졌을 개연성이 크다.

장시에서 임산물 상품에 대한 수요가 증가할수록 이를 공급하는 자, 즉 목상은 자신의 개인적 이윤을 더 늘리기 위해 더 많은 임산물을 확보·공급하고자 노력하게 마련이다. 그런데 일정한 영림 계획 없이 공급량만 늘리면 숲은 크게 훼손된다. 조선 후기에 실제 이런 문제점이 정부 차원에서 심각하게 거론되었다. 이는 관찬사료에서 쉽게 찾아볼 수 있다.

김재로가 말하기를 "한현모의 장계에 보니 '본도의 봉산은 현재 모두 민둥산이 되었습니다. 목상배가 밖으로는 금산 지역의 백성들과 결탁하고 안으로는 경사京司의 세력을 끼고 공문[관문關文]을 조작해서 영문營門과 짜고 몰래 벌목하여 밤을 타고 강물에 띄워 내려 보내고 있습니다. 도성에서는 상喪을 당하여 발인하는 행렬이 하루에도 얼마나 되는지 모르는데 한 번의 행차에 드는 송거松炬가 많을 경우에 70~80자루이고 적어도 40~50자루는 됩니다. 이런 이유로 목상배들이 기둥이나 대들보의 재목을 베어서는 모두 잘게 부셔서 횃대를 묶는 데 씁니다. …… 한양에서 송거를 사용私用하는 사람이 이미 헤아릴 수가 없으며 누각이나 궁궐에 쓰일 기둥감의 재목이나 판재에 쓰일 나무를 만약 잘게 부셔서 송거를 만들어 팔면 두 배나 이익을 보게 됩니다. 이 때문에 도벌은 더욱 많아지고 궁재宮材는 도로 귀하게 되었습니다"라고 했다.[23]

목상의 입장에서 볼 때 당연한 말이겠지만, 그들로서는 이익을 가능한 한 많이 획득하는 것이 무엇보다도 중요했을 것이다. 당시에는 야행할 때 거리를 밝히기 위해 송진이 엉기어 있는 송거를 사용하는 경우가 많았는데, 이 송거의 가격이 무척 높았던 것으로 보인다. 목상들은 송거 공급을 늘려 더 많은 이윤을 획득하고자 건축용 재목과 판재에 쓰일 나무를 송거용 나무로 가공해 내다팔았다. 그러다보니 건축용 목재로 사용할 나무를 추가로 베어내야 했다. 이러한 악순환으로 민둥산이 늘어났다고 김재로가 지적했던 것이다.

체계적인 임업 관리가 이루어지지 않는 상태에서 임산물 상품화가 급속도로 진전되는 것은 지속가능한 임업 생산에 악영향을 끼친다. 영조

연간에는 이와 같은 문제점이 뚜렷하게 나타났던 것 같다. 영조 23년
(1747)에 비변사 관료들은 국왕 앞에서 이 문제를 다음과 같이 논했다.

> 행사직 김상성이 말하기를, "강원도에는 나무가 대단히 귀합니다. 특히
> 근래에 관동 지역에 나무가 예전보다 더 귀해져 민둥산이 날로 늘어가고
> 있으니 참으로 걱정입니다"라고 했다. 이 말을 듣고 있던 예조참판 김상
> 로는 "오늘날 관동의 산은 거의 모든 것이 민둥산이 되어버렸고 봉산 안
> 에 약간의 소나무가 있을 뿐입니다." …… 영의정 김재로도 말하기를,
> "근래 군문·선혜청에서 큰 건축공사가 많았고, 선공감·내수사와 귀후서
> 歸厚署의 안에서 쓰는 판재, 빙고氷庫의 경재椺材,[24] 사복시司僕寺의 마판馬
> 板[25] 등 여러 부서에서 사용하는 것도 많습니다. 재목이라는 것은 1년 만
> 에 재목으로 쓸 수 있을 정도로 자라는 것이 아닌데 1년 동안에 목재 수요
> 를 응하기 위해 베어내는 수량은 너무 많습니다. 그런 까닭에 본도(강원
> 도)의 산은 거의 모두 민둥산이 된 것입니다. 그런데 지금 또 선혜청에서
> 100칸 창고를 만든다고 재목을 베겠다고 합니다"라고 했다. …… 김상로
> 는 "경사京司에서 금표 밖에서 작벌하라는 영을 받을 수 있다면 목상을
> 내려 보내 가져오게 하되, 목상들이 본도의 나무 도둑들과 결탁하여 공문
> 을 빙자해서 마구 황장목黃腸木을 침범하여 몰래 작벌하는 근심이 거의
> 없는 때가 없습니다"라고 했다.[26]

이 인용문에서 보듯 18세기에는 강원도 주요 산지에서도 나무를 보기
어려워질 정도가 되었다. 비변사는 그 원인으로 ① 관용 임산물 수요의
증가, ② 건축용 목재 수요, ③ 목상의 무분별한 남벌과 도벌을 꼽았다.

비변사는 이와 함께 나무의 생장량을 고려하지 않은 무분별한 벌목이 큰 문제라고 지적했다.

한편 산림 상태 악화는 사회경제적으로 큰 영향을 끼친다. 다시 말하지만, 산림 황폐로 인해 장마철마다 하천으로 급격히 토사가 밀려들어오고 농지는 그 토사로 뒤덮이게 된다. 강우를 흡수할 수목이 부족하다보니 홍수도 잦아지고, 그로 인해 인명 피해가 늘어날 수 있다. 저수지와 같은 수리 시설도 제 역할을 할 수 없게 되며 미래의 임산물 수요에 대비할 수도 없게 된다.

요컨대 조선 후기에는 임산물 수요의 증가와 함께 목상들이 산에서 나무를 남벌하거나 도벌하는 일이 잦았다. 목상들은 경사와 결탁해 황장봉산 안에 있는 나무까지 베어다가 팔았다. 이렇게 눈앞의 이익만 좇아 남벌하는 행위가 급속한 산림 황폐화의 근본적 원인으로 작용했다고 보는 것이 타당하다.

조선 후기 임산물 문제에 관한 최근의 연구 성과들은 대체로 국용 목재 공급지인 봉산이나 사양산私養山을 막론하고 민둥산이 많았고 19세기에 접어들수록 산림 황폐화 현상이 더욱 확산되었다는 데 동의하는 것으로 보인다. 조선 후기의 목재 상인에 관한 어느 연구 성과에서는 《조선왕조실록》이나 《비변사등록》에 기록된 자료를 분석한 결과를 바탕으로 목상들이 무분별하게 나무를 베어내는 바람에 그와 같은 현상이 발생했다고 지적하기도 했다.[27]

경강京江을 무대로 활동하던 목상이 목재 유통을 통한 상업 이익을 독차지하기 위해 관의 비호를 받아 봉산에 입산해 마구 벌목을 자행했을 것이라는 지적은 봉산 정책을 소재로 한 다른 연구 성과에서도 언급된 내용이다.[28] 어떤 연구자는 화성華城, 경복궁 중건 등 조선 후기 관영 건축공사에 사용된 목재의 물량 산정을 통해 산림에서 생산되는 목재의 규모가 갈수록 줄어들어들었다는 사실을 밝히기도 했다.[29]

임업사 관련 연구자 중에서는 조선 후기에 국가와 왕실조차 목재를 구하기 어려울 정도로 임산물 생산기반이 악화되었을 개연성이 크다는 데 착목하고, 어쩌면 국왕에 의한 산림 절수의 확대가 그와 같은 문제점을 일으켰을 것이라고 주장하는 이도 있다.[30] 필자 역시 이와 유사한 견해를 지니고 있으며, 그에 더하여 ① 조선 후기 목재 및 한양을 비롯한 도회지의 연료재 수요자와 공급자가 민간 임산물 시장을 통해 거래했다는 사실(임산물 시장을 매개로 임산물이 공급되는 네트워크가 형성되어 있었다는 사실), ② 목상이 사양산의 연고자의 의뢰를 받아 그 산림 자원을 채취해 판매하거나, 공인의 역할을 부여받은 목상이 봉산에서 산림 자원을 채취할 때 정해진 양보다 더 많은 나무를 베어내는 일이 관행처럼 굳어졌다는 사실 등에 주목해왔다.

조선 후기에는 임산물의 수요와 공급 사이에 불균형이 발생하면서 임산물의 희소성이 커졌고, 이에 따라 목상이나 사양산의 점유자들이 임산물을 더 많이 채취하려는 경향을 보였다. 물론 그 과정에서 판매를 목적으로 식목·금양에 힘쓰는 사람도 나타났고, 몰래 도벌하려는 자도 많이 생겨났다. 필자는 이러한 분위기 속에서 국가권력이 임업의 지속가능성을 확보할 만한 행정적·제도적 장치를 미처 마련하지 못했을 것으로 생각하고 있다.

아래의 개념도는 조선 후기 임산물 수요의 증가로 공급도 덩달아 늘었을 것이며, 공급자 역할을 한 목상, 공인들이 관청 및 아전과 결탁해 봉산 등을 침범해 남벌, 남채를 자행했다는 필자의 생각을 도식화한다. 이러한구조적인 문제는 산림 자원의 감소와 자연재해의 증가를 낳을 것임에 틀림이 없다. '근대 임업'이라는 것은 바로 이와 같은 구조적 모순을 극복하는 방향을 찾고, 안정적인 임산물 공급을 가능하게 하는 시스템 위에서 발전하는 것이다.

이 글에서 이른바 근대 임업의 '형성기'로 규정하고자 하는 일제강점기에 조선총독부 당국도 조선 후기 임업에 상당한 문제가 있었다고 보았다.[31] 임업 정책 담당자들은 조선인들이 식목하는 방법조차 제대로 알지 못하고 "무지몽매하게 채취만 일삼는 악습을 가지고 있다"고 평했다.[32] 그들은 산림의 소유권을 확립하는 것이야말로 이와 같은 구조적 모순을 해결하는 근본적 처방이라고 확신했다. 일제는 임야조사사업 등을 통해 산림 소유권을 확정하는 가운데 일정한 기준(식목 및 금양을 행한 실적)을 세워 그 기준에 맞으면 소유권을 인정하고 그렇지 않으면 연고권만을 인정한 다음, 연고자에게 조림을 하면 소유권을 부여하겠다는 정책을 펼쳤다. 이러한 정책에 따라 상당수의 임야 연고자들이 강제적

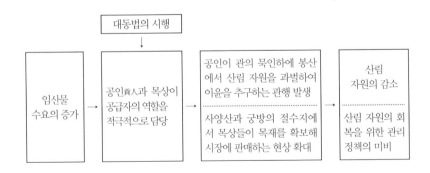

으로 조림에 나서야 하는 상황을 맞게 되었는데, 일제는 이렇게 해서 소유권을 갖게 된 사람들을 대상으로 금벌주의 정책이라 하여 소유지 입산 자체를 금지하는 방침을 추가로 시행했다.

조선총독부 당국자는 이러한 시스템을 이른바 '문명적 임업'이라고 규정했다. 또 자신들이 취한 조치 덕분에 산림 자원 공급의 지속가능성이 비로소 확보되었다고 자평했다. 어떤 연구자는 이러한 일제 당국의 정책에 대해 공공재에 대한 '정부 개입'의 일환이라고 파악하면서, 긍정적인 평가를 내리기도 한다. 하지만 필자는 일제 당국의 임업 정책이 그다지 효과적이지 않았다고 생각한다.

일제는 임산물에 대한 접근 자체를 차단하는 데 주력해 임업 생산으로 인간이 얻을 수 있는 효용을 최소화하는 데 힘썼다. 또 목재 생산을 영림창, 영림서가 사실상 독점하도록 하고, 소수의 일본인 목재상에게 이익을 몰아주는 방침도 관철했다. 임업의 수익을 일반인이 얻을 수 없도록 하고, 생산과 유통 과정에서 특정인이나 기관이 독점적 이익을 얻도록 하는 것은 문제가 있다. 임업은 수익과 경제성을 확보하기 위해 행해지는 생산 활동으로서, 임산물을 이용할 수 있는 통로를 최소화하게 되면 임업 종사자 전반에 피해를 끼치게 된다.

임산물에 대한 수요를 어느 정도 충족하면서도 향후에 그 벌채 적지에서 다시금 충분한 양의 산림 자원을 생산해낼 수 있도록 임산 생산력을 회복시키기 위해서는 임야 소유자 및 생산자들에게 임업 금융이나 조림 보조금 지급, 기술 지원 등의 공공적 지원을 제공해야 한다. 그러한 시스템을 구축하지 않거나 임리林利 자체를 누릴 수 없도록 차단한 상태에서는 아무리 임야 소유권을 확정하고 식목을 의무화한다고 하더라도 임업 생산 참여자들이 적극적으로 정책에 협조할 필요를 느끼지 못하게 된다.

현대 임업은 이러한 문제를 미연에 방지하기 위해 임업 경영의 수익성과 경제성뿐만 아니라 공공성까지도 균형감 있게 고려한 경영을 중시한다. 또 이를 위해 장기간의 영림 계획을 수립하고 매년 벌목할 양도 조정하는 것이다. 이 원칙을 제대로 지켜내기 위해서는 계획적으로 조림도 하고 벌채 시기와 벌채량을 조절해야 한다. 나아가 혼효림[33]을 조성하고, 산불이 나거나 도벌행위가 발생하지 않도록 관리할 필요도 있다. 언뜻 보면 이는 당연하고도 손쉬운 것처럼 보이지만, 역사를 되돌아보았을 때 임업 생산을 위해 세심한 계획을 세우고 안정적으로 관리할 필요가 있다는 인식이 확산된 것은 그리 오래되지 않은 일이다. 독일 등 중부 유럽에서는 비교적 일찍 보속 원칙의 필요성을 인지했으나 영국이나 프랑스는 18세기에 접어들어서야 비로소 그 필요성을 절감했다.

주지하는 바와 같이 영국, 프랑스와 같은 제국주의 국가들에서는 대항해시대라고 불리는 시기에 선박 건조가 활발히 이루어졌다. 식민지 개척과 원거리 무역을 위해 다수의 선박이 필요했던 유럽의 제국주의 국가들은 주로 오크나무를 이용해 배를 만들었는데, 선박 한 척을 건조하는 데 필요한 오크나무가 1,000그루나 되었다고 한다. 유럽 국가들은 19세기 나폴레옹 전쟁을 전후로 하여 더욱 많은 전함을 만들기 시작했는데, 이 때문에 서유럽의 숲이 거의 다 사라질 정도가 되었다고 전한다.[34] 요컨대 대외 진출과 원거리 상업이 활발했던 서유럽의 제국주의 국가라고 해서 임업 생산기반이 좋았던 것은 아니었다.

임산물의 수급이 안정적으로 이루어지기 위해서는 결국 앞에서 언급한 것과 같이 보속 원칙 아래에서 임업 경영을 할 수 밖에 없다. 보속 경영의 원칙이 비교적 일찍 확립된 독일 지역은 산림을 단순히 이용하는 곳으로만 바라보지 않고 관리 대상으로 파악하면서 식목과 벌목의 균형을 찾기 시작했다.[35] 특히 18~19세기에 카를로비치H. von Carlowitz는 "산림을 보육하지 않으면 빈곤을 벗어날 수 없다"고 주창하면서 국력 신장과 빈곤 퇴치를 위해 반드시 산림을 보속적으로 경영해야 한다고 역설했다. 이러한 주장은 현대에 접어들어 '지속가능한 임업'이라는 개념으로 바뀌기만 했지 연구자 및 임업 경영자 사이에서 그대로 공유되고 있다.[36]

혹자는 이 원칙이 독일에서만 제기된 것이 아니냐고 말하기도 한다. 그러나 영국이나 프랑스에서도 보속 원칙은 임업 경영자 사이에서 아주 중대한 사안으로 떠올랐다. 산업화 이후의 영국이나 프랑스에서는 산사태가 많이 일어나고 목재 생산이 급감했다.[37] 영국의 경우에는 성림지成林地가 9퍼센트에 불과할 정도로 산업화 이후 산림 황폐화가 극심했다. 영국 정부는 다소 늦은 시기인 1919년에 산림법Forestry Act을 공포하여 개인의 사유림 조림을 공적으로 지원하고 벌채 적지에 대한 관리도 강화했다.[38] 요컨대 '근대 임업'이 언제 자리 잡았는가 하는 문제는 단순히 임산물을 어느 정도로 많이 생산할 수 있었나 하는 관점에서 파악해서는 안 된다. 지속가능한 임업 생산이 이루어질 수 있는 시스템과 관념이 확산되었는지를 두고 '근대 임업'의 형성 여부와 그 문제점을 논할 수 있는 것이다. 실제로 '지속성'이라는 기준으로 임업 발전 정도를 판단하는 것은 한국뿐만 아니라 다른 지역에서도 "수 세기 동안 임업 경영의 근대화 여부를 판단하는 중심 개념"이 되어 왔다.[39]

지속가능한 임업 생산은 목재 생산과 수요의 균형을 적절히 유지하는 데에서 시작한다. 이러한 방침을 일반적으로는 '법정림 사상'이라고도 부른다. 임업 분야에서 비교적 선진적이라고 할 수 있는 독일에서는 법정림 상태에 도달하는 방법을 모색하는 과정에서 몇 가지 모델이 구상되었고, 그 효율성 여부를 따지는 방향으로 많은 연구가 진행되었다. 이 모델들은 오늘날에도 그 영향을 미치고 있다.[40] 최근에는 법정림 사상에서 한걸음 더 나아가 나무를 둘러싼 생육 환경을 하나의 유기체로 보는 항속림 사상으로 발전했으며, 이러한 분위기 속에서 산림 생태계를 중시하면서 임업을 경영하자는 주장도 싹트고 있는 실정이다.[41]

이처럼 근대 임업이 어떻게 형성, 발전되었는지 살펴보고자 할 때 가장 중요하게 다루어야 하는 점은 보속 원칙이 언제, 또 어떠한 방식으로 확보되었는가 하는 문제인 셈이다.[42] 그런데 기존 연구를 일별할 때, 조선 후기 혹은 일제강점기의 임업에 관한 연구 성과의 대다수가 소유권 문제나 식목 수량 등에 한정해 논의가 전개되었음을 알 수 있다. "조선 왕조가 산림의 사점을 허용하지 않는다는 내용의 '산림천택 여민공리山林川澤 與民共利' 원칙을 표방해 겉으로 보기에는 산림에 주인이 없는 것처럼 보이지만, 실제로는 궁가宮家, 권세가들이 사점을 하는 등 사실상 소유권이 확립되었다"는 등의 논지가 주류를 이루고 있는 것이다.[43] 어떤 연구자는 촌락 거주 주민들이 송계 조직을 만들어 공유지를 관리하는 등 나름대로 산림을 관리하기도 했다는 사실을 실증적으로 분석하기도 했다.[44]

조선시대 산림 문제를 두고 연구자들 사이에 이와 같은 방식으로 논의가 진행되었기 때문에 일제강점기의 임업 문제도 그에 맞추어 전개되었다. 일제가 산림 소유권제도를 확립했는지의 여부, 그리고 일제가 산의 주인들로부터 땅을 빼앗았는지의 여부를 중심으로 연구가 진행되었던 것이다. 혹자는 임야조사사업(1917~1924)을 분석해 일제가 산을 탈취하기보다 그와 반대로 임야의 소유권을 철저히 확인하고 등기까지 발급하는 등 '1물1권주의'에 따라 제도를 정비했다고 주장했다.[45] 이런 시각에 서 있는 논자는 조선총독부가 임야의 소유권제도를 확립함으로써 소유권자들의 산림 보호 동기가 진작되어 식목에 적극적으로 나섰고, 이른바 '근대적 육성 임업'이 정착되었다고 보았다. 하지만 이러한 연구에는 다소간 실증적인 문제점이 발견된다. '육성 임업'이 정착되었다고 보기 어려울 정도로 통계자료에 나타난 일제강점기 산림 상태가 좋지 않은 것이다. 이에 관해 배재수는 일제강점기의 산림 임목 축적량이 기껏해야 정보당 13~17입방미터에 지나지 않았다는 사실을 밝혀낸 적이 있다. 그는 객관적 지표를 통해 파악해보았을 때 일제가 산림녹화에 성공했다고 보기는 어렵다고 주장한다.[46]

어떤 연구자는 임야조사사업으로 수많은 임야가 조선총독부의 손에 들어간 것이 분명하다고 지적하지만,[47] 근래 전개된 일련의 연구를 통해 그러한 주장에도 근거가 부족하다는 사실이 밝혀졌다.[48] 사실 근대 임업 문제를 살펴보고 그 특징 및 한계를 분석하고자 할 때 조선총독부가 임야를 빼앗았다는 시각을 유지한 채 연구를 진행하면 제대로 논점을 잡기 어려워진다. 앞에서 언급한 바와 같이 근대 임업의 성립 여부는 산림의 소유권을 확보했는지의 여부를 중심으로 논할 수 없기 때문이다. 누차 말한 것처럼 근대 임업이 성립했다고 볼 수 있는 기준은 임산물 생산의 경제성과 함께 공공성, 보속성을 함께 확보할 수 있는 시스템의 구비 여부에 있다.

이와 관련해 주목을 끄는 것은 일부 일본인 연구자들이 보속성이라는 개념을 중심으로 한국 임업에 대한 분석을 시도한 바 있다는 사실이다. 1960년대에 하기노 토시오萩野敏雄는 《조선·만주·대만 임업발달사론》 이라는 저서를 통해 "조선왕조하의 벌채는 근대적 임야 소유가 성립되지 않아 자유로이 벌채를 하는 상태였고 …… 임야 소유제도가 전혀 없는 것이나 마찬가지여서 임야에 대해 경영적 조치를 취하지 않았다. 그런데 조선을 영유한 일본은 당초부터 시업안주의施業案主義를 가지고 들어와서 …… 급속히 조림 또는 벌채가 필요한 개소에 대해서는 보속을 주지로 하여 국토 보안 및 공익을 유지하기 위해 노력했다"고 언급했다. 조선왕조 시기에 임업은 보속성을 유지할 수 없었으며, 그 원인은 임야 소유제도와 체계적인 경영 조치의 부재에 있다는 것이다.

하기노는 전근대 조선의 임업이 무차별적인 벌채와 무원칙적 임산물 채취라는 수준을 벗어나지 못했다고 규정했다. 그는 또 조선총독부가 보속 원칙을 지향하면서 그에 따라 시업안을 만들고 조림 또는 벌채 필요 개소를 지정하려 했다는 점을 부각했다. 물론 그는 조선총독부의 보속 경영에 대해 "형식적인 시업안 도입에 그쳤고 조림도 천연 갱신을 중심으로 전개했기 때문에 한계가 있었다"라고 지적했다. 그럼에도 그가 조선총독부의 임업 정책이 표면적이나마 보속성이라는 원칙을 지향했다고 본 것은 주목되는 바 없지 않다.[49] 사실이든 아니든 조선총독부가 표면적으로나마 보속 경영 원칙을 언급하고, 조림의 중요성을 여러 차례 강조했기 때문이다.

이 분야를 연구하고자 할 때에는 일제 당국자의 발언을 그저 기만적이라 치부하기보다 그들이 내세운 원칙이 과연 어떻게 현실화되었고, 그것이 평가할 만한 성과를 내놓았는가 하는 문제에 주목해야 한다. 이런 의미에서 일제 당국자의 임업 정책에 대해 조금 더 살펴보도록 하자. 대한제국 농상공부 임정과장, 조선총독부 산림과장, 영림창장 등을 역임한 사이토 오토사쿠라는 사람은 조선 정부가 자유 입산을 허용했기 때문에 무분별한 벌목이 이루어졌고, 그 바람에 임산 자원이 고갈되었다고 말했다. 그는 또 조선인들 사이에 임야 소유의식이 없어 그와 같은 악순환이 반복되었다고 진단했다.

조선인들은 산을 소유한다고 하는 관념도 없고 아무런 산이나 자유롭게 입산해서 남벌과 폭채暴採를 일삼았으며, 식림을 해야 한다는 의식도 없다. 사실 민둥산이 대부분인데 나무가 없는 산을 소유해보았자 이익이 생길 리 없으니 산을 소유하겠다는 관념이 없는 것이 어쩌면 당연해 보이기도 한다.[50]

인용문에 나타난 바와 같이 사이토 오토사쿠는 조선의 산림 상태가 매우 악화되어 있다고 진단하는 한편 그 원인으로 ① 소유권 의식 혹은 제도의 미비, ② 조선인 일반에게 만연한 식목 의지의 부족, ③ 자유 입산과 남벌을 꼽았다.

사이토 오토사쿠는 이토 히로부미가 통감으로 있을 때부터 임업 정책을 지휘한 인물이다. 잘 알려진 바와 같이 일제는 1907년 대한제국 정부에 한·일신협약을 강요하고 일본인 차관을 임명하도록 했다. 그 당시 농상공부 차관으로 건너온 자는 기우치 쥬시로木內重四郞였는데, 그의 밑에서 임업 정책을 사실상 주도한 실무자로 산림국 기사 미치야 미쓰유키道家充之라는 사람이 있었다. 그는 1906년에 한반도로 건너와서 1908년에 '삼림법'을 입안한 것으로 알려져 있다.

삼림법은 임야의 연고자(소유자로 인정받을 수 있는 근거를 지닌 자)로 하여금 신고서를 제출하도록 하는 내용을 담고 있는 것으로 토지조사사업보다 앞서 시행된 소유권 조사작업의 근거가 된 법령이다. 그런데 미치야 미쓰유키는 이토 히로부미의 신임을 그다지 받지 못했다. 이토는 "한반도의 산림 상태를 제대로 조사하지도 않고 책상 위에서 그저 계획만 수립하는 데 그친다"며 미치야를 질책한 후, 그를 대신해 임정을 주도할 사람으로 홋카이도 임정과장으로 재직하던 사이토 오토사쿠를 지목해 불러들였다.[51]

사이토는 1910년에 농상공부 칙임기사로 부임한 이후 조선총독부 산림과장, 영림창장을 역임했고 1918년에 퇴직한 후에도 조선에 남아 토목청부회사인 황해사黃海社 고문, 조선산림회 상담역으로 활동한 인물이다. 그는 식민지 조선의 임업 정책 방향을 사실상 기초한 자이며, 퇴직 후에도 꾸준히 임업계에 영향을 미쳤다. 그는 아래의 인용문에서 볼 수 있는 바와 같이 임업을 근대화하는 것이야말로 식민지 경영을 안정시키는 데 있어 가장 중요한 사업이라고 확신했다.

조선의 치산을 촉진하는 것은 늙은 조선을 다시 젊게 하는 유일한 요법일 뿐만 아니라 임리林利의 증진, 부업 진흥, 산업 융성 등에 공헌하는 바가 크고 반도의 대장암인 한발과 수재를 퇴치하는 데 …… 필연이므로 조선 통치의 완성에 극히 중요한 근본적 대책이다.[52]

사이토는 임업의 근대화를 위해 무엇보다도 한반도 각지에 산재한 임야의 연고자를 확인하고, 그들에게 소유권을 부여해야 한다고 보았다. 또 조선인들에게 식림을 장려하기 위해 여러 가지 제도적인 장치를 마련해야 한다고 주장하면서 실제로 그와 관련된 정책을 꾸준히 입안하기도 했다.

최근 일부 연구자들은 사이토가 추진한 이러한 정책을 긍정적으로 평가하면서, 식민 당국의 주도면밀한 식목 장려책이 조선왕조의 임업 정책과 근본적으로 다른 녹화 장려책이었다고 보기도 한다. 실제로 혹자는 이러한 그의 정책을 평하기를 "우리나라 임업의 근대화를 주도하고 녹화에 기여했다"고 언급했다.[53]

어떤 연구자는 전근대 임업은 산에 식생하는 임산 자원의 '채취'에 그치는 수준이었다고 평하면서 식민지 임정林政 기관의 등장과 일련의 근대적 임업 정책에 따라 '육성임업'으로 전환하는 일이 벌어졌다고도 했다.[54] 그런데 그러한 입장에 서 있는 논자들은 과연 조선총독부가 추진한 임야 소유권 확립 정책이 임업의 보속 수확을 확보할 수 있는 제대로 된 정책이었는가, 그리고 일제강점기의 식목 장려 혹은 강제 정책이 임산물 공급기반을 뚜렷하게 강화할 수 있었는가 하는 점에 대해서는 충분히 논의하지 않았다.

반대 입장에 서 있는 논자들이라고 해서 이와 크게 다르다고 할 수 없다. 역사학계에서 이루어진 이 분야 연구의 상당수는 일제에 의해 산림 소유권이 폭력적으로 강탈당했다는 가설을 검증하는 방식으로 이루어졌다. 다시 말해 ① 일제 당국은 임야를 빼앗는 데 관심을 쏟았다, ② 일본인 임업 자본가들이 그 땅을 불하받아 마음대로 나무를 베어내도록 했다는 등의 가설을 세우고 이를 검증하는 데 주력했던 것이다.[55] 다소 장황하겠지만 이러한 학계 연구 성과를 여기에서 조금 더 상세히 살펴보도록 하자.

일제강점기의 임업 문제에 관심을 기울였던 연구자들은 산림 소유권이 확립되었는가를 논의의 출발점으로 삼았다. 이는 소유권제도가 확립되어야만 산주들 사이에 산림 보호의식이 생겨 안정적인 임업 생산기반이 만들어질 것이라고 생각하는 사람이 많았기 때문일 것이다. 실제로 어떤 연구자는 "일제의 임야조사사업으로 근대적 산림 소유권이 비로소 창출되었다"고 주장하고 있으며 그것이 일제강점기의 임업이 전근대 임업과 결정적으로 다른 점이라고 주장한다.[56]

1917년부터 1924년 사이에 시행된 임야조사사업은 토지조사사업과 거의 같은 방식으로 시행되었다. 임야를 '소유'했다고 주장하는 사람으로 하여금 소유신고서를 제출하게 한 다음, 일정한 기준에 따라 그 소유권을 인정할지 말지 결정하는 사업이었던 것이다. 산림청이 발간한 《숲 가꾸기 표준 교재》에도 "1917년에 임야조사계획을 수립하고, 1918년 5월에 조선임야조사령을 제정·발포하여 본격적으로 국·민유 소유 구분 확정을 위한 임야조사사업을 실시 …… 근대적인 임야 소유권제도를 확립했다"고 서술하고 있다.[57] 그런데 이와 같은 설명은 역사 분야의 연구자들이 확신하던 '산림 소유권 강탈론', 즉 일제가 조선인 소유의 임야를 임야조사사업을 통해 강탈했을 것이라는 믿음과 배치되는 바 있다. 예전에는 이 사업으로 땅을 억울하게 빼앗기는 사람이 적지 않았다고 설명했지만, 사실 그와 같은 생각은 설득력 있는 근거가 없다.

일제강점을 전후로 한 시기에 임야의 소유권 확정 작업은 약간 복잡하게 전개되었다. 미치야 미쓰유키는 토지 소유의 사실을 확인해야 한다면서 '삼림법'을 입안했고, 그것이 1908년에 실제로 공포된 적이 있다. 이 법의 제19조에는 "삼림산야의 소유자는 본법 시행일로부터 3개년 이내에 삼림산야의 지적 및 면적의 약도를 첨부해 농상공부 대신에게 신고해야 한다"고 되어 있기 때문에 이 규정대로라면 1911년까지 소유권 신고가 끝났어야 했다. 하지만 그것은 제대로 시행되지 않았다. 신고를 기피하는 사람도 많았을 뿐만 아니라 타인이 점유한 산을 자기 것이라고 거짓 신고한 사람도 부지기수였다. 당시에 소유권 신고를 하지 않을 경우에는 국유림으로 편입하도록 되어 신고 기한이 지난 후 국유림으로 바로 편입되어 버린 곳이 적지 않았다.

조선총독부는 삼림법 시행 당시에 제대로 신고를 하지 않은 조선인이 적지 않다는 사실을 잘 알고 있었다. 그렇기 때문에 일제는 임야의 소유 현황을 제대로 파악하는 것이 중요하다고 생각해 1917년에 임야조사사업을 실시해 재차 소유권 신고서를 받았던 것이다. 그런데 현재 전하는 자료들을 보면, 임야조사사업 당시 신고서를 낸 사람이 삼림법 시행 때보다 훨씬 많았다는 사실이 확인된다. 그뿐만 아니라 임야조사사업 당국이 소유권 주장을 받아들여 실제로 소유권 등기를 받게 된 사람도 많았다.[58] 이러한 사실은 최근 이 분야 연구자들에 의해 여러 차례 확인된 내용이다.[59] 그러나 일부 논자들은 여전히 '소유권 강탈론'을 고수할 뿐만 아니라 새롭게 제시된 증거에 대해서도 관심을 기울이지 않았다.

일제가 조선인들이 소유한 임야를 빼앗았는지의 여부는 근대 임업의 '형성'에 관해 논할 때 그리 중요한 문제가 아니다. 필자의 소견으로는 일제가 임야를 빼앗았는지의 여부에 연구자들의 관심이 머물러 있어 다른 접근 방식으로 일제강점기 임업 문제를 접근하려는 시도가 제대로 이루어질 수 없었던 것 같다.

필자는 이와 같은 생각에서 먼저 일제가 임야조사사업을 추진하는 과정에서 소유권자와 소유권자의 하위 개념에 해당하는 연고자를 구분했다는 점을 주목하고자 한다. 1917년에 시작된 임야조사사업 당시 일제가 세워둔 기준에 따르면 아무리 오랫동안 어떤 임야를 점유 혹은 소유하고 있었다고 하더라도 '영년 금양의 실적'이라는 기준에 미달하면 소유자가 될 수 없고, 그저 '연고자'의 자격만 얻는다.

여기에서 '영년 금양의 실적'이란 "평균 입목도가 10분의 3 이상에 달하거나 수목의 평균수령이 10년 이상에 이른 것"을 의미한다.[60] 아무리 임야를 선대 때부터 점유 혹은 소유해왔다고 하더라도 이 기준에 달하지 않으면 소유권을 인정하지 않겠다는 것이 조선총독부의 입장이었다. 조선총독부는 연고자들과 해당 연고 임야에 대한 식목 계약을 맺고 제대로 이를 이행되었을 때 최종적으로 소유권을 부여하고 등기를 발급해주겠다는 방침을 내놓기도 했다. 이 제도를 '조림대부'라고 한다. 필자의 판단으로는 일제강점기 임업 정책에서 가장 눈여겨보아야 하는 사항의 하나가 바로 이 연고자 및 조림대부제도의 시행이다.[61] 이를 통해 조선총독부 당국이 "수목을 성실히 가꾼 자만 소유자의 자격을 획득할 수 있다"는 생각을 가졌음을 알 수 있기 때문이다.

일제의 이와 같은 방침은 수목 관리의 책임 소재를 전적으로 산주에게 귀속시키려는 정책으로 연결되었다. 필자는 이러한 점에 주목해 산주에 대한 지원책은 어떠했는가, 그리고 임산물 공급자의 역할을 하던 산주들이 일제강점기 때에는 어떤 위치에 처하게 되었는가 하는 등의 의문을 가지게 되었다.

한편 조선총독부는 연고자도 없고, 소유권 신고도 되지 않은 임야를 당연히 국유지에 포함시켰다. 그런데 이 국유지 중에서도 일부는 일본인 임업회사나 조선귀족원 보식원 등과 같은 단체 혹은 기업에 '조림대부' 해주었다. 주목되는 것은 그렇게 연고자나 조림 회사에 대부된 땅에서는 일정한 계약 기간 중 식목만 가능하고 벌목은 제한되었다는 점이다. 이러한 사실에서도 조선총독부가 수목 관리의 책임을 연고자 혹은 대부자에게 전가했음을 어느 정도 짐작할 수 있다.

필자는 "일제가 조선인들이 소유하던 임야를 강제로 빼앗았다"거나, 혹은 "그렇지 않다"는 논란은 핵심적인 논의 사항이 될 수 없다는 입장에 서 있다. 그 대신 조선총독부가 왜 입목도 10분의 3, 평균수령 10년 이상이라는 지표를 소유권 인정 여부 판정의 기준으로 내세웠는가 하는 문제, 그리고 국유로 편입된 임야를 민간에 양여하는 과정에서 조림을 조건으로 내건 방침에 담긴 의미 및 그 효과를 살펴보아야 한다고 생각한다. 일제는 이와 같은 정책을 취한 이유에 대해서 보속성을 확보하기 위함이라고 설명한 바 있다. 그렇다면 실제로 조선총독부가 '의욕적'으로 추진한 임야 소유권 확립 정책과 조림대부제도 등이 임업 생산의 안정성·보속성을 확보하는 데 도움이 되었는가 하는 점에 관심을 두고 분석해볼 필요가 있겠다.

정리하자면, 필자는 조선총독부가 보속성을 확보하여 '근대 임업'의 기반을 닦았는가 하는 점을 중심으로 논의를 전개하는 것이 필요하다고 본다. 이러한 관점은 임학 관련 연구자들 사이에서 이미 오랫동안 공유되어 왔다. 일례로 윤여창, 배재수 등은 "생산관계로서의 소유구조와 생산수단으로서의 임목 축적을 구명하는 작업으로 우리나라 근대 임업의 구조적 문제를 밝혀야 한다"고 지적한 바 있다.[62] 이러한 시각은 대다수 임학 연구자들이 공유하고 있는 틀이다. "지속가능한 발전의 키워드라 할 수 있는 지속성이란 개념은 다른 분야에서는 새로운 개념일지 모르겠으나 산림 분야에서는 오랜 역사를 갖고 있다. 보속 수확의 개념은 …… 수 세기 동안 근대 임업의 중심 개념이 되었다"고 하여 근대 임업의 형성에 관해 설명할 때 이 측면의 중요성에 주목할 필요가 있다고 언급하는 연구자들이 많은 것이다.[63]

이른바 근대 임업의 성격과 문제점을 정리하기 위해서는 먼저 ① 조선 후기의 임산물 생산 시스템에 어떤 문제가 있었는지, ② 일제가 표방한 '근대 임업' 시스템이 조선 후기에 나타난 문제점을 극복할 수 있을 정도로 유효했는가 하는 점을 살펴야 한다. 나아가 ③ 만일 그렇지 않다면 그런 판단을 내리게 된 이유가 무엇인가 하는 데에 대해서도 언급하지 않을 수 없다.

①번 사안과 관련하여 주목되는 사항은 조선 후기 임산물 수요의 추이, 임산물 공급망에 나타난 문제점, 그리고 산림 상태 악화의 원인 등이다. 조선 후기에 정부는 국용 목재를 충분히 확보하는 데 애를 먹었다. 이에 봉산제도를 도입하여 특정 임야지에 일반인들이 입산을 하지 못하도록 하고, 국가 혹은 왕실만이 그 산물을 독점하고자 했다. 그런데 동시대 유럽 각국에도 왕실 소유림이 따로 지정되어 있었고, 그곳에 일반인들이 함부로 출입할 수 없도록 되어 있었다. 조선왕조의 봉산제도와 비교해 크게 다르지 않았던 것이다. 혹자는 이 봉산제도가 송금과 재식栽植을 동시에 추진했다는 점에서 "동시대 유럽의 산림 정책과 비교해

손색이 없는 성공적인 제도"라고 규정하기도 한다.[64] 하지만 조선왕조가 식목을 장려하고 소나무를 정성껏 심어 관리하기 위해 봉산이라는 제도를 시행했다고 보기 어렵다는 주장이 훨씬 설득력을 지니고 있다.

배재수 등은 조선 후기에 나무를 심는 속도보다 산림 자원을 훼손하는 속도가 더 빨랐다고 진단했다. 또 그와 같은 상황에서 선박 건조나 건축용 목재를 확보할 길을 모색하던 정부가 특정한 임야를 봉산으로 지정하고, 그 산물을 독점했던 것이라고 보았다.[65] 전국적으로 산림이 황폐해져 제대로 목재를 확보할 수 없게 되자 어쩔 수 없이 택한 방침이라는 것이다. 필자 역시 이러한 지적에 공감한다. 아래 인용문을 통해 조선 후기 봉산 정책을 둘러싸고 벌어진 문제점을 간단히 확인해보도록 하자.

영의정 홍봉한이 말했다. "봉산의 금송禁松은 오로지 배를 건조하기 위한 것이었습니다. 그러나 요즘 기강이 해이해져 사람들이 꺼림이 없이 각처에서 선박 건조를 빙자해 나무를 많이 베어냅니다. 지방관들은 개인적인 정[私情]에 이끌려 마구 허가를 내주었습니다. 이 바람에 봉산은 벌거숭이가 되었습니다. …… 경외京外 무뢰배들이 궁방에 연줄을 놓거나 또는 영문營門에 청을 넣어 관문을 얻어가지고 해마다 많은 소나무를 베어냅니다. 지금 강원도 온 경내에 재목으로 쓸 만한 나무가 거의 없으니 앞으로 참으로 몹시 걱정스럽습니다. 지금 이후로는 이를 일체 엄금하고 목상을 업으로 하는 자들을 모두 제거하여야 합니다." 이에 왕이 그리 하라 하였다.[66]

홍봉한의 언급을 통해 우리는 조선 후기 임산물 공급 체계에 무언가 문제가 있었을 개연성이 있음을 알 수 있다.

다시 말해 조선 후기에 임산물 공급과 수요 사이에 불균형이 발생했고, 국용 임산물 공급의 역할을 맡았던 봉산에서 생산된 목재가 민간 시장에도 흘러들어가는 등 산림 자원 정책에 큰 구멍이 생겼다. 사실 조선 후기 임산물 수요가 폭증하여 공급을 초과하기 시작했고, 그 수요에 대응해 목상이나 일반인들의 벌목행위가 늘어났을 것이라는 지적은 다른 연구에서도 이미 언급된 적이 있다.[67]

필자는 이러한 기존 연구 성과를 이어받는 입장에서 임산물 수요의 증가, 이를 배경으로 이윤을 추구하는 데 적극적으로 뛰어든 목상과 일부 아전에 의한 과벌 현상이 보편화되었다는 점 등을 들고자 한다.

혹자는 조선 후기에 산림 상태가 악화되었다는 주장에 대하여 그것이 식민지 근대화론적 시각을 강화시켜주는 입장이 아니냐며 우려하기도 한다. 그러나 양자는 명백히 별개의 문제이다. 또 조선 후기와 동시기에 자본주의적 산업화를 경험하고 있던 나라들에서도 임산물 시장 수요의 증대와 인구 증가로 인해 공통적으로 산림 훼손이 중대한 사회 문제로 대두했다.

일반적으로 근대적 국가권력의 시스템적 개입이 부재한 상태에서 상업망이 확대되고 임산물에 대한 시장의 수요가 늘어나게 되면 수급 불균형으로 인해 산림이 훼손되는 현상이 벌어지며, 그러한 현상을 극복해야 한다는 공감대가 확산되면서 비로소 보속성 혹은 지속가능한 생산 기반을 어떻게 확보할 것인가 하는 데 관심이 커지게 된다. 이러한 보편적 흐름에 비추어 보았을 때 전근대 봉건 체제를 유지했던 조선왕조가 조선 후기 전국적인 상업망의 형성과 임산물 수요 증가라는 흐름에도 불구하고 산림 자원의 훼손을 방지하고 훌륭한 임상을 유지했을 것이라고 보기 어렵다.

한편 ②의 문제, "일제가 표방한 '근대 임업' 시스템이 조선 후기에 나타난 문제점을 극복할 수 있을 정도로 유효했는가 하는 점"을 논하기 위해서는 조선총독부가 산림 상태 회복과 임산물 공급 체계의 정상화를 위해 내놓은 시책의 유효성 문제를 논하지 않을 수 없다. 하기노 토시오 등의 연구에서는 조선 시기에 "임야를 둘러싼 농민의 이용은 일본보다 분명히 자유로웠다"고 언급하면서 "통감부 설치 이후 근대적 임업 법률인 삼림법의 도입과 〈국유 삼림산야 부분림 규칙〉의 공포 등의 조치가 이루어졌다는 점, 그리고 부분림 규칙이 임업의 전향적 발전에 어느 정도 촉매제로 기능했을 것이라고 했다"고 말했다. 삼림법과 부분림 규칙이 근대 임업의 형성에 결정적인 역할을 했다는 것이다.

하기노는 이어 일제가 ① 목재 수급의 조절과 임업의 보속을 꾀하기 위해 국유림 관리 경영을 통합하고, ② 민유림의 조림에 필요한 정책을 시행했다는 점을 중시하면서, 조림대부, 지적 신고, 소유권 확정 등 일련의 과정에 주목했다.[68] 하기노 등의 연구와 같이 일제의 국유림 관리 정책이 과연 보속성을 확보하는 데 기여했는지, 민유림 조림은 잘 되었는지, 임야 소유권 확정 정책이 임산물 공급의 안정성을 증대하는 데 도움이 되었는지 등에 대해 살펴보아야 한다고 생각한다.

일제 당국은 표면적으로라도 산림 보호의 필요성을 주창했다. 그러나 식민 당국은 일본인 임업회사가 더 많은 영업이익을 거둘 수 있도록 뒷받침하면서 1930년대에는 '산림 보호'라는 구호에 아랑곳 하지 않고 수

많은 임목을 베어낼 수 있도록 허용했다.[69]

필자는 일제강점기 당시의 임업 개발 정책과 담론에 나타난 모순과 한계점을 바라볼 때, ① 산림 효용을 취득할 수 없도록 폭력적으로 제한했던 정책적 실패, ② 임업의 지속성 확보라는 명분 아래에서 소규모 개인 산주에게 일방적으로 희생을 강조한 폭력적 시스템이라는 측면을 부각해 그 문제점을 명확히 드러낼 필요가 있다고 생각한다.

일제는 이른바 '육성임업'을 지향했다고 할 정도로 조림을 강요하고 임산물 이용을 제한했다. 그러나 임업의 수익성이나 효용을 고려하지 않고 오로지 산주에게 임업 비용을 부담하도록 강요했다. 또 일본인이 운영하는 임업회사에 대해서는 인공조림보다 벌목에 주안점을 둔 사업도 무관하다며 관대한 태도를 보였으나, 대다수 영세한 조선인 산주에 대해서는 벌목을 불허한다는 입장을 고수했다.

이와 같이 일관되지 않은 정책 아래에서는 임업이 제대로 발전할 수 없다. 조림사업에 대한 체계적인 지원이 이루어지지 않고 사유림 소유자들에게 산림 투자의 부담이 전가된다면 사유림 경영의 수익성은 대폭 낮아지게 된다. 또 개인의 임업 경영 욕구 저하로 적절한 간벌과 육림이 어려워지고, 개인으로서는 무의미한 조림의 반복에 따라 쓸모없는 잡목이 우거지게 된다.[70] 올바르지 않은 정책으로 임업 성장이 오히려 저해될 수 있는 것이다.

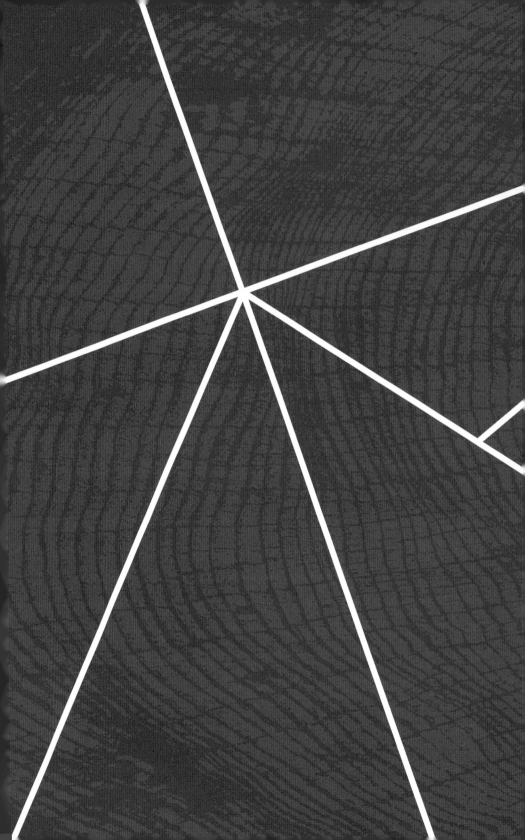

Ⅲ

조선 후기 임업
생산기반의 위기

1. 산림 상태의 악화

산림 자원을 육성하고 생산하는 과정에는 비용이 많이 들게 마련이다. 또 충분한 생산력을 확보하기까지 시간도 많이 걸린다. 이 때문에 시장에서 거래되는 임산물 가격이 그 비용을 뛰어넘는 수준이 되지 않을 경우에는 산림을 점유해 배타적으로 이용하려는 욕구가 떨어지게 마련이다. 또 시장에서 임산물을 구하지 않더라도 거주지에서 멀지 않은 산림이나 숲에 나가 임산물을 자유롭게 채취할 수 있는 환경이라면 굳이 산림을 육성해보겠다고 마음먹는 사람도 많지 않을 것이다.

조선왕조는 개인의 산림천택 점유를 인정하지 않는다는 원칙을 왕조 개창 초기부터 지향했다. 조선왕조 개창에 참여한 신진사대부 세력은 권문세족의 토지겸병에 반대하고 사회 부조리를 개혁하고자 일찍부터 '산림천택 여민공리'라는 이상을 추구했다. 권세가가 산림이나 어장의 이익을 독점하지 못하도록 막아야 백성의 생활이 나아질 것이라고 생각한 것이다.

'산림천택 여민공리'라는 정치 이데올로기를 산림 소유권의 부정, 산림의 무주공산화 정책으로 해석하게 되면, 그리고 조선시대 산림에 존재하는 자원의 양이 임산 수요의 총량을 충족시킬 수 있을 정도로 충분했다고 가정하면 당시 산림은 비경합성non-rivalry과 비배제성nonexcludability을 특징으로 하는 공공재적 성격을 지녔다고 할 수 있다. 경제학적 논의에서는 비경합성, 비배제성을 특징으로 하는 공공재를 이용하는 사람들은 비용을 지불하지 아니하려는 경향을 드러낸다. 이를 '무임승차' 현상이라고 한다.

이 현상이 나타나게 되면 사람들은 그 땅을 관리하려 하지 않게 되며, 이는 결국 '공유지의 비극'이라는 황폐화 현상으로 연결된다. 최근 임업사 관련 연구 분야에서도 이러한 논의를 이어받아 조선 후기의 '채취임업'적 관행이 근절되지 못한 결과 산림 상태가 황폐해졌다고 주장하는 연구자가 나타나고 있는 실정이다.[1]

공공재에 대한 이상의 논의에서는 그 해결책으로서 개방성을 제한하는 방법이 유의미한 효과를 나타낼 것이라고 지적한다. 잘 알려진 바와 같이 개릿 하딘Garrett Hardin은 개방성을 제한하기 위해 공유지를 불하하여 사유지로 만드는방법과 국가권력이 공공재 이용에 개입해 어느 정도 제한하는 방안이 있을 수 있다고 언급했다.[2] 국가권력이 소유권제도를 확정하고, 해당 재화에 대한 이용을 제한하는 등의 개입이 있어야만 지속가능한 임업이 자리 잡을 수 있다는 것이다.[3]

역사학계 내에서도 이러한 논지에 관심을 기울이고, "과연 조선시대의 산 모두가 무주공산이었겠는가?" 하는 문제의식을 지닌 연구자가 나타나곤 했다. 이 문제에 관심을 둔 연구자들은 "조선왕조가 '산림천택 여민공리'를 철저하게 관철했다면 모든 산지가 사실상 '무주공산'이 된 셈이고, 그 결과 산림이 황폐해졌을 것"이라는 데 동의한다. 그러나 대부분의 임야가 주인 없는 땅으로 전락했다는 데에는 동의하지 않는 것으로 보인다. '산림천택 여민공리'라는 이데올로기는 어디까지나 정

치적 수사에 불과할 뿐이며, 실제로는 사점私占 현상이 확산되었다는 것이다.[4]

산림 사점 현상이 널리 퍼져 있었다는 것은 어느 정도 사실이었던 것 같다. 여러 자료에서 확인할 수 있는 바와 같이 조선시대에는 일반인이 점유해 관리하는 '사양산私養山'이 많았다. 일반인뿐만 아니라 궁가, 권세가, 관청이 가지고 있던 임야도 많았다. 조선 전기 성종 때 이후로 궁가에 시장柴場을 절수折受해주는 일이 무척 늘어났고, 연산군 때에는 특히 많아져 국왕과 관료들 사이에서 논란거리가 되곤 했다.

대군에게 시장을 하사하는 행위의 폐단이 두 가지가 있습니다. 대군에게 준 시장의 규모는 주변 길이만 10리가 됩니다. 어떤 곳은 60리에 이르는 땅을 소유하고 있기도 합니다. 이것은 큰 문제입니다. 또 이들은 시장 주변에 살고 있는 주민들이 그 산에 들어가 땔나무를 채취하지 못하도록 막고 있습니다. 이 때문에 백성들이 매우 곤란해하고 있습니다.[5]

백성들은 ……가을과 겨울에 땔나무와 숯으로써 연명을 하는데, 왕자, 대군들이 점차 번성하여 시장을 절수함이 그치지 않고 있으니, 이렇게 된다면 백성들이 의뢰할 데가 없게 될 것입니다.[6]

이 인용문에서 알 수 있듯이 조선 전기부터 궁가, 권세가를 중심으로 시장을 점유하는 일이 빈번해졌다. 그런데 산림을 사점하는 행위는 소수의 특권층에 국한되지 않았다. 일반인들도 분묘금양권을 이용해 산림 사점에 나서기 시작했다. 조선시대에는 '분묘금양의 권리'라는 독특한

제도가 있었다. 《경국대전》에 따르면 조상의 분묘를 산지 안에 먼저 조성한 자가 그 분묘를 중심으로 일정한 보수步數 안에 존재하는 임야를 점유하는 것은 적법행위였다.[7]

분묘금양권은 개인이 임야를 점유할 수 있는 방법이었기 때문에 이를 둘러싼 산송山訟도 끊이지 않았다. 누군가 이미 분묘를 조성한 곳에 몰래 조상의 시신을 평장平葬해두고 일정한 기간이 지난 후 분묘금양의 권리를 주장하고 나서면 그 임야의 점유권을 빼앗을 수도 있었다. 조선시대에는 이런 방식으로 임야를 차지하려 하는 사람이 많았다. 현재 전해지고 있는 《구례 문화 류씨 생활일기》 등의 자료에는 개인들이 정기적으로 자신의 사양산을 순찰하면서 제3자가 몰래 분묘를 만들어놓고 도망가지 않았는지 확인하는 내용이 자주 나온다. 다른 사람 몰래 조성해둔 분묘를 굴거掘去하도록 요구해야 쟁송을 미연에 방지할 수 있었기 때문이다. 조선왕조도 이러한 분묘금양을 매개로 나타난 사양산의 존재를 잘 알고 있었고, 그 점유지 안에 식생하는 나무에 대한 권리도 대체로 인정해주고 있었다. 다음의 인용문들은 이러한 정황을 살펴볼 수 있는 사례 중 하나이다.

수원 유수 조심태가 아뢰기를 "경향의 부호들이 화성에 이사하려 하는데, 집을 만드는 데 드는 재목이 매우 부족합니다. 예컨대 경기 경내의 사양산과 덕적도에 있는 송전松田에서 그들에게 필요한 만큼 벌목을 허락하는 것이 어떻겠습니까?" 하니, 왕이 말하기를 "덕적진은 사람을 보내어 조사한 뒤에 다시 품지稟旨하라. 사양산에서 벌목하는 일을 허락하는 일은, 사대부의 분산墳山에 폐단이 된 것이 많아 즉시 허락하기 어렵다. 나무를 판매하려는 의사가 분명한 사람만을 구별해내서 배정한 뒤에 공문을 내려서 벌목해야 전과 같은 폐단이 없을 것이다" 하였다.[8]

비변사에서 아뢰기를, "사관 김효건의 서계書啓에 대한 비지 가운데에서 사양산의 나무를 벤 한 가지 사안은 형편 없이 곤궁한 백성이 지탱하기 어려운 단서이니 묘당에서 지방관을 논죄하게 하라고 명하셨습니다. 그 서계를 가져다 보니, 선창 감관監官이 폐단이 적지 않습니다. ······ 외방의 선착을 으레 강 근처의 사양목私養木을 가져다 쓰는데 광주의 이교吏校가 벌목을 한다고 일컫고 오로지 사사로이 세력 있는 집안의 산목은 베지 않고, 피폐하고 쇠잔한 백성의 가양家養, 산양山養을 막론하고 모두 도끼로 베어냈습니다. ······ 사양산에서 작간한 이교는 하교에 따라 엄히 처벌하여 뒷날을 징계하도록 분부하겠습니다" 하니, 왕이 답하기를 알았다 하였다.[9]

두 기사 모두에 나타난 바와 같이 사양산에 관리나 아전이 들어가 함부로 나무를 베는 것은 불법으로 취급되었다. 점유지 안의 임산물을 제3자나 국가 관청이 제값을 치르지 않고 가져가지 못한다는 것이 상식이었다.

이런 자료로 보아 사양산이 사적 재산이라는 관념이 어느 정도 확산되어 있지 않았나 하는 생각이 든다. 그렇기 때문에 혹자는 조선 후기에도 임야의 소유권 의식이 근대의 그것만큼 확립되어 있었다고 보면서 조선 후기 임업의 제도적 인프라가 잘 갖추어져 있었다고 파악했다. 그러나 임야에 대한 개인의 권리가 인정되어 있었다는 사실만으로 임업이 근대화되었다고 말하기는 어렵다. 임산 생산 기능이 붕괴되어 있고 임산물이 제대로 공급되지 않는다면 임업 시스템에 큰 문제가 있다고 하지 않을 수 없다.

다시 말해 그저 임야 소유권만 확립되어 있다고 해서 임업 생산의 지속가능성이 담보되지 않는다. 조선 후기에는 임산물에 대한 수요가 증가했던 것으로 보이며, 화전도 늘어나면서 임산물 공급과 수요 사이에 불일치 현상이 발생했던 것으로 파악된다.[10] 그렇다면 과연 조선 후기의 임산물 수요 증가 추세의 실상은 어떠했을까?

1-1. 땔감 소비의 증가

기존 연구에 의하면 조선 후기에 해당하는 17세기에 세계적으로 겨울철 기온이 떨어지는 이른바 소빙기little ice age 현상이 나타났다고 한다. 이태진에 의하면 1490년부터 1750년까지 기온이 특히 낮았다.[11] 실제로 이 기간 동안에는 동해 바다도 얼 정도로 추위가 심했다.[12] 근래에는 겨울철에 한강, 낙동강과 같은 큰 하천이 얼어버리는 일이 흔하지 않지만, 17~18세기에는 하천이나 바다가 결빙되는 일이 너무나 흔한 일이었다. 영조 1년 11월에 작성된 다음 글에서 당시의 상황을 조금이나마 짐작할 수 있다.

진휼청에서 아뢰기를 "제주의 흉황으로 명년 봄에 진휼할 쌀 4,000석을 본청의 경창京倉에 있는 곡식으로 운송해 구제하기로 하였는데, 본청에서 배를 모집하여 막 실으려던 참에 밤사이 날씨가 갑자기 추워져 강물이 얼어붙고, 바다까지 얼어 쌀을 실어낼 도리가 없어졌습니다" 하였다.[13]

한강의 결빙으로 배가 움직일 수 없게 되는 바람에 진휼곡 운송도 불가능해졌다는 것이다. 하천뿐만 아니라 서해에서도 바다가 얇게 어는 바람에 장산곶에서 생산되는 목재를 도성으로 제때 옮길 수 없었고, 이로 인해 관청이나 궁궐의 건영사업이 지체되는 일이 잦았다.[14]

하천과 바다의 결빙은 세곡의 운반에도 적지 않은 장애가 되었다. 이 때문에 정부는 수확이 본격적으로 시작되기 전부터 세곡을 급히 모아 수송할 수 있도록 하라고 지시했으며, 지방 각지에 독운어사督運御史를 파견해 세곡 운송을 서두르도록 감독했다.[15]

겨울철 추위가 길어지고 기온도 예전에 비해 하락하게 되면서 식량 생산에도 어려움이 커졌다. 실제로 영조는 "이미 정월이 지나가고 중춘仲春이 되었는데도 …… 안타까운 저 백성들은 오두막에서 굶주리고 있을 터이니 어느 여가에 농사를 시작하겠는가?"라며 걱정하기도 했다.[16] 숙종 때에는 좌의정 이이명이 "요사이 수해와 한해가 해마다 잇따르고 추위와 더위가 철이 틀리고 별과 무지개의 괴변이 생기고 때 아닌 뇌성과 우박이 자주 내린다"라면서, 기상이 예년과 같지 않고 바다에 물고기도 줄어들었다고 말한 바 있다.[17] 이러한 자료에서 간취할 수 있듯이 조선 후기 어느 시점부터 겨울철 추위가 심해지고 한해와 수해가 반복되어 농사짓기가 힘들었던 것으로 이해된다.

이처럼 평균기온이 떨어지면서 땔감 사용량이 크게 늘어나고, 그 공급이 수요에 미치지 못하는 일이 벌어졌다. 땔감이 부족한 탓에 한양 도성 안에서는 땔감을 구하지 못해 우왕좌왕하는 사람이 적지 않았다. 순조는 이에 대해 다음과 같이 탄식한 적이 있다.

봄추위가 겨울과 다름없고, 비와 눈이 거의 오지 않는 날이 없으니, 아! 나의 가난한 백성들이 어떻게 땔나무와 식량이 떨어져 고생하는 탄식을 면할 수 있겠는가? …… 빈 궁궐에서 몰래 나무를 벤 죄는 진실로 용서할 수 없으나, 그 추위의 고통을 참지 못하고 취사도 할 수 없는 정상을 미루어 알 수 있었다. 사산四山의 바람에 부러져 저절로 말라 죽은 나무도 비록 가볍게 작벌斫伐하도록 허락하는 것은 마땅하지 못하나, 물건은 이미 버려진 것이고 백성은 또 고생이 심하니, 흩어 주어 널리 구제하는 도리에 있어서 어찌 불가함이 있겠는가?[18]

도성 안에 살고 있는 사람들이 땔감이 구할 길이 없자 빈 궁궐(경복궁을 의미함)에 들어가 전각을 함부로 허물고 그 목재를 가져다 연료로 삼고 있다는 것이다. 순조는 이러한 지경에 이를 정도로 땔감이 부족하다는 데 탄식하면서 궁궐 전각을 헐어 땔감으로 삼은 사람들을 방면하라고 명했다.

땔감 수요 증가는 임목 축적이 감소하는 결과를 낳았다. 김동진은 15세기 무렵 한반도의 임목 축적은 헥타르당 600입방미터였는데, 20세기 초에는 43입방미터로 줄어들었다고 분석했다. 20세기 초의 수치는 《조선총독부통계연보》 등을 통해 확인할 수 있으므로 이에 의거해 추산한 수치를 어느 정도 신뢰할 수도 있다. 그러나 15세기의 경우는 정확한 자료가 없어 단편적인 기록을 통해 추산할 수밖에 없다.

김동진은《경국대전》경역리조의 기록을 참고하여 매년 각도에서 사재감과 선공감에 납부해야 하는 장작과 숯의 양이 각각 20,520근, 123석이었다고 가정한 다음, 그에 소요되는 목재량을 계산해 60년 동안 안정적으로 확보할 수 있는 땔나무가 2,908.5톤이어야 한다고 주장했다. 이 정도의 임산물을 확보하기 위해서는 적어도 헥타르당 600입방미터에 해당하는 임목 축적이 있어야 한다는 것이 그의 입장이다.[19]

이와 같은 계산법은《경국대전》의 관련 규정이 제대로 지켜켰을 것이라는 가정과, 각 관아에 지급된 시장의 실제 면적 등이 정확하다는 전제 위에서 나온 것이다. 그런데 조선 전기에는 온돌이 조선 후기와 달리 그리 널리 사용되지 않았기 때문에 과연 이 정도 장작이 실제로 공급되었을까 하는 의문이 든다. 또 장작 채취 면적도 정확한 데이터에 근거한 것이 아니어서 확실한 수치라고 말하기 어렵다. 필자는 앞에서 언급한 바와 같이 조선 초 헥타르당 임목 축적량이 100입방미터 내외였을 것이라는 추정이 현실에 부합할 개연성이 크다고 생각한다.[20]

임목 축적량에 대한 계산은 이처럼 연구자에 따라 다르지만, 조선 전기의 임목 축적에 비해 조선 후기와 20세기 초의 그것이 지나치게 적었다는 것만은 사실이다. 그렇다면 조선 후기를 거치면서 산림 상태가 악화된 원인은 무엇일까? 이에 대해 화전 경작의 확산 등을 이유로 꼽는 사람도 많지만, 연료재로 사용되는 장작과 숯의 수요가 늘어났던 것을 가장 중요한 원인으로 꼽을 수 있다.

숙종 때의 기록에는 "예전에는 여러 궁실을 판방板房으로 한 것이 많았는데, 지금은 온돌이 많아져 기인이 공물로 바치는 땔감과 숯을 지탱하기 어렵다"라고 적혀 있다.[21] 그런데 17세기에 접어들면 궁궐뿐만 아니라 전국적으로 온돌을 설치한 가옥이 늘어났고, 그에 따라 장작의 수요가 크게 늘어났다.[22] 당시 연료재 수요는 과연 어느 정도였을까?

《정조실록》1794년 12월 기록에는 호남위유사 서영보가 작성한 보고서가 실려 있는데, 이에 의하면 "완도 주민들은 전라우수영에 매달 15파把의 땔나무와 한 달 걸러 20석의 숯을 바쳐야 하며 …… 땔나무 묶음의 길이와 둘레는 모두 이를 기준으로 한다"라고 되어 있다.[23] 이 기록에 나타나 있는 '파'라는 단위는 땔나무 묶음의 '길이와 둘레'로서, '체적'을 의미하는 것으로 보인다.

'파'라는 단위는 원래 체적이 아니라 면적의 단위이므로 기록에 나타난 15파가 정확히 어느 정도 규모인지 확인하기 어려운데, 여기에서는 편의상 '파'를 면적으로 계산해보도록 하자. 1634년의 갑술양전 이후 모든 전답이 세종 때 정해진 1등척으로 계산하게 되었는데, 결부의 규격에 관한 《세종실록》의 기록에 의하면 1등전 1파는 주척 4척 7촌 7분 5리에 해당한다.[24] 이를 현대의 미터로 환산하면 99.296미터가량 된다. 이것을 정사각형 한 변의 길이로 간주해 면적을 계산하면 0.986평방미터가 된다.[25]

만일 위의 기록에 나타난 바, "땔나무 묶음의 길이와 둘레[柴束之長與周]"를 부피로 해석하게 되면 1파는 약 1입방미터로 판단할 수도 있다. 서영보의 보고서에는 "길고 곧은 나무는 반드시 쓸 만한 재목이고 …… 단단한 나무는 자라는 것이 느려서 한 번 잘라 버리면 다시 자라기 어려우니 애석하게 여기고 기르기에 겨를이 없어야 할 것인데도 땔나무가 되어버린다"라고 우려하는 내용이 있다. 이로 보건대 완도에서 전라우수영에 납부하는 땔나무의 규모가 지나치게 많았던 것이 아닌가 한다.

이렇게 보면 1파를 1입방미터로 파악해볼 법한데, 만일 그것이 올바른 해석이라면 완도 주민은 매달 15입방미터에 해당하는 땔나무를 "가지와 잎을 잘라버리고 단단하고 빽빽하게 묶어"내야 하는 처지에 있었던 셈이 된다.[26] 땔나무를 빽빽하게 묶어 이 정도 규모로 매달 납부하는 것은 상당히 수고스러운 일이었을 것이 분명하다. 또 실제로 땔나무 상납이 지속적으로 이루어졌다면 산림 상태는 크게 나빠졌을 것이다.

위 기록에는 땔나무뿐만 아니라 20석의 숯을 한 달 걸러 바치는 것이 상례였다고 되어 있다. 전하는 바, '숯 1석은 다른 상품 2석과 동일하다'고 하므로 실제로 숯 20석은 일반 물자의 40석에 해당하는 부피라고 할 수 있다.[27] 기존의 연구 성과에 따르면 조선 후기 양기量器의 용적에는 평석과 전석이 구분되며 전석 1석은 114.52리터, 평석 1석은 85.89리터에 해당한다.[28] 기록에 남아 있는 숯 1석이 전석을 기준으로 한 것인지의 여부는 알 수 없지만, 편의상 전석으로 계산해보면 완도 주민들이 전라우수영에 1회 납부하는 숯은 4,581리터에 해당한다. '리터'를 부피로 환산하면 입방미터와 같으므로 전라우수영이 수납하는 신탄, 즉 숯은 5.481입방미터가 된다.

한편 물의 경우 1리터는 무게 1킬로그램에 해당하고, 현재 알려진 숯의 비중은 1.4~1.5가량이므로 1리터 부피의 숯은 대략 1.5킬로그램이다. 그렇다면 두 달에 1회 완도 주민이 납부해야 하는 숯의 무게는 무려 6.8톤에 달했다고 할 수 있다. 산림청이 발간한 조사자료에 따르면 현대의 기술을 사용해 숯가마로 목탄을 굽는다고 할 때 1킬로그램의 숯을 생산하기 위해서는 10킬로그램의 원료가 필요하다.[29] 10배나 큰 중량의 나무가 투입되는 것이다. 이상과 같이 간단하게 계산해보아도 조선 후

기 주민들이 영문에 별공으로 납부하는 숯을 생산하는 데 많은 나무가 들어갔음을 짐작할 수 있다.[30]

전라우수영 한 곳에 납부해야 하는 장작과 숯을 생산하는 데 이처럼 다량의 나무가 소비되었다고 한다면 아마 완도에서는 급속히 숲이 황폐해졌을 것이다. 또 이 수치를 전국으로 확대 적용하게 되면 한반도 각지의 산지가 땔나무 채취로 인해 크게 황폐해졌을 것이 분명하다.

앞에서 언급한 바와 같이 조선 후기에는 온돌이 확산되고 겨울철 기온도 이전에 비해 낮았던 것으로 이해된다. 그러한 문화적·자연적 변화는 연료재 소비의 증가를 부추겼을 것이며, 그 영향으로 산림 상태가 악화되었을 것으로 파악할 수 있다. 요컨대 연료재 소비의 증가로 숲이 빠르게 사라졌을 개연성이 높은 것이다. 《비변사등록》 순조 32년의 기록에는 땔감 소비의 증가로 산림이 황폐화되었다는 내용이 수록되어 있어 참고가 된다.

우의정 김이교가 아뢰기를 "송금松禁이 해이해진 것도 근래와 같은 때가 없어 심지어는 도시 안에서 간간이 소나무를 땔감으로 베어다 파는 자까지 있습니다. 도성 안에서 이와 같으므로 외방도 미루어 알 수 있습니다. 곳곳마다 있는 산림에 초목이 없어지지 않음이 없는데 수원이 마르는 것도 한재旱災의 부류인데, 여기에서 연유하지 않는다고 기필할 수 없습니다"라고 했다.[31]

이 인용문에는 19세기 초에 해당하는 순조 때 도성 안과 인근에서 나무를 찾아보기 힘든 상태가 되었고, 간간이 소나무를 파는 자가 눈에 띌

뿐이라고 언급되어 있다. 그런데 당시 도성 안에서 판매되던 소나무의 대다수는 도성 주변 금산과 왕실의 능묘에서 몰래 벌목된 것이었다.

'금산'이라는 것은 "도성의 숭엄 유지, 자연재해 방지, 산림 보호"를 위해 연료와 목재를 채취할 수 없도록 특별히 금지한 곳으로서, 국용 목재 전용 공급지로 지정된 '봉산'과는 다르다.[32] 도성 주변의 사산은 모두 금산으로 지정되어 있는데, 17세기 무렵부터 이 지역에 함부로 들어가 벌목을 하는 사람이 많았던 것으로 보인다. 이에 대해 관찬사료에는 다음과 같은 내용의 기록이 등장해 참고가 된다.

한성부가 계를 올려 말하기를 "남도감역관 조건양이 본부에 보고하기를 '19일 밤에 순찰을 돌고 있을 때 회현동에서 도끼로 나무를 찍는 소리가 나길래 가서 잡아보니 성인 남자 4명이 소나무를 벌목하고 있었습니다. 그들을 잡아들일 때에 그들이 오히려 산지기를 구타하는 바람에 피를 많이 흘리는 일이 벌어졌습니다. 그들 중 황고식이라는 자가 가장 체포하기 힘들었습니다'라고 합니다"라고 했다.[33]

청학정의 소나무는 마르거나 썩은 것이 10그루 중 6, 7그루인데, 전부 다 말라 시들어진 경우는 혹 벌레가 먹었거나 혹 오래되어서 저절로 이렇게 되었고, 뿌리를 파서 도끼로 찍은 경우는 필시 나무꾼의 도끼가 들어간 것입니다. 이태원의 소나무도 마르고 썩어 옆으로 넘어져 있는 것이 곳곳에 많는데, 청학정만큼 민둥산은 아니지만 이 산의 금양 역시 근실하지 못합니다. …… 내·외부암·남벌원·응봉현·남소문곡성·독서당현의 소나무는, 통틀어 말하면 태반이 드문드문 할 뿐만 아니라 사이사이에 옆가

지가 꺾인 것이 많고 또 나무꾼이 다니는 길이 사방으로 나 있어 도끼가 오고갔음을 알 수 있습니다. 그 가운데 남별원 좌우의 산에는 가지만 꺾은 것이 아니라 밑둥을 함께 베어간 경우도 혹 있었습니다. 대체로 소나무 뿌리가 땅에 착상하면 땅은 그로 인해 견고해서 무너지지 않는데, 지금 이미 뿌리를 베었기 때문에 산기슭에서는 이로 인해 사태가 발생하게 됩니다. 금지를 어기고 경작하는 경우는 문현 뒤 마전 냇가 근처에 산허리를 개간하여 경작한 밭이 많이 있었습니다.[34]

영의정 심순택이 아뢰기를 "영릉英陵과 영릉寧陵 두 능침의 소나무 사건은 너무도 놀랍고 두렵습니다. 참으로 평소에 작벌하는 것을 엄하게 금지했다면 소견이 어찌 이와 같은 지경에 이르렀겠습니까. 당해 관원이 직무에 이바지하며 하는 일이 무슨 일입니까. 이것은 비단 근래에만 그러한 것이 아니니, 비록 몹시 통탄스럽기는 하나 지금 소급하여 구핵究覈하기는 어렵습니다. 현재 직임을 맡고 있는 두 능의 능관을 우선 죄명을 진 채 직임을 거행하게 하고, 경기감사에게 따로 지방관을 신칙하여 입동 때부터 시작하여 편리한 대로 나무를 심되 몇 그루 수를 심었는지 그로 하여금 계문하게 하소서" 하였다.[35]

이 인용문에서 확인할 수 있듯이 인조 연간에 도성에는 불법적으로 소나무를 베어 팔아치우는 전문 도벌 조직이 있었다. 이 도벌 조직은 단속을 피해가며 도벌을 자행했고, 경우에 따라서는 관리들을 폭행하거나 살인까지 했다고 한다. 이들의 '활약'으로 도성 근처에서 나무를 구하기 어려워지자 능묘의 '숭엄' 유지를 위해 금양하던 소나무까지 베어내

파는 자도 적지 않았다고 사료는 전한다.

이처럼 땔나무를 확보하기 위해 나무를 마구잡이로 베어내는 현상이 확대됨에 따라 산림 상태는 악화일로를 걸었다. 그 정황은 1910년에 조선총독부가 작성한 〈조선임야분포도〉를 통해서도 확인할 수 있다. 〈조선임야분포도〉는 일제가 조선 산림 정책 수립을 위해 별도의 조사반을 투입해 만든 것으로 성림지, 치수 발생지, 무입목지를 각각 다른 색으로 표시한 자료이다.[36] [그림1]과 [그림2]는 〈조선임야분포도〉에 담긴 데이터 중에서 성림지와 무입목지의 분포를 따로 뽑아 다른 색깔로 표시한 것이다.

〈조선임야분포도〉에서 성림지만을 따로 골라 표시한 [그림 1]에서 알 수 있는 바와 같이 도성 인근에는 성림지가 거의 없는 것으로 되어 있으며, 무입목지도 많았다. 참고로 〈조선임야분포도〉가 작성될 당시에 진행된 임적조사의 결과에 따르면 무입목지는 한반도 전체 임야의 25.9퍼센트에 달하고 치수 발생지는 41.8퍼센트 정도이다. 68퍼센트 정도의 산림 면적에 쓸 만한 나무가 거의 없었던 것이다.

땔감으로 쓸 나무가 줄어듦에 따라 민간에서 소비할 수 있는 장작이나 숯의 양도 조금씩 줄어들었던 것으로 이해된다. 이와 관련해 참고할 만한 자료가 있다. 1787년(정조 11)의 《비변사등록》 기록에 따르면 정부에서 부산의 왜관에 지급해주는 시탄가柴炭價 원획목元劃木이 72동同 30필疋이었다. 즉 72동 30필의 면포를 지급해 시탄 구매에 사용하게 한 것이다.[37] 그런데 1843년(헌종 9)에 작성된 《왜인지급시탄절목倭人支給柴炭節目》에는 왜관에 지급하는 시탄가가 18동 35필로 되어 있다. 50여 년 사이에 왜관에 지급하는 시탄가가 급격히 줄어든 것이다.[38]

물론 기록에 의하면 왜인들이 구매하는 시탄의 가격이 일정하지 않아 지급하는 시탄가가 적어졌다고 되어 있다. 그렇지만 19세기에 접어들어 시탄 부족으로 추위에 시달리는 왜인이 많다는 기록이 있는 것으로 보아 시장에 공급되는 연료재 수량이 수요에 미치지 못했던 것으로 추정해볼 수 있겠다.[39]

[그림 1] 〈조선임야분포도〉(1910)
에 나타난 성립지 분포.

[그림 2] 〈조선임야분포도〉(1910)
에 나타난 무입목지 분포.

1-2. 소금 생산용 땔감 및 선박 제조용 목재의 부족

한편 조선 후기에는 전선이나 조운선 제조에 들어가는 나무가 날이 갈수록 줄어들고, 그 생산지도 연해에서 먼 곳으로 점차 옮겨갔다. 원래 소나무는 굽히기 어렵고, 그 때문에 가공이 쉽지 않다. 선박을 만드는 데 그리 좋은 재료가 아닌 것이다. 하지만 소나무는 선박 건조에 유리한 바닷가에서 잘 자라며 70~80년 내에 목재로 쓸 수 있을 만큼 빨리 성장한다. 또 조선시대 선박의 대다수는 바닥이 평평한 평저선이어서 나무가 많이 굽어지지 않는다 해도 그다지 문제가 될 것이 없었다. 이런 이유 때문에 조선시대에는 소나무를 선박 건조 자재로 주로 사용하게 되었다.[40]

임진왜란 당시에 일본군은 조선 수군에 막혀 제대로 북상하지 못했으며, 이는 전쟁의 추세를 바꾸는 데 큰 영향을 끼쳤다. 조선왕조는 이런 경험을 바탕으로 평시에 전선을 제대로 갖추어 놓고, 훈련을 거듭하도록 했다. 그런데 전선은 바다에 오래 둘수록 삭기 마련이다. 따라서 전함을 한 번 건조하게 되면 정기적으로 수리를 해야 할 뿐만 아니라 사용 기한이 넘으면 폐기하고 새 전선을 만들어야 한다. 숙종 때 기록에 의하면 대부분 지역의 전선은 5년에 한 번 나무를 덧대 보강 수리하고, 10년이 되면 다시 건조하도록 되어 있었다.

영남의 경우에는 배를 만들 때 쇠못을 사용하는 까닭에 빨리 삭았고, 그 영향으로 수리 및 폐기 시한이 짧았다고 한다. 영남의 전선 수리는 3년에 1회였고, 7년 동안 사용한 전선은 폐기하게 되어 있었다.[41] 다른 지역과 달리 영남 지역에서 전선 건조 시에 쇠못을 사용한 것은 참나무를 구하기 어려웠기 때문일 것이다. 보통 소나무로 배를 만들 때 판자와 판자를 접합할 때는 참나무 재질로 된 못을 사용하는데, 영남은 대부분 쇠못을 사용했다고 한다.[42]

조운선 역시 10~15년을 사용하다가 폐기하다가 새로 만들도록 되어 있었던 듯하다.[43] 조운선도 오랫동안 운항하면 바닷물에 의해 나무판자가 삭기 때문에 영구적으로 사용할 수 없다. 이와 같이 배의 사용 기한이 정해져 있기 때문에 수영이나 조창 부근에서는 정기적으로 나무를 베어 배를 만드는 일이 반복되었다. 그렇다면 조운선이나 전선을 만드는 데 소요되는 목재의 양은 어느 정도일까?

세곡 운반용 조운선 1척을 만드는 데 필요한 나무의 수에 대해서는 기록에 따라 달라 파악하기 쉽지 않다. 어떤 기록은 조운선 하나 만드는 데 소나무 80여 그루가 필요하다고 언급하기도 하고,[44] 또 다른 자료에는 200~300그루를 들여야 만들 수 있다고 언급되어 있다.[45] 전선을 건조하는 데 드는 나무의 수량도 기록에 따라 다르다. 숙종 때 병조판서 김석주는 국왕을 만난 자리에서 "전선 한 척에 소용되는 재목을 통나무로 계산하면 700~800그루에 이른다"라고 말한 적이 있다.[46]

이에 반해 《만기요람萬機要覽》에는 큰 소나무 73그루로 만든다는 구절이 나온다. 이렇게 기록마다 내용이 다를 뿐 아니라 재료 수량을 단순히 '그루'라고만 표현해 그 크기가 어느 정도인지도 정확히 알기 어렵다.[47] 최근 전영우는 관찬사료에 나타난 이러한 문제를 극복하기 위해 《헌성유고軒聖遺稿》라는 책에 담긴 정보를 기초로 배 한 척을 만드는 데 투입된 목재의 수량과 크기 및 굵기를 계산한 바 있다.[48]

그에 의하면 선박 밑판에 사용된 소나무의 크기는 높이 20미터, 직경

50센티미터 정도였고, 바깥판은 20~31미터, 두께 13센티미터, 폭 30센티미터였을 것이라고 한다. 이 정도 크기의 목재를 생산하기 위해서는 수령 60~80년에 해당하는 소나무가 필요하고, 한 척당 투입되는 수량은 약 150그루였던 것으로 보았다. 그는 이어서 조선 후기 각 수영과 진에 배치된 배가 약 780척이고, 조운선은 500척이었다는 사실을 지적하고 개인들이 소유한 사선私船의 수효를 합쳐 최소한 10,000척의 배가 있었을 것이라고 주장했다. 그런데 조선 후기 선박의 사용 기한이 10~15년이었으므로 어림잡아 매년 1,000척 정도를 새로 건조해야 했을 것이다. 배 1척을 만드는 데 150그루의 소나무가 필요한데, 이 수치를 기준으로 계산하면 한 해에 선박을 건조하는 데 무려 소나무 15만 그루가 벌목되었다는 결론에 이르게 된다.

선박을 만드는 데 적당한 소나무를 길러내기 위해서는 적게 잡아도 50년이 걸린다. 따라서 매년 소나무가 15만 그루씩 사라지는 상황에서는 산림이 급속도로 황폐해지는 것을 막기 어렵다. 실제로 영조 때 영의정을 지낸 홍봉한은 "근래 송전松田을 양호養護하는 법이 날로 해이해져서, 한 번 전선을 만들면 연해의 모든 산이 민둥산이 됩니다"라고 말했다.[49] 정조 때에도 영의정 서명선이 전선 건조로 인한 폐단을 다음과 같이 지적한 바 있다.

오늘날 제도諸道의 폐단 가운데 가장 민망한 것은 송정松政입니다. 각 도의 송산松山이 민둥산이 된 것은 전선·병선을 개조하거나 개식改槊한 데서 연유합니다. 임무가 막중한 전선은 정해진 사용 연한이 있으니, 그 기한이 차면 배를 새로 만들겠다는 보고를 하고 명에 따라 작벌합니다. 이

는 그만둘 수 없지만, 그 가운데 허다한 폐단이 없지 않습니다.[50]

배 건조에 다량의 나무가 들고, 그로 인해 연해 지역의 원목 공급 여력이 고갈됨에 따라 민간인들은 사선私船을 만들기 어려운 상황에 처하게 되었다. 이렇게 되자 각 수영水營은 보유하고 있던 배의 사용 기한이 차면 그것을 폐기하지 않고, 민간인들에게 팔아치워 이문을 남기기도 했다. 숙종 때 대사간을 지낸 이희무는 이 문제에 대해 다음과 같이 말했다.

근래에는 선재가 나는 곳이 점점 민둥산이 되어가고 있는데 대체로 앞뒤 없이 도벌하기 때문입니다. 혹은 이것을 그대로 팔아서 쓰기도 하고 혹은 소금을 구워 팔기도 하여 이 지경에 이르고 말았으니, 극히 염려스러운 일입니다. 들자니 퇴물이 된 전선을 개인들이 수영으로부터 구입해서 10년이 넘도록 사용하고 있다고 합니다. 이러한 말이 나오는 것은 관원들이 아직 썩거나 상하지도 않은 것을 앞질러 팔아넘겼기 때문입니다.[51]

선박 건조 외에 소금가마의 남설도 연해 지역 산림 황폐화에 한몫 거들었다. 오늘날과 달리 조선시대에는 바닷물을 가마솥에 끓여 소금을 생산했다. 바닷물을 끓이는 가마를 소금가마鹽盆라고 하는데, 이 소금가마를 이용해 소금을 생산할 때에는 갯벌에서 하루에 몇 차례 써래질을 하여 갯벌흙을 만들고 여기에 다시 바닷물을 부어 염분 농도가 높은 함수鹹水를 만든다. 이 함수를 소금가마에 부어넣은 후 소나무를 베어다가 끓여 소금을 만드는 것이다. 이러한 방법으로 소금을 만들 때에는 당연히 땔나무가 많이 필요하다. 소금가마에 쓰이는 나무의 양은 앞에서도 소개한 것처럼 1가마당 매년 50정보가량의 숲이 필요했다고 한다.[52] 1정보는 3,000평에 해당하므로 소금가마가 설치된 바닷가 지역에서는 15만 평 규모의 임야에서 나무가 해마다 사라지는 셈이 된다.[53]

조선 후기에는 소금을 만들어 재산을 증식하는 궁방과 관청이 많았다. 특히 내수사는 지방 여러 곳에 소금가마를 두고 소금을 집중적으로 생산했다. 내수사는 궁궐에서 소비하는 쌀과 포, 잡화 등을 공급하는 관청으로 왕실의 사유재산을 관리하던 곳이다. 광해군 시기에 내수사는 산림과 염분, 어장 여러 곳을 절수지로 받아낸 데다가 거짓으로 문서를 꾸며 사유지를 절수지로 편입해 물의를 일으켰는데, 《광해군일기》에는 다음과 같이 이를 질타하는 내용이 수록되어 있다.

선혜청이 아뢰기를, "제 궁가와 사대부가 절수를 통해 증명서를 발급받았다고 하는, 주인이 있는 전답과 염분·어살·산림·천택에 대하여 증명서를 허위로 낸 곳을 조사해 낱낱이 본 주인에게 환급하여 백성들이 경작하도록 하였습니다. …… 내수사가 추후로 계하하여 저희 선혜청에 절수 증명서가 정당하게 발급받았다는 것을 확인해달라는 공문을 자주 보내고 있습니다. 한결같이 당초의 공문대로 시행하는 것이 어떻겠습니까?" 하였다.[54]

위 기사에 나타난 바와 같이 광해군 시기에 내수사가 과도하게 많은 전답과 염분을 차지했다는 비판이 제기되었다. 이에 대해 광해군은 내수사를 두둔하고 나서기도 했다.

내수사가 전답, 산림과 함께 염분을 많이 차지하고자 했던 것은 이익이 적지 않았기 때문이다. 이에 대해서는 다음과 같은 자료가 전하고 있어 참고가 된다.

우의정 김덕원이 말하기를 "생각건대 흉년을 구제하는 데에는 소금의 이득이 가장 많으니 염분鹽盆은 호조나 여러 궁가 각 아문의 소관을 막론하고 명년에 진휼이 끝날 때까지 전부를 각 도에 소속시키고 세를 받아 진흉의 양자에 보태게 하면 진정賑政에 도움됨이 적지 않을 듯합니다" 하였고, 좌의정 목래선은 "조정에서 만일 소나무를 베어 소금을 굽는 길을 터주면 그 사이에 반드시 그를 빙자하고 남벌하는 폐단이 있을 것이므로 이는 가벼이 허가할 수 없습니다. 서울의 각사에서 관리하는 염세鹽稅는 명년 한하고 본도에 허급하여 진휼의 밑천에 충당하게 하는 것이 좋을 듯합니다" 하였다.[55]

이 인용문에 나타난 바와 같이 소금을 굽는 일에는 땔감용 소나무가 많이 필요해서 그 주변의 산림은 쉽게 황폐해진다. 이렇게 되면 연안 지역 주민들은 난방·취사용 땔감을 구할 수 없게 되고 산사태 등의 피해를 자주 입을 수 있다. 실제로 조선 후기에는 산사태가 많아서 정부에서도 인지할 정도로 상황이 심각했다. 하지만 소금을 팔아 얻는 이익이 무척 많았기 때문인지 호조, 궁가 등은 이에 아랑곳하지 않고 해가 갈수록 소금가마를 늘렸다. 소금가마의 수가 증가할수록 그에 대한 일반인들의 비난은 커져갔고, 관료들 사이에서도 논란거리로 떠올랐다.

이러한 상황을 그냥 두고 볼 수 없었던 숙종은 궁가와 아문이 보유한 절수처를 확인하도록 명령한 바 있다. 그에 따라 비변사가 조사한 바에 의하면 지금의 경기도 화성에 해당하는 남양부에만 당시에 무려 305개의 소금가마가 있었다고 한다.

> 남양부에는 …… 호조의 소금가마 74좌, 내수사의 소금가마 47좌, 길성위방의 소금가마 12좌, 숙안공주방의 소금가마 2좌, 낙선군방의 소금가마 6좌, 인흥군방의 소금가마 11좌, 훈련도감의 소금가마 49좌, 대부감목관의 소금가마 40좌, 용동궁의 소금가마 17좌, 화량진의 소금가마 18좌, 사복시의 염분 6좌, 능원대군방 염분 2좌, 본궁의 염분 11좌, 세곳면의 각 처에 소속된 10여 좌는 방금 수진궁에서 절수하였다.[56]

궁방과 아문이 이렇게 많이 설치한 소금가마 때문에 남양부에는 거의 나무가 사라지다시피 되어버렸다. [그림 3]은 남양과 수원 일대의 산림 상태가 표시된 조선산림임상을 표시한 것이다. 이 지도의 원본에는 남양군의 연해 지역이 노란색으로 표시되어 있고 수원군 쪽 내륙으로 갈수록 빨간색으로 표시된 부분이 나타나며, 그 빨간색 구역 안에 초록색으로 표시된 곳이 위치한 것으로 되어 있다. 노란색으로 칠해진 부분은 무입목지, 즉 나무가 없는 임야를 의미하며, 빨간색은 치수 발생지를 의미한다. 녹색은 성림지에 해당한다.

이를 보아 해안지대의 산이 거의 모두 민둥산이었음을 알 수 있고, 내륙으로 갈수록 어린 나무가 듬성듬성 자라는 치수 발생지가 있었음을 알 수 있다. 아래 지도의 원본에서 녹색으로 칠해진 부분은 바로 융건릉의 내해자, 외해자 지역으로서 조선왕조가 특별히 관리한 덕분에 다른 곳보다 상대적으로 산림 상태가 좋은 구역에 해당한다.

앞에서 확인한 바와 같이 소금가마를 끓이는 데 필요한 나무를 마구잡이로 베어내는 바람에 해안 지역의 임상은 나빠져 있었다. 이런 까닭에 조선 후기에도 소금가마를 두고 공공연히 연해 지역 산림 황폐화의 주범이라고 지목하는 사람이 많았다. 현종 때 대사간을 지낸 이태연이라는 인물은 "연해변의 소나무 벌채를 금하고 있는데 근래 법이 해이해져 연해에서는 대부분 소금을 굽는다고 산이 벌거숭이가 되었다"라고 국왕에게 말한 적이 있다.[57] 숙종 때 병조판서 김석주도 전선 건조와 소금가마로 인해 송금이 해이해졌다면서 다음과 같이 언급했다.

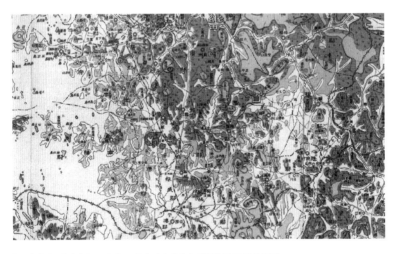

[그림 3] 〈조선임야분포도〉에 표시된 남양군과 수원군의 산림 상태 현황
* 이 지도는 국립산림과학원의 '조선 후기 송정과 산림' 연구팀(배재수 외)이 전산처리하여 수정, 보완한 것으로 해당 연구팀의 협조를 얻어 확보한 자료임.

김석주가 말하기를 "신이 요즘 영남·호남의 변장들에게 들으니, 전선의 개조가 끊이지 않아 소나무를 길러놓은 섬에서 선재를 베어오느라 달마다 군민들을 사역시키는 폐단이 크다고 합니다. 또 전선을 개조할 때 다른 지역에서는 5년 만에 수리하고 10년 만에 개조하는데, 영남만 3년 만에 수리하고 7년 만에 개조하여 물력을 허비하므로 그 기한을 늦춰야 합니다. 금송도 엄중히 해야 하는데 소나무를 기르는 곳에 쇠 만드는 곳과 소금가마가 많으니 참으로 염려됩니다" 하였다. 이에 신여철이 말하기를 …… "소금가마를 일체 금지하여 금송의 법을 엄중히 하셔야 합니다" 하였다.[58]

선박 건조와 소금 생산으로 인해 연해 지역에 민둥산이 나타나는 현상은 17세기에 접어들어 심화되었던 것 같다. 조선왕조는 원래 해변으로부터 30리 안 내륙까지 송금 지역으로 정해두고 있었는데, 금령이 제대로 지켜지지 않자 1684년(숙종 10)에 '연해 30리'라는 기존의 방침 대신 의송산을 별도로 선정해 금송하는 방안을 골자로 하는 〈제도연해송금사목諸道沿海松禁事目〉을 발표했다.[59] 하지만 이마저도 그다지 효과가 없었다. 숙종 20년 7월에 공조판서 신여철은 "지난번에 조정에서 의송산宜松山을 특정해 봉산으로 뽑은 뒤에는 금송이 더욱 엄하게 준수되지 않는다"고 지적하면서 그 의송산에 "소금을 굽는 무리들이 가득하여 도벌이 날로 심해지고, 수령은 이를 규제하지도 않는다"고 말했다.[60]

연해 지역의 산림 자원이 날로 고갈됨에 따라 내륙 깊숙한 곳에서 선박 건조용 목재를 구해야 했는데, 그 운송이 여간 힘들지 않아서 많은 문제점을 낳았다. 《비변사등록》에는 목재 운송의 문제점에 대해 다음과 같이 언급하는 기록이 남아 있다.

비변사의 계사啓辭에 "지금 육지에서 선재를 구하기 어려울 뿐만 아니라, 섬의 작벌이 날로 늘어 적합한 재목이 많지 않습니다. 당초 조선漕船의 선재를 육지에서 구하도록 한 것은 어쩔 수 없는 조치였습니다. 지금은 먼 곳에서 실어 나르는 민폐도 매우 염려되니 변통해야 합니다. 지금 충청도는 섬에 소나무를 기르는 곳이 안면도뿐이고, 전라도는 변산이 불에 탄 뒤로 재목이 탕진했다고 합니다"고 하였다.[61]

이러한 문제점은 1910년대에 만들어진 〈조선임야분포도〉에서도 확인할 수 있을 정도로 오랫동안 해결되지 않고 있었다.

1-3. 화전 경작의 확산

화전이란 산에 자생하는 숲을 태운 다음, 그 재를 비료로 삼아 곡식을 기르는 곳이다. 화전은 이동 경작의 형태로 이루어지는 영농법이기 때문에 수세가 쉽지 않은데, 일정 기간 정기적으로 경작이 행해져 어느 정도 안정적으로 농경이 이루어지는 화전의 경우에는 속전續田이라고 해서 양안의 부록 형식으로 편입되어 수세의 대상지가 된다.

조선왕조는 양전을 할 때에 ① 산세가 심하지 않고 누년 경작하는 곳, ② 매년 장소를 바꾸는 곳 등 2개의 부류로 화전을 구분하고, 전자는 속전으로 분류해 양안에 기입해놓았다. ②번에 속하는 화전은 실결로 파악되지 않는 토지였기 때문에 화세만 한 차례 납부하면 별도로 조세를 내지 않아도 무방했다. 이런 종류의 화전은 첫 개간 시에는 면세였고, 그 후 경작하는 해마다 1일경에 2~4두 정도 조세를 내는 데 그쳤다. 이 때문에 상당수 농민이 평지 농경지에 대한 조세가 급증할 때에는 그 경작지를 버리고 화전을 경작하기도 하였다.[62]

화전이 늘어나면 당연히 숲이 황폐해지기 때문에 그에 대한 규제방안이 심심치 않게 시행되었다. 효종은 화전을 일체 금지한다거나, 산허리 이하의 화전은 허용하되 그 이상 위치에서는 불가하다는 방침을 발표하기도 했다. 영조 45년(1769)에도 비슷한 화전 금지방침이 내려진 바 있고, 정조 11년(1787)에도 봉산 지역에 화전을 일구는 행위를 금지하겠다는 영이 내려진 적이 있다.[63] 그런데 정부의 금령은 일정하지 않아서 어떤 때는 화전 경작을 허용하기도 했다. 이에 대해서는 아래와 같은 자료가 남아 있어 참고가 된다.

사간 이민적이 아뢰기를, "화전의 경우 계사년(1653, 효종 4)에 현우석의 상소에 따라 금령을 내렸고, 무술년(1658, 효종 9)에 선왕께서 '도역유민 逃役流民들로 인해 명산인 총수산葱秀山마저 산전의 폐단을 안을 정도이니 불가불 금해야 한다' 하였을 때 강원감사가 '강원도는 평지가 거의 없어 백성들이 유산流散하는 형편이니, 산 중턱 이하에 대해서는 화전을 허락해주소서' 하여 윤허를 받았으므로 잠정적으로 허락하신 것입니다"라고 하였다.[64]

이민적은 왕자, 종친들이 시장을 절수받은 후 화전으로 만들어 이득

을 취한다면서 그런 행위를 금지해달라고 요구하기도 했다.[65]

조선 후기 궁방의 산림 절수는 여러 차례 논란의 대상이 되곤 했다. 조선시대에는 국왕이 산림을 특정한 개인에게 점유하도록 허락하는 '절수' 조치를 여러 차례 내렸다. 산림을 절수하는 조치는 성종·연산군 무렵부터 크게 늘어난 것으로 보인다. 연산군 때에 장령 자리에 있던 정인인이라는 사람은 경연 자리를 빌려 왕에게 산림 절수 문제에 대해 다음과 같이 말한 적이 있다.

대군에게 시장을 하사한 것은 두 가지 폐단이 있습니다. 시장의 주위가 10리나 되는데, 일반 사가에서 60리나 되는 땅을 마음대로 소유하는 것은 그 첫 번째 폐단입니다. 그리고 근방 주민들이 혹은 산전을 일구어서 농사를 지어 식량에 보태기도 하고 혹은 땔나무와 꼴을 베어서 그것을 팔아 생계에 보태기도 하는데, 대군들이 백성들이 땔나무 하는 것과 가축 꼴 먹이는 것을 금지하니 그것이 두 번째 폐단입니다. 옛날에 제나라 선왕의 동산 주위 40리나 되었는데 맹자께서는 '나라 가운데 함정을 만드는 것이라'고 하신 적이 있습니다.[66]

대군들에게 산림을 지나치게 많이 절수해주는 바람에 그 산림 인근 주민들이 임산물을 구하고 싶어도 감히 입산할 수도 없다는 것이다. 실제로 연산군 때에는 종친에 대한 산림 절수가 상당히 자주 이루어졌는데, 신하들 가운데에는 그 때문에 백성들이 겨울철에 땔 연료재도 구할 수 없게 되었다면서 공공연히 비판하는 사람이 많았다.

이 문제는 조선 후기에도 여전했다. 특히 내수사가 절수받아 관리하는 땅의 규모가 많아 논란이 일곤 했다. 내수사는 산림도 적극적으로 절수받았는데, 이에는 그럴 만한 이유가 있었다.

조선 전기 이래로 종친과 각사의 산림 절수지는 한양 인근에 많이 분포했는데, 그 절수 산지에서 권세가 및 각사가 임산물을 독점적으로 채취하고 연료재까지 모두 차지하는 바람에 논란이 일었다. 이들은 자신의 땅에서 연료재를 베어다가 한양에 팔아 큰 이문을 남겼다. 그런데 장작을 계속 채취하다보면 어느 시기부터는 더 이상 연료재를 생산하기 어려운 지경에 이르게 된다.

어떤 용도로 사용하든지 불문하고 나무를 베어내면 갱신 조림을 통해 일정 기간 산림을 보호하고, 임산물 생산력을 회복시켜야 한다. 그런데 그 기간이 수십 년에 이를 정도로 길다는 것이 문제다. 절수 혜택을 누리고 있던 권세가들은 오랜 기간 산림을 보호하기보다 그 벌채 적지에 산전을 개간해 식량을 생산하는 방식을 택했다. 실제로 현종 때 우의정을 역임했던 홍명하는 "절수한 시장은 대부분 화전이 된다"면서 시장 절수를 폐지하자고 말하기도 했다.[67] 요컨대 비교적 오랫동안 절수지로 묶여 있었던 산림은 갈수록 산전으로 전용되는 경우가 많았던 것이다.

산을 화전으로 경작하는 현상은 절수지에서만 나타난 것이 아니다. 앞에서 언급한 바와 같이 어떤 사람은 무거운 조세를 피해, 또 어떤 사람은 살길을 찾아 산에 들어가 화전을 만들었다. 이런 현상은 17세기 이후 크게 늘어나 국왕마저 제어할 수 없는 상황에 이르렀다. 실제로 숙종은 "화전의 해를 알지 못하는 것은 아니나, 한꺼번에 금하면 생업을 잃고 뿔뿔이 흩어지는 일이 생길 것"이라면서 화전 금령을 내리지 않겠다고 한 적이 있다.[68]

[그림 4]는 〈조선임야분포도〉에 표시된 화전 지대만을 따로 뽑아 만든 분포도이다. 이를 보면 화전은 주로 북부 산악지대에 많이 분포하는 것으로 되어 있다. 또 [표 1]은 일제강점기 때 작성된 화전민의 호수와 화전 면적을 나타낸 것이다. 이 자료에는 화전이 생각보다 많지 않은 것으로 나타나 있다.

화전이 생각보다 적은 데에는 그만한 이유가 있다. 일제가 1910년부터 1917년 사이에 조선토지조사사업을 실시한 것은 주지의 사실이다. 당시 조선총독부 임시토지조사국은 "지상에 수목이 울창하게 존재[叢生]하는 곳과 수목의 성장이 예상되는 곳"을 '삼림'으로 규정하고, 수목이

[표 1] 1924년 말 현재 화전민의 수와 화전민 호구 수[71]

관리 기관	1924년 9월 말 현재 화전민 호수	1924년 9월 말 현재 화전 면적(단위: 정보)
경기도	0	0
충청북도	161	77.49
충청남도	0	–
전라북도	372	83.20
전라남도	404	102.80
경상남도	577	152
경상북도	1,160	579.00
황해도	648	1,266.70
평안남도	1,207	7,321
평안북도	6,464	12,055
강원도	9,506	10,920
함경남도	13,279	28,969
함경북도	1,535	2,766
소계	35,313	64,292.19
영림창	20,402	76,258.78
합계	58,566	128,584.38

[그림 4] 〈조선임야분포도〉(1910)에 나타난 화전 분포

성장할 수 있는 곳으로 경사도가 15도 이상이면 '산야'로 분류한다는 방침을 세워두고 있었다.[69]

조선총독부가 1924년에 내놓은 조사자료에 의하면 '산야'로 편입되는 지역에 화전이 다수 있는 것으로 확인되는데, 그 화전이 위치한 산야의 평균 경사도는 22~23도였다. 이 때문에 경사도 15도 이상을 산야 혹은 삼림으로 분류한다면 화전 대다수가 '임야'로 편입될 터였다.[70] 그런데 식민 당국은 원칙대로 이 문제를 처리하지 않았다. 임시토지조사국은 각지에 분포한 화전, 산전, 휴한지의 지목을 곧바로 '임야'로 편입하지 말도록 하고 다음과 같이 화전의 처리방안을 만들어 시행했다.

> 화전은 결수연명부에 등재되어 있다고 바로 사유라고 인정하지 않으며 …… 서북선 지방에서는 화전만을 경작하여 생활하는 자가 많으며, 화전 중에는 경작구역이 일정하고 상경常耕 가능성이 있는 것과 경작 연수가 휴경 연수보다 많은 것이 적지 않다. …… 이런 종류의 화전에 대해서는 '전田'으로 조사하고, 그 사유를 인정한다.[72]

숙전화 가능성이 있거나, 경작 연수가 휴경 연수보다 많으면 화전을 '임야'가 아닌 '전'으로 분류하겠다는 의미였다. 이러한 연유로 경사도 30도 이상 되는 산지에서는 신규 화전 경작을 금지하되 경사도가 그보다 완만한 곳의 화전 중 숙전이 되었거나 숙전화 가능성이 큰 것은 '전답'으로 인정하게 된 것이다. 이런 점으로 비추어 일제가 조사한 화전의 분포 현황이 실제 상황을 제대로 담고 있지 않았을 가능성이 크다.

2. 임산물 확보 활동과 정책의 문제점

앞서 연료재 수요 증가, 선박 제조와 소금 생산용 목재 수요 증가, 화전 경작 등으로 조선 후기 산림이 황폐해졌을 개연성이 크다고 말했다. 그렇다면 조선 후기에는 나무의 가치도 귀해졌을 터이며, 국용 또는 왕실용 임산물을 확보하는 것도 여의치 않았을 것이다. 조선 전기에는 관이 국용 및 왕실용 임산물을 주로 공물 부과를 통해 확보했는데, 조선 후기에는 도성의 목물木物 시전 상인이 공인으로 지정되어 지방 각지로부터 임산물을 채취해 조달하는 임무를 맡게 되어 있었다.

조선 후기에는 연이은 영건사업 등으로 국용 목재의 수요는 날로 커졌는데, 필요한 목재를 수급하기가 쉽지 않았다. 이에 궁방과 군영, 아문들은 한양 인근에 위치한 산림 중 상태가 비교적 좋은 곳을 절수지로 확보한 뒤 목상들로 하여금 그곳에서 나무를 채취해 공급하도록 했다.

군영과 궁방, 중앙 각사가 산림을 절수지로 차지하는 방식은 산림 자원을 안정적으로 확보하는 방안이 될 수 있었다. 그런데 목상들이 산림 자원 채취를 대행하게 되면서 여러 문제가 나타나게 되었다. 목상들이 의뢰를 받아 나무를 베어낼 때에는 마구잡이로 벌목을 하지 못하도록 일종의 벌목 허가서인 관문關文을 발급받아야 했다. 이 관문에는 벌목 수량이 기재되어 있었기 때문에 목상들이 이를 지키기만 한다면 남벌 문제는 어느 정도 완화될 수 있었다. 하지만 목상들은 관문을 지키지 않거나, 아예 관문을 발급받을 때부터 관과 결탁하여 필요한 수량보다 훨씬 더 많은 나무를 베어냈다. 어떤 목상들은 국가가 지정해둔 봉산에 몰래 들어가 도벌을 하기도 했다. 개인들이 점유하고 있는 사양산에 들어가 도벌하는 목상들도 적지 않았다.

이처럼 목재 가치가 높아지고 도벌이 자행되자 사양산의 점유자들은 제3자가 자신의 점유지에 무단으로 입산해 벌목하지 않도록 감시와 관리를 강화해나가야 했다. 그 과정에서 나무를 두고 개인과 개인 사이의 쟁송도 갈수록 많아졌다.

2-1. 목상의 활동 증가

조선왕조는 국초에 공납방식으로 필요한 목재와 기타 임산물을 확보해 썼다. 궁궐이나 관아의 건축에 필요한 목재 및 연료재, 기타 산림에서 생산되는 임산물 일체를 공물로 수납했던 것이다. 그 종류는 상당히 많은 편이어서 목재와 시탄의 공급에 관한 업무를 맡은 관청인 선공감은 300여 종 이상의 임산물을 공물로 받아들였다고 한다.[73] 건축재, 연료재 외에도 선박 건조에 들어가는 목재의 양도 상당히 많았는데, 연해 각지의 고을에서는 정해진 규례에 따라 전함이나 조운선 건조에 필요한 목재를 베어다가 정기적으로 납부하기도 했다.[74]

국용 임산물 공납은 주로 강원도 지역 주민들이 담당하고 있었던 것으로 이해된다. 강원도 주민들은 매년 막대한 양의 목재와 땔감을 베어다 조정에 바쳐야 했는데, 해가 갈수록 그 양이 늘어나 큰 고통을 겪었다. 급기야 주민들은 다른 종류의 공물만큼은 감해달라고 호소하기도 했다.[75] 그런데 잘 알려진 바와 같이 지방의 토산물을 '임토작공任土作貢'의 원칙, 즉 해당 지방에서 산출되는 산물로 공납 물색을 정해야 한다는 원칙이 제대로 지켜지지 않았다. 이 때문에 방납이라는 관행이 확산된 것은 주지의 사실이다. 임산물 역시 예외가 아니어서 백성들이 방납이라는 방식으로 중앙 각사에 납부하는 일이 늘어나기 시작했다. 《중종실록》에는 이와 관련하여 다음과 같은 기록이 전한다.

지금 공안에 실린 재목과 판자를 구해낼 만한 곳이 없거니와, 비록 궁벽한 골짜기에서 얻는다 해도 인력이 모자라는 자는 쉽게 운반할 수 없기 때문에 경강에서 사서 바치므로 그 폐가 적지 않거늘, 귀후서歸厚署가 사들일 가포價布를 백성에게 나눠주고 판자 바치기를 독촉하는 것도 그렇지 않을 리가 있겠습니까. 또 강이 먼 궁벽한 골짜기에서의 재목 벌채는 어려우므로, 혹 경강에서 무역해 바치는데 그 관가官價에 비해 10배가 넘으니, 이름은 무역이라 하나 백성은 실로 해를 받습니다. 재목은 궁실을 짓는 것이라 폐할 수 없고, 관곽은 죽은 이를 장례하는 것이라 역시 폐할 수 없습니다. 무릇 백성의 죽음에 저마다 그 판자를 얻어 해골을 묻는 것은 은택이 지극히 흡족합니다만, 죽은 자를 장사 지낼 수 있으되 산 자가 먼저 병드니 이는 산 사람을 대우하는 것이 죽은 사람 대우하는 것만 못한 것입니다. 재목을 바치는 것은 그만둘 수 없지만 판자를 무역하는 폐단은 없애지 않을 수 없습니다.[76]

공안貢案에 기재된 곳에서 더 이상 목재와 시탄, 판자를 납부할 수 없게 되어 백성들이 경강 일대에서 이를 구입해 납부하는 방납이 확산되고 있다는 것이다. 널리 알려진 바와 같이 방납은 갈수록 백성들에게 큰 부담이 되었다. 아래 인용문을 통해 이에 대해 간단히 살펴보도록 하자.

아전들이 주인이라고 칭하면서 모든 공물은 반드시 자기가 소유하고 있는 물건을 팔되 그 값을 올립니다. 가령 본색을 갖추어 바치려는 자가 있으면 반드시 온갖 수단으로 거짓말을 하여 기어코 중도에서 차지한 뒤에야 그만두기 때문에 여러 고을 사람들이 멋대로 침해하도록 내버려두어 끝이 없이 피해를 받는 것이 걱정입니다. …… 이 폐단이 발생한 데에는 유래가 있습니다. 바쳐야 할 물품이 반드시 그 고을에서 생산되지 않는 것인데, 더구나 별례로 정한 것이 있으며, 또 기한이 임박함에 구애되어 본색을 갖추었다 하더라도 방납하는 자에게 미리 저축해 두고서 시기를 기다리는 것보다는 못하여 어쩔 수 없어 주인에게 의뢰하게 되므로 그 기회를 타고서 폐단을 일으키는 것입니다.[77]

이처럼 방납의 확산에 따라 아전들이 그 고을에서 생산되지 않는 물품을 확보해 주민들로부터 그 대가를 받아 착복하는 일도 늘어났다. 그들이 주민들로부터 받아들이는 방납 대가가 갈수록 올라감에 따라 이에 대한 원성이 날로 커졌다. 방납 문제가 날이 갈수록 커지게 되자 조선왕조는 그 대책을 강구하지 않을 수 없게 되었다. 선조 때에는 그 대책의 하나로 공물을 미곡으로 대신 거두는 대공수미代貢收米가 논의되기도 했다. 그러한 논의의 연장선상에서 광해군 때에 대동법이 도입되기 시작했다는 것은 널리 알려진 사실이다.

대동법이 적용되기 시작한 광해군 대에는 경기도에 시범적으로 실시되었고, 여타의 지방에서는 여전히 공물 납부제도가 유지되고 있었다. 그런데 당시에는 여러 차례 규모가 큰 건축 공사가 시행되어 목재 수요가 늘어났다. 특히 왕자와 옹주의 길례 때 그 저택 수리에 다량의 목재를 사용하는 일이 빈번해 "한 채에 소요되는 기둥으로 혹 200조條를 마련하는 곳도 있었으며, 각 가사에 소요되는 재목을 모두 계산해 보니 수천 조나 되었다"라는 기록이 있을 정도로 목재 소비가 적지 않았다.[78] 건축용 목재 수요는 광해군 때 궁궐 영건사업이 활발해짐에 따라 더욱 늘어났다.[79]

광해군의 뒤를 이은 인조 때에도 창경궁 수리 등 대규모 역사가 오랫동안 진행되었다. 창경궁은 원래 광해군 때에 중건된 바 있는데, 인조 때 일부가 화재로 소실되어 다시 중건하는 일이 있었다. 창경궁 수리와 같은 대규모 영건사업은 효종, 숙종, 영조 때에도 연이어 시행되었다. 정조 때에는 수원 화성 공사가 추진되어 목재 수요가 크게 늘어나기도 했다.

반복되는 궁궐 건축과 공물 부담의 증가로 강원도와 같은 목재 산지의 주민들은 매우 어려운 처지에 놓이게 되었다. 그럼에도 불구하고 정부는 무조건적으로 목재 상납을 독촉했고, 그로 인해 백성의 불만이 날로 커지게 되었다.[80] 실제로 궁궐 영건사업을 많이 추진한 광해군 때에는 각 도에 분정된 목재를 주민들이 제때 납부하지 않아 여러 차례 독촉했다는 기록이 남아 있다.[81]

이러한 가운데 어떤 관료들은 각 고을에 두루 재목 상납의 의무를 부과하는 것은 더 이상 현실적이지 않다는 사실을 지적하면서 재목 생산이 가능한 개소를 따로 가려서 집중적으로 재목을 징발하는 것이 낫다고 주장하고 나섰다. 실제로 선조 때 종묘영건도감은 "종묘와 궁궐을 짓기 위해 필요한 재목이 엄청난데, 지금 만일 먼 곳에서 베어 온다면 백성들에게 끼치는 폐단이 적지 않을 것이니 한강 상류에 있는 사대부 묘소에 소나무를 잘 길러놓은 곳을 골라 ⋯⋯ 벌목낭청伐木郎廳과 장인을 파견해야 한다"고 주장한 적이 있다.[82]

이처럼 국용 목재를 무차별적으로 징수하는 조치가 바람직하지 않다는 주장이 확산됨에 따라 공인들에게 공가를 지급하고 임산물을 확보하는 방식이 국용 목재 확보의 주된 통로로 기능하기 시작했다. 그런데 국용 임산물을 공급하는 사람들은 원래부터 '목상'으로 활동하던 자들이었다. 그들의 대다수는 도성에서 조선 초부터 활동하던 시전 상인이었다.[83] 한양 도성 안에는 장목전長木廛이라고 하여 길고 큰 목재를 전문적으로 취급하는 시전이 있었고,[84] 도성 밖 뚝섬에는 땔감용 나무를 전문적으로 취급하는 시목전柴木廛과 가옥 건축용 목재를 판매하는 내장목전內長木廛이라는 시전 상인도 자리 잡고 있었다.

조선 후기에 목상의 역할은 상당히 중요했다. 화성 및 강화도 돈대 축조, 영건사업의 빈번한 시행 등으로 증가하는 목재 수요에 대한 공급자 역할을 이들이 모두 감당해내고 있었기 때문이다. 궁궐이나 성곽 건축에는 생각보다 목재가 무척 많이 필요했다. 《화성성역의궤》에 따르면 화성 팔달문 하나를 건축하는 데 원재原材가 615,900재才(단위바닥 면적당 3,802재, 1재= 약 0.0033입방미터)가 소요되었다고 한다. 또 화성 건축에 체대목 5,721주를 공인으로부터 공급받았고 소재목도 2,121개나 투

입되었다고 한다.[85]

조선 후기 대규모 건축사업은 화성 축조만 있었던 것이 아니다. 강화도에 방비를 강화하면서 많은 수의 진과 보가 만들어졌고, 창경궁 중건 공사도 시행된 바 있다. 또 해마다 궁궐 각 전의 보수 공사도 시행되었다. 이처럼 다량의 목재 수요가 발생하고 있었으니 목상이 제대로 재목을 확보할 수 없으면 일체의 영건사업이 제대로 진행되기 어려웠다.

목상은 건축용 목재뿐만 아니라 연료재나 기타 임산물을 공급하는 상인의 역할까지 맡아 보았다. 그런데 땔감으로 사용할 의도에서 접근이 용이한 산야에 들어가 땔감을 채취할 때에는 나무의 생육에 치명적인 영향을 주지 않도록 유의해야 한다. 고사목이나 풍락목, 간벌이나 가지치기의 잔여물 등을 주로 이용할 필요가 있는 것이다.

조선 후기에는 목상들이 산림 자원의 재생 여지를 남겨두지 않고 벌채하는 경우가 적지 않았다. 이 때문에 시간이 갈수록 땔감 채취를 위해 설정한 구역인 시장이 지니는 희소성이 커지게 되었다. 쓸 만한 시장을 제대로 구할 수 없게 된 상황에서 일반인들은 거주지에서 멀리 떨어진 시장을 구입한다거나 비싼 대가를 치르고 땔감을 구매하지 않을 수 없게 되었다. 현재 전해지고 있는 《은진강경고민등의송恩津江景雇民等議送 (규장각 문서번호 66311)》에는 충청도 은진과 강경의 거주민들이 전라도 용안에 위치한 시장 1개소의 땔감 및 풀 매수권을 650냥에 매입했다는 기록이 남아 있다. 송계松契가 그 지역 주민들로부터 일정한 대가를 받고 땔감 채취를 허용하는 관행이 널리 퍼져 있었다는 기록도 있다.[86]

땔감을 확보하기 위해 적지 않은 대가를 치러야 할 정도로 연료재의 희소성이 높아졌던 것인데, 한양과 같은 지역의 주민들은 지방 거주민들과 같이 시목 및 시초 채취권을 매입하기 곤란한 상황에 놓여 있었다. 한양 인근의 시장들이 대부분 궁방이나 중앙 각사의 절수지가 되어 있어서 일반인들이 쉽게 접근할 수 없었다.

한양 도성 안팎에 거주하는 사람들은 벌목이 금지된 금산에 들어가 소나무를 몰래 베어내거나 심지어는 도성 안에 버려진 궁궐 옛터에 들어가 연료재를 확보하기도 했다.[87] 그러나 대부분은 상인을 통해 땔감을 구입했고, 그 거래 규모가 상당히 컸던 탓인지 인조 때 이후로 화폐 통용을 장려하겠다는 결정이 내려질 때마다 그 장려책의 일환으로 '땔감 거래 시 반드시 화폐를 사용할 것'이라는 명이 떨어졌다.[88]

요컨대 조선 후기에는 상인을 통해 건축용 재목이라든지 연료용 땔감을 구입하는 사람이 많아졌고 중앙 각사도 필요한 임산물을 목상, 공인으로부터 공급받아 사용하는 방식을 채용하고 있었다.

목상들은 사양산이나 봉산에서 임산물을 확보해 주요 소비지인 도성으로 옮겨오는 일을 했는데, 이들을 대상으로 한 잡세 징수의 폐단이 커 논란이 일기도 했다. 영조 때 선혜청은 이러한 상황을 다음과 같이 설명한 바 있다.

본청(선혜청)의 창고를 새로 100여 칸을 만들고 있지만 …… 가격을 치르고 목재를 강으로 흘려보내도록 했지만 아직 당도하지 않았고, 그 수도 부족할 것 같습니다. …… 목상에게 값을 치르고 사양산에 가서 목물을 사들여달라고 부탁할 생각인데, 목상들이 목재를 내려 보낼 때에 각 읍에서 잡세를 거두고 있습니다. 일체 이를 금지시켜주십시오.[89]

이에서 알 수 있는 바와 같이 나무 상인들이 임산물 운반 과정에서 지방관의 잡세 징수가 빈번해 나무를 제대로 운반하기 어려울 지경까지 이르렀다. 목상들은 한강 상류 지역에서 목재를 입수해 한양 인근의 뚝섬으로 흘려보내는 것이 일반적이었는데, 이 목재의 양이 상당히 많다는 데에 주목한 호조가 선조 때 이후로 수세소를 설치하고 목상들로부터 10분의 1에 해당하는 수량의 목재를 목세 명목으로 강징하기도 했다.

목세 수세소의 징수 업무를 맡은 선공감은 뚝섬에 집하된 재목 가운데 좋은 물건만을 골라 징수한 후 이를 궁궐이나 관청의 영건과 수리에 썼다.[90] 규정에 정해진 바에는 집하된 재목의 10분의 1을 거두어가게 되어 있었지만, 실제로는 관리들이 그보다 훨씬 많은 양을 임의로 가져갔다. 이처럼 관의 침학은 심한 편이어서 이를 견디다 못한 시전 상인들은 목물 공인의 역할을 포기하겠다고 여러 차례 선언했다.

조선 후기에 목물 공인으로 활동한 상인은 마포토정시목전麻布土亭柴木廛, 서강시목전西江柴木廛, 용산대시목전龍山大柴木廛, 내장목전內長木廛 등의 시전 상인이었던 것으로 확인되는데, 실제로 이들은 각사가 임산물을 갖다 쓰고서는 그 대금을 치르지 않아 상당한 피해를 입고 있었다. 내장목전은 이러한 사정을 다음과 같이 호소했다.

조정의 크고 작은 토목의 역에 있어 영선하는 것은 마땅히 해당 공인에게 책납해야 하는데, 요사이 양자문兩紫門[91] 및 구영선九營繕[92]에서 시급하다고 하면서 체문帖文을 내려 저희 전으로 하여금 억지로 목재를 진배하게 한 후에 그 값을 치르지 않은 적이 한두 번이 아닙니다. 가랫장부에 대해 말하자면 선공감의 철물색 공인이 진배한 것인데, 구영선과 양자문에서는 매번 저희 전에 체문을 내려 대가 없이 가져다 써서 여러 해 동안 값을 받지 못하고 진배한 수효가 수 백 개 가까이에 이르렀습니다.[93]

이 인용문에서 알 수 있듯이 내장목전은 각사에 임산물을 공급하는 공인의 역할을 했지만, 여러 관아가 물품을 가져다 쓴 후에 대금을 치르지 않았다. 내장목전 외에 다른 시전도 사정이 같았다. 서강시목전의 경우 "남산의 봉수꾼들이 병조에 정소하여 시탄을 싣고 오는 배 1척당 2동의 시목을 징수하여 가져가니 1년을 통틀어 보면 그 수가 헤아릴 수 없이 많아서 시전 상인이 간신히 모은 이익을 다 잃어버릴 지경"이라고 했다. 용산대시목전도 비슷한 사정으로 곤경에 빠져 있었는데, 이 시전은 다음과 같이 관에 호소한 바 있다.

저희들은 시목柴木을 생업으로 삼아서 수상에 목물이 흘러내려오는 것을 사들여 전매하면서 살아왔습니다. 근년 이래 저희는 빚을 얻었습니다. 산골에 들어가 나무를 사서 흘려 내려 보낼 때에 여러 고을을 지나면서 세금을 납부해야 하는데, 그 비용이 너무 많고 배가 뚝섬에 겨우 도달했다고 하더라도 내수사와 여러 궁방의 하인들이 강변에 나와서 공적인 일을 빙자하면서 실은 사적인 이익을 챙기기 위해 목물 중에서 품질이 좋은 것을 마음대로 골라 자기네 것이라고 낙인을 찍고 다른 곳에 함부로 팔지 못하도록 강요합니다. 그리고는 그 값을 실제 가치의 절반만 쳐주고 가져가는데, 그 얼마 되지 않은 돈도 몇 년 동안 갚지 않은 채 버티고 있습니다. 이러한 일로 인해 결국에는 탕패하여 유리하는 자가 십중팔구입니다.[94]

상인들은 이와 같은 침학행위가 "공적인 일을 빙자하면서 실은 사적인 이익을 챙기기 위한 것"이라고 비난하고 있었다. 여기저기에 나무를 빼앗긴 후에도 또 호조 수세소에 별도로 목세를 또 내야 하는 상황이었으니 목상들이 이처럼 감정적으로 대응하는 것도 무리가 아니었다.

이러한 호소는 시전 상인들이 과장하여 지어낸 내용이 아니었다. 영조 때 호조판서로 재직했던 이철보는 시전 상인들이 각사의 침학으로 인해 진 "빚이 산더미같이 쌓일 정도가 되었다"면서, 문제점을 고치지 않는다면 필경 국용 임산물 공급에 차질이 빚어질 것이라고 말한 적이 있다.

> 호조판서 이철보가 아뢰기를, "외도감外都監 공물을 혁파한 후로는 국용 목물을 책응策應할 사람이 없었기 때문에 할 수 없이 우선 강가 백성 6~7명을 모집해 외도고外都庫라 이름하고 대소 목물을 필요할 때마다 조달하게 한 지가 벌써 7~8년이나 되었으나 명색이 매우 바르지 못하고 구차스러우니 이는 영구히 지속할 방편은 되지 못합니다. …… 대체로 공인들이 전부터 지탱하지 못한 것은 사람이 근실하지 못하여 빚이 산더미처럼 쌓였기 때문입니다. …… 외감이 종전에 피폐한 것은 공사채를 감내하지 못해서만이 아니라 오로지 제 궁가와 각 아문·각 군문의 온갖 침책侵責으로 말미암아 견디지 못한 소치입니다. 지금 역을 복구시킨 후에 또다시 전과 같이 침책한다면 그 폐단은 또 여전할 것입니다" 하였다.[95]

인용문에 나타난 "외도감의 공물을 혁파"하는 일이란 경기도 수원 지역에서 납부하는 공물을 감한 조치를 의미한다. 영조는 수원이 경기의 중진이 되는 곳으로 이를 지키는 일이 중요하므로 특별히 한양으로 진상하는 공물을 줄이고 그 감액분을 수원의 방어에 사용하도록 한 적이 있다.[96] 이 조치로 공인들에게 지급할 공가가 줄어들었고, 가뜩이나 빚이 많아 고통을 겪고 있는 공인들이 더더욱 국용 임산물 공급을 꺼리게 되었다고 한다.

이에 조선왕조는 영조 17년(1741)에 그 전후 사정을 자세히 조사해 〈폐막별단弊瘼別單〉을 만들고, 공인들에게 지급할 공가를 인상함과 아울러 뚝섬에 설치한 수세소가 한강 상류에서 내려오는 목재의 10분의 1을 강제로 징수하는 관행도 폐지했다. 또 각사로부터 목재 등의 공급을 의뢰받은 공인으로 하여금 봉산에 입산해 필요한 양만큼의 나무를 채취할 수 있는 특권을 부여해 국용 임산물의 공급에 차질이 발생하지 않도록 하겠다는 방침도 밝혔다.[97]

2-2. 봉산 정책의 시행

이 봉산의 성격에 대해서는 오랫동안 많은 연구자들이 분석을 시도한 바 있는데, 혹자는 왕실 재정을 위해 관리하는 곳이라고 보기도 했고,[98] 또 어떤 연구자는 조선 전기의 금산과 봉산을 사실상 같은 것으로 이해하기도 했다.[99]

금산은 도성 방비나 풍치, 국용 목재 조달 등 여러 가지 이유에서 입산을 금지한 산림이다. 그런데 이 제도는 조선 후기에 사실상 유명무실해져서 그 관리가 적절하게 이루어지지 못했던 것으로 이해된다.

조선 전기에는 변산이나 도성 주변의 사산四山이 금산으로 지정되어 있었는데, 임진왜란을 거치면서 전란과 도벌 등의 영향으로 도성 주변 사산 금산의 산림 자원이 고갈되었다.[100] 도성 금산에서는 이후에도 지속적으로 도벌이 이루어져 소나무를 심는다고 하더라도 제대로 숲이 만들어지기 어려워졌다.

도성 인근 금산이 황폐해지자 조선왕조는 적극적으로 벌목행위를 단속하고 나섰다. 광해군은 금산에서 나무를 베어다가 팔기 위해 도성으로 들어오는 사람들을 단속하기 위해 포도청 종사관들로 하여금 잠복했다가 불시에 체포하도록 명하기도 했다. 하지만 금산을 도벌하는 행위가 잦아들지 않았다.[101] 이에 조선왕조는 국용 임산물 공급을 위해 다시금 봉산을 지정해 관리하는 조치를 취하기로 했다.[102] 국용 임산물 공급의 역을 맡고 있던 목상들은 이 조치 이후에 봉산에서 나무를 채취할 수 있는 권리(혹은 역)를 부여받게 되었다.

앞서 말한 것과 같이 조선왕조는 국초에 역과 공물, 잡세 징수를 통해 임산물을 공급해왔다. 조선 정부는 민에게 300가지가 넘는 임산물을 징수했고, 그 운반도 역을 부과해 해결했다.[103] 그러나 임산물을 지속적이면서도 안정적으로 공급하기 위해서는 적절한 보호와 식목 정책이 병행되어야 한다.

조선왕조는 국초부터 공조工曹 아래에 산택사山澤司라는 기구를 두고 식목을 관장하도록 했으며, 각 고을의 수령으로 하여금 뽕나무와 과실나무의 수를 기록하고 배당된 수량의 나무를 심도록 했다.[104]

도성의 경우는 한성부가 책임지고 식목 문제를 관리하도록 했다. 그러나 관청이 책임지고 식목을 하기로 되어 있는 임야가 있었다 하더라도 산림 자원이 고갈되고 있는 현상에 비하면 그 넓이가 지나치게 적었다. 경기도 여러 지역에는 조림 대상 지역보다 내수사와 중앙 각사가 차지한 절수지가 훨씬 넓었다. 절수지에 대해서는 조정이 적극적으로 개입해 식목을 강권하는 일이 없었다. 벌채 적지에 대한 관리가 사실상 이루어지지 않은 것이나 다름 없었던 것이다. 임진왜란 직후에 조정이 도성 근처의 산을 대상으로 식목을 한 적이 있었지만. 이를 전담하는 관청을 두어 지속적으로 조림을 한 것이 아니라 나무를 심을 때마다 백성들에게 부역을 부과하는 임시방편에 그쳤다. 당연히 사후 관리도 이루어지지 않았다.

식목에 필요한 노동력을 부역으로 해결하는 것도 그다지 적절한 방책이 되지 못했다. 부역에 응하지 않는 사람이 적지 않았고, 부역을 나왔다고 하더라도 정성스럽게 식목을 하는 사람도 없었다. 실제로 아래 인용문에 나타난 것과 같이 광해군 대에 도성 주변 산에서 식목이 시행되었지만 그 역에 응해 나온 사람이 거의 없었다고 한다.

한성부가 아뢰기를, "소나무 심는 일을 한성부에서 입계하고 여러 차례 전교를 내리셔서, 이달 10일부터 옮겨 심도록 계하하였습니다. 그런데 도성 안 사방이 모두 벌거숭이 산이고, 5부 방민坊民 호수가 많이 부족한 데다가, 거역하는 호수가 10에 7, 8할이나 되고 특히 관노비, 역리, 동적전 거민東籍田居民, 삼수군三手軍, 과부들이 공공연히 역에 나오지 않습니다. 소나무를 심는 일은 사사롭지 않으니 명을 거역한 사람들을 낱낱이 잡아 전교를 받들게 하는 것이 어떠합니까" 하니, 전교하기를 "윤허한다. 산지기 등의 일은 병조가 거행한 뒤 계지啓知하게 하라" 하였다. 사신史臣은

첨언한다. 이충이 이때 판윤이 되어 임금의 뜻에 영합하고자 소나무 심는 일을 독촉하였으므로, 방민들이 크게 원망하였다.[105]

이처럼 산림이 제대로 관리되지 못해 자원이 고갈되었기 때문에 국용 임산물을 확보하기가 상당히 어려워졌다. 17세기 조선왕조는 이 문제를 해결하기 위해 충청, 전라, 경상, 황해, 강원, 함경도에 한해 봉산을 지 정하여 국용 임산물 공급처로 삼는 방식을 채택했다. 다시 말해 조선왕 조는 특별한 가치가 있는 산림을 따로 지정해 보호하고자 봉산을 지정 한 것이 아니라 중앙의 각사와 군영, 그리고 왕실이 필요로 하는 임산물 을 독점적으로 채취·공급하기 위해 봉산이라는 것을 지정했던 것이다.

숙종은 1684년에 〈송금사목松禁事目〉[106]을 발표해 "소나무가 자랄 만 한 곳을 가려 장광長廣이 30리 이상인 산은 3명의 산지기를 두고 …… 위력이 있는 사람을 골라 지키게" 하였다.[107] 이 '사목'의 내용은 다소 길지만, 그 주요한 부분을 추려서 소개하자면 다음과 같다.

1. 소나무가 자랄 만한 곳을 가려 장광이 30리 이상인 산은 산지기를 3명, 10리 이상인 산은 2명, 10리 이하인 산은 1명만 차출하며, 30리 이상인 산은 산마다 감관 1인 씩을 차출하고 …… 위력威力이 있는 사람으로 각별히 골라서 정한다.
2. 산지기와 감관 등의 신역은 각종 잡역 일체를 면제하고 산을 순시하는 임무만 전담하게 한다.
4. 육지의 솔밭[松田]은 지방관이 관장해서 소나무를 금하고, 진포鎭浦에 서 멀지 않은 섬과 육지라도 양송養松한 곳은 변장邊將으로 하여금 맡아

서 금하게 한다.

8. 금표禁標 안에 입장入葬한 자는 기한을 정하여 옮기게 하되 주인이 있는 선산의 도장盜葬한 율로 다스린다.

9. 금표 안에서 불법 경작한 자는 남의 전택을 도매盜賣한 조항과 관민의 산장山場을 강점한 율로 논단한다.

10. 산 소나무를 도벌한 자는 원릉園陵의 수목을 도벌한 율에 의하여 논단한다.

11. 이제부터는 선정된 송산 안에서는 산허리의 위 아래를 막론하고 화전을 일구는 일을 일체 엄금한다.

12. 솔밭에 불을 지른 사람은 극율로서 논하여 조금도 용서하지 않는다.

13. 금표 안의 말라 죽은 소나무는 불에 탔거나 저절로 말랐거나를 막론하고 중송中松 이상은 주수株數를 일일이 문서에 기록하고 만약 전선의 소용이 아니면 비록 산에서 썩더라도 절대로 작벌을 허락하지 않는다.

15. 금송령은 모든 도에 같이 적용한다. 수군의 각 영이 타 도에서 가져다 쓰고 있으니 앞으로는 절대로 그리 하지 못하게 하고 만일 부득이 가져다 쓸 일이 있으면 사유를 갖추어 조정에 아뢰어 조정의 처분을 기다리도록 한다.[108]

이 사목에 나타난 것과 같이 조선 정부는 진鎭과 포浦로부터 가까운 곳에 금송산을 지정했다. 바로 이 '금송산'이 '봉산'에 해당한다.[109]

금송산으로 지정된 곳은 주로 선박 제조용 소나무의 공급지로 이용되었다. 〈갑자송금사목〉의 16조에는 "소나무에 적합한 산을 선정하여 잘 기르도록 한 것은 오로지 전선 제조에 쓰려고 한 것"이라고 하여 봉산에 식생하는 나무를 이용해 전함이나 조운선을 건조할 것이라는 계획이 나타나 있다.

선재를 확보하기 위해 연해 지역 소나무 숲을 특별히 관리하는 것은 숙종 때에 들어와 처음 만들어진 방침이 아니다. 인조 연간에도 국왕이 변산 지역에서 선재를 베어내지 않도록 유의하라고 지시한 바 있고,[110] 광해군 때에도 변산 지역에서 소나무를 베어올 때 국왕의 허락을 청했다는 기록이 있다.[111] 사실 연해 소나무 숲을 보호한다는 방침은 세종 6년(1424)에 발표된 《송목양성병선수호조건松木養成兵船守護條件》에서 이미 표방된 것이었다. 조선왕조는 이렇듯 전기부터 내려온 방침을 이어받아 〈송금사목〉을 발표하는 등 봉산 관리방침을 강화해나갔다.

조선 후기 정부가 연해 지역 소나무 숲에 대해 관리·감독을 강화한 것은 전함 건조에 지대한 관심을 두고 있었기 때문이다. 당시 전함의 건조와 개삭은 각 지역 수영의 책임이었다. 수영에서는 인근의 금송산(봉산)에서 소나무를 확보해 배를 건조할 의무가 있었던 것이다. 위에 소개한 〈사목〉의 13조에는 "전선의 소용이 아니면 비록 산에서 썩더라도 절대로 작벌을 허락하지 않는다"라고 하여 전함 건조용 외에 소나무를 벌채하는 행위를 엄금하겠다는 내용이 담겨 있다. 수영은 이 방침을 준수하면서 정해진 기한에 맞추어 나무를 베고, 배를 만들 의무를 지고 있었다.[112]

한편 조선왕조는 전함 건조에 필요한 나무만 가져다가 쓴 것이 아니라 관곽재, 건축재에 쓰일 목재도 봉산에서 확보했다. 사실 봉산에는, 궁궐 건조용 목재 및 관곽재를 조달하기 위해 지정된 황장봉산黃腸封山,[113] 선박 건조를 위해 지정한 선재봉산船材封山, 밤의 공급을 위해 지정한 율목봉산栗木封山, 참나무 공급을 위해 지정한 진목봉산眞木封山, 산삼 채취를 위해 일반인의 입장을 금하는 삼재봉산蔘材封山 등 여러 종류가 있었다.[114] 이 봉산들은 모두 국용 임산물을 채취하는 곳으로 활용되었으며, 일반인이 사적으로 그 산물을 이용하는 것은 금지되어 있었다. 하지만 이렇듯 다양한 종류의 봉산은 그 역할을 제대로 하지 못하고 있었다. 봉산 금령을 제대로 지키는 자가 적었기 때문이다.

사실 국용 임산물 채취 목적으로 특정한 산을 지정해두고 백성의 출입을 금하게 되면, 그 관리에 상당한 어려움이 발생하게 된다. 봉산 관리를 철저히 해 인근 주민들이 조금이라도 입산하는 일이 없도록 하는 것은 쉬운 일이 아니다. 게다가 봉산에 조림을 제대로 하지 않으면 얼마 지나지 않아 산림 자원이 고갈되어 국용 임산물 공급처로서 기능하기 어렵게 된다. 아래 인용문에는 그와 같은 상황을 짐작할 수 있는 내용이 들어 있다.

영의정 정원용이 수렴청정을 하고 있는 대비에게 말하기를 "관동 땅에는 산이 많아 재목이 생산됩니다. 산의 물이 근원이 되어 강을 이루므로 재목의 운반에 쉽게 힘이 되고 있습니다. 공사公私의 궁실 기구에 쓰이는 재목은 모두 동쪽에서 취하는데 동쪽 산의 재목은 실로 아름답고 또 많습니다. 그러나 도끼가 매일 들어가 벌목만 하고 기르지 않으면 어찌 아름드리 나무의 재목을 이루겠으며 벌거벗은 지경에 이르지 않겠습니까. 이것이 봉산하여 기르는 까닭입니다"라고 하였다.[115]

봉산을 지정하는 문제는 그 인근 지역의 주민에게는 아주 민감한 사안이었다. 주민들로서는 자기 거주지의 산이 봉산으로 지정되는 것이 달갑지 않았다. 거주지 내 산이 봉산이 되어버리면 땔나무나 목재를 구하기가 어려워지기 때문이다.

봉산 지정 조치가 소수에 의해 일방적으로 이루어지고, 하향식으로 백성들에게 통보되는 것도 문제였다. 백성들로서는 어느 산이 봉산으로 지정될지 알기 어려웠고, 어떤 경우에는 주민들에게 제대로 알려지지 않아 논란이 일기도 했다.

이런 논란을 의식해 정부가 봉산 후보지로 점찍은 곳을 포기하는 일도 있었지만, 한번 산림 상태가 좋다고 알려진 이상 군영이나 다른 중앙 관청들이 그 산을 절수지로 받아낼 가능성이 상존했다. 다음 인용문에는 이러한 정황이 담겨 있어 주목된다.

선혜청 당상 서유린이 아뢰기를 "이천부에 소나무를 기르기에 알맞은 산이 있는데 그 고장에서는 관민이 모두 봉산인 줄 알고 있습니다. 작년 가을에 이천부의 백성이 예조에 찾아와서 '봉산안封山案을 살펴보아도 원래 실린 일이 없습니다'고 호소하기에, 효창묘孝昌墓의 향탄산[116]으로 정하려고 강원도에 관문關文을 발송하였는데 아직 회답은 오지 않았습니다. …… 송전은 그대로 봉산으로 만들어 녹안錄案에 넣고, 엄한 규칙을 앞세워 입산을 금지하되 만약 써야 할 일이 있으면 적당히 가져다 쓰며, 삼세·화전세는 해당 고을에서 수세하고 경사京司에서 다시 침탈하지 말라는 뜻을 호조·예조와 본도의 도신에게 분부하는 것이 어떻겠습니까?" 하니 …… "비국에 경유하여 재가를 받지 않으면 궁방·영문·아문에서

자의로 소속시키지 못하도록 하라" 하였다.[117]

한편 조선왕조는 봉산의 황폐화에 대응해 식목을 적극 장려하기도 했다. 봉산에 주로 식재된 수종은 소나무였다. 봉산에서의 식목은 봉산 인근 주민들에게 솔방울[松子]을 채취하여 식재하도록 하는 방식으로 이루어진 듯하다.

㉠ 전 정언正言 이우진이 상소하기를 …… 소나무를 금양하지 않으면 선재를 조달할 수 없을 뿐 아니라 군사상으로도 어려움이 많아진다. 거주하는 사람 중에서 산지기를 뽑아서 솔방울을 심게 하고 잘 기른자가 있으면 포상하며, 함부로 작벌하거나 불을 놓아 경작하는 자가 있으면 엄히 벌해야 합니다. 또 매년 금표한 지역에 소나무를 심은 다과를 책자로 만들어 비국備局에 보고하여야 합니다.[118]

㉡ 전라병사 박기풍의 장계에, '마도 등의 진에 솔방울[松子]을 분정한 데 대하여 사실을 자수한 것을 가지고 전교하기를, "이보다 앞서 제시한 신칙이 어떠하였는데 폐해를 끼친 것이 그러했는가? 지금은 다 뿌려 심었다고 하니, 묘당에서 연교筵敎대로 여러 도에 행회行會하여 각각 알리도록 하고, 소민들에게 책출責出하지 말게 하라" 하였다.[119]

㉢ 연일 현감 정만석이 유지에 응하여 영남의 여섯 가지 폐단에 대해 상소하였는데, 그 다섯 번째로 산폐山弊에 대해 말하기를 "근해와 연해의 여러 읍에는 모두 봉산이 있고, 각 영과 읍에서 징수하는 것은 솔방

울, 송이버섯, 송판 등인데 여기에 들어가는 비용이 과다하여 산 아래 백성들이 피해를 입는다. 또, 백성이 어쩌다 소나무 가지 하나라도 가져다 쓰면 봉산에서 벤 것이 아니더라도 각 영과 읍에서 적간摘奸하여 핑계를 대고 침탈하며 괴롭히고 있으니, 집 지을 터를 잡아놓고도 재목 모으기를 두려워하고, 지었다가 허물기도 하며, 장례 치르는 자도 관의 재목 깎기를 난처해하며 봉분했다가 다시 파내는 경우도 있다".[120]

㉠~㉢ 기사에는 봉산 인근 주민 중 산지기를 정해 솔방울을 채집하게 한 다음 이를 심게 했다는 내용도 있고, 전라병사가 솔방울 납부 의무를 관할 지역 주민에게 부과해 식목하려고 했다는 내용도 있다. 이 기록을 통해 조선 정부가 봉산과 송전 주변 거주민들에게 부역을 부과해 확보한 솔방울을 특정 장소에 뿌려 묘목이 자라기를 기다려 옮겨 심는 방식을 취했음을 알 수 있다. 식목 부역은 주로 지방관이 해당 지역 주민들에게 부과한 것으로 이해된다. 아래의 인용문에는 수원에서 주민들에게 역을 부과해 식목을 한 내용이 담겨 있다.

수원부사 조심태가 아뢰기를, "원소園所 식목에 8읍의 민정民丁에게 이수里數를 한하여 사역케 하라고 성명成命이 있었습니다. 신이 본 읍에 근무하면서 2년 동안 명을 거행하였습니다. 각 읍 수령들로 하여금 민정을 모두 거느리고 나아가서 반드시 몸소 신칙하도록 하였는데, 힘을 다하지 않는 자가 없었습니다.[121]

지방관이 정성을 기울여 식목한 곳은 능원陵園이었다. 국왕들은 능원에 나무를 심고 가꾸는 일을 게을리 하지 않았다. 일례로 정조는 "원침園寢에 나무를 심고 가꾸느라 10년 동안 무진 애를 쓰며 내 마음도 고달프게 하고 백성의 힘도 수고롭게 하였다"라고 말한 적이 있고,[122] 그에 관한 일을 예조가 관리하여 매년 식목 수량과 그 착토 여부를 조사, 보고하도록 했다.[123]

조선 후기에는 지방관들도 나름대로 식목에 주의를 기울였고 특히 봉산과 목장에서는 매년 식목을 한 내역을 조사하는 것이 관례였다.[124] 도성 주변의 사산에 대해서는 훈련도감과 금위영 등의 군영이 구역을 나누어 민간인들의 입산을 통제하는 동시에 정기적으로 나무를 심었다.[125]

한편 나무를 심을 때 필요한 묘목은 지방관이나 군영들이 직접 길러 냈던 것으로 보인다. 다음 인용문에는 지방관이 파종 지역을 지정하여 묘목을 키우도록 독려했다는 기록이 있다.

솔방울을 전후로 파종할 때에 엄히 신칙하지 않은 것은 아니나 늘 성급하게 종결하는 버릇이 있어 반드시 정밀하지 못하여 잡스러운 폐단이 있을 것이어서 진실로 안타깝거늘 더구나 송자의 파종은 매우 다름이 있는 것이겠습니까? 각각 경계를 나누어주고 파종한 뒤에 패를 꽂아 표지하고 묘목의 다과를 따라 능한지 여부와 상벌을 살필 자료로 하면 반드시 각자 노력하여 이룰 수 있습니다.[126]

이렇듯 식목을 중시하는 분위기가 퍼져 있었음에도 불구하고 봉산에서 행해지던 송금, 즉 소나무 보호 정책은 큰 성과를 거두지 못했다.

조선 후기에는 땔감 채취를 업으로 삼아 생활을 영위하는 사람이 적지 않았기 때문에 무조건 입산을 금지하고 임산물 채취를 엄금한다고 해서 문제가 해결될 수 없었다. 연해의 봉산 인근에 거주하는 '소금 굽는 무리들'은 소금 생산에 필요한 땔감을 확보해야만 생계를 유지할 수 있었기 때문에 금령을 어겨가면서 입산을 감행해야 하는 처지였다. 소금 굽는 땔감을 공급하는 일에 종사하는 사람들도 수요가 집중되는 시기인 겨울철에 소나무값이 오르기 때문에 그 기간에 집중적으로 소나무를 베어내는 일이 많았다고 한다.[127]

목상들도 나름대로 목재로부터 발생하는 이익을 놓칠 수 없어 금령을 어기는 일이 다반사였다. 봉산 인근에서 생활하는 농민들 중 생계 유지를 위해 산전을 경작하며 살아야 했던 자들은 봉산 구역 내 적당한 산지에 불을 놓아 밭을 경작하기도 했다. 봉산의 송금 정책이 기대한 만큼의 성과를 내기 위해서는 임산물이나 산지를 생계의 근원으로 삼아 살고 있는 사람들을 대상으로 한 지원 대책이 수립될 필요가 있었고, 목상들의 벌목 활동도 어느 정도 통제할 수 있어야 했다.

사실 조선 후기에는 임산물 수요가 지속적으로 늘어나 산림 보호에 대해 효과적인 정책을 수립하기가 쉽지 않았다. 숙종 21년(1695) 1월에 비변사는 송금 정책이 여의치 않은 이유로 "인구가 날로 번성하여 육지에서 소나무를 기르는 일은 이제 사세가 어렵게 되었다"고 하면서, "한 그루의 나무도 집을 짓는 데 가합한 재목이 없을 정도가 되었다"라고 언급했다.[128]

2-3. 목상의 독점적인 봉산 임산물 채취와 과벌

봉산을 철저히 관리하고 일반인의 입산을 허락하지 않겠다는 조선 정부의 의지는 확고했다. 하지만 그와 같은 의지와 달리 봉산의 산림 상태는 갈수록 악화되었다. 숙종 때에 〈갑자송금사목〉으로 봉산에 대해 엄한 입산 금지령이 내려진 것처럼 보이지만, 그 발표가 있은 후 5년이 지난 시점에서 봉산으로 지정된 곳이 예전에 비해 황폐해져버렸다는 지적이 나왔다.[129] 사목이 발표된 후 "나라의 기강이 더욱 해이해지고 선재를 배양하는 곳은 대부분 황폐해졌으며 금송은 더욱 불엄해졌다"는 것이다.[130]

당시 사람들은 봉산에 대한 송금 정책이 제대로 이행되지 않은 것은 '목상배'가 경사 및 지방의 아전들과 결탁해 나무를 함부로 과벌한 데 그 원인이 있다고 말했다.[131]

좌의정 김재로가 말하기를 "한현모의 장계를 보니 '본도의 봉산은 현재 모두 민둥산이 되었습니다. 목상배가 밖으로는 금산 지역의 백성들과 결탁하고 안으로는 경사의 세력을 끼고 공문[관문關文]을 조작해서 영문과 부동하여 사상私商을 잠입시켜 몰래 벌목하여 밤을 타고 강물에 띄워 내려 보내고 있습니다. …… 경사에서 목물을 사들일 때에 허다히 차인差人을 보내어서 상사上司의 공문을 빙자하여 언제나 금산을 침범하는 폐단이 발생합니다. …… 이 때문에 도벌은 더욱 많아지고 궁재宮材는 도로 귀하게 되었습니다'라는 내용이 있습니다"라고 했다.[132]

이에 따르면 목상들이 관문(벌목 허가서)을 한양의 관청들로부터 발급받아 봉산에 들어가 벌목하고, 때로는 관문을 조작해 마음대로 나무를 벴다. 사실 영조 때 이후로 중앙 각사가 목재를 취급하는 공인들에게 봉산 내 목재 채취 허가서(관문)을 발급해주면서 허가 수량 이상으로 나무를 베어 사익을 취하는 일은 더 이상 비밀이 아니었다. 심지어 지방관들이 그들과 결탁해 봉산에서 도벌, 과벌을 감행하기도 했다.

이런 자들 중에서도 가장 말썽을 일으킨 사람들은 다름 아닌 선공감 소속 공인들이었다. 이들은 풍락목風落木, 즉 태풍 등 강한 바람에 의해 자연적으로 쓰러진 나무를 가져다 사용할 수 있게 한 조치가 내려졌다고 하면서 자기가 베어낸 나무를 풍락목이라고 우겨댔다. 사실 규정에 따르면 봉산 안에 있는 나무는 아무리 풍락목이라고 해도 가져다 쓸 수 없었다. 그러나 비변사가 수시로 왕에게 풍락목 채취를 허용해달라고 요청해 허락을 받기도 하는 등 원래의 규정이 제대로 지켜지지 않았다. 목상들은 이처럼 자주 바뀌는 방침을 이용해 풍락목은 무조건 가져다 쓸 수 있는 나무라고 우겨댔다.

목상들은 관문을 발급받지 않은 상태에서 무턱대고 봉산에 들어가 나무를 베기도 했다. 산지기와 결탁해 수시로 입산하는 자도 적지 않았다.[133] 이러한 행태가 빈번해져 강원도 일대의 봉산들은 더 이상 봉산으로 기능할 수 없게 되었다는 지적이 제기될 정도였다.

선공감 외에도 각 도의 수영은 전함 건조를 구실로 벌목을 허가받은 다음 특정 상인과 결탁하여 규정된 수량 이상을 베어내 팔아치우기도 했다. 이러한 사정은 비변사 대신들 사이에서 큰 골칫거리로 여겨졌다. 비변사는 "우리 비국의 관문을 빙자해 공적으로 사용하는 자들이 많은 데 사실 그들이 베어내는 것은 선재가 아니라 모두 사적 용도로 쓰이는 것이다"라면서 국왕에게 그 처벌을 강화하자고 제안한 바 있다.[134]

이처럼 상인과 관원이 결탁해 사익을 편취하는 현상은 고질적 문젯거리였다. 《비변사등록》 정조 21년 1월 25일 자 기사에 의하면 경상도 곤양의 봉산에서 목상들이 소나무를 도벌하고 있다는 보고를 접한 경상좌수영이 실태 조사를 시행하려 하자 그 군의 아전들이 몰려와 수영 소속 관원들을 둘러싸고 "하루 종일 서로 버티다가 철수했다"고 한다. 이 기사에는 "곤양군수 정문재는 도임한 이후 금송 한 가지 일을 아주 포기해 버렸고 간사한 백성들이 마구 베어서 이 지경에 이르게 되었다"고 대신들이 한탄하는 내용이 등장한다. 지방관이 목상과 결탁한 아전들의 부정행위를 도저히 제어할 수 없었고, 경상좌수영이 나서도 전혀 문제를 해결할 수 없었던 것이다.

목상이 '무뢰배'들과 결탁해 남벌하는 행위는 국왕도 처벌을 포기할 정도로 극심했다. 실제로 영조는 다음과 같이 목상의 불법행위를 금지하지 못하겠다고 언급한 적이 있다.

좌의정 김재로가 관동의 상인들이 몰래 나무를 베는 것을 엄히 금하도록 청하였다. 이에 왕이 말하기를 "도성 안의 사가에서 사용하는 판재 및 가재家材는 모두 목상에게 의뢰하니, 일체 금지시키는 것은 불가하다"고 했다.[135]

사가에서 사용하는 임산물을 모두 목상에게 의지하는 형편이니 목상들이 아무리 불법행위를 저지른다 하더라도 그들을 처벌하기 어렵다는 것이다. 국왕도 해결방안을 찾지 못한 채 목상의 부정행위를 그냥 묵인하는 것이 좋다고 할 정도로 이 문제는 뿌리 깊은 폐단이 되었다.

공인이나 목상이 봉산에서 민간용 임산물을 베어내 팔고 있었다는 것은 봉산이 국용 목재 독점 공급지뿐만 아니라 변칙적인 방식으로 민간 수요의 공급지로도 활용되었음을 의미한다. 민간의 임산물 수요는 생활필수품적인 성격을 지닌 물품에 국한되지 않았고, 장례용 고급 관곽이나 횟대와 같이 고가의 물건에 이르기까지 비교적 광범했다. 목상으로서는 당연히 여러 가지 임산물 중에서 생활필수품에 해당하는 것만을 굳이 선별해 공급을 확대할 이유를 느끼지 못하게 마련이었다.

요컨대 조선 후기 국용 임산물 공급을 책임진 목상들은 관문을 빙자해 봉산에 입산하여 나무를 마구잡이로 베어냈고, 그렇게 확보한 것을 민간 시장으로 빼돌려 고가로 판매하는 일을 되풀이했다. 이러한 행위에 대해 조선왕조는 〈송금사목〉 등을 통해 강력한 제재 의지를 표명했지만, 국왕 스스로가 이를 어기고 눈감아주는 상황일 정도로 사목 규정이 제대로 지켜지지 못했다.

2-4. 절수지의 확대

앞서 조선 전기 이래로 종친, 권세가들에게 산림을 절수한 경우가 적지 않았다고 했다. 종친이나 공신 등 봉건적 특권층들은 조선 국초부터 사적으로 산림을 점령하거나 국왕으로부터 수여받아 점유할 수 있었다. 태종 15년(1415)에 대사성 유백순이라는 인물은 "연해 어량魚梁 중에

호세가豪勢家들이 탈취 점령한 것이 있는데, 금령을 엄히 가하여 백성들의 소망에 부응하십시오"라고 하는 등 권세가의 사점행위를 제지해야 한다고 주장한 바 있다.[136] 하지만 이러한 요청은 제대로 받아들여지지 않았다. 15세기 이후 권세가와 종친의 사점지는 날로 확대되었다.

이에 대해 조금 더 살펴보도록 하자. 《인조실록》에 의하면 한양 동대문 밖에서 평구역[137]까지 인흥군, 경평군, 인평대군 등의 종친이 시장을 모두 차지하고 있었다고 한다.[138] 《성종실록》에도 "경기 지역에는 서울 각사와 종친이 점유한 시장이 집중되어 있어 주민들이 땔나무를 채취할 길을 도무지 찾을 수 없다"는 기록이 전한다.[139] 한양 주변의 땅 가운데서도 특히 양화도, 노량, 삼전도에는 대군들의 절수지가 많이 분포해 있었는데,[140] 종친들은 다른 사람이 나무를 베어가지 못하게 하면서 자신들이 그 나무를 베어다가 한양에서 팔아치웠다. 그 결과 "꼴 여섯 묶음 값이 쌀 넉 되일 정도로 급등했고, 한양에 머무는 군사의 말 먹이 부담이 심해졌다"고 한다.[141]

연료재를 포함한 여러 가지 임산물을 인구 집중지에 독점적으로 공급할 수 있다는 것은 큰 이권이었음에 틀림없다. 따라서 새로 분가해 가정을 이루는 왕자나 옹주들도 다투어 한양 인근에서 시장을 확보하고자 했다. 그로 인해 양주, 양근(양평), 용진(남양주) 등의 산은 조선 전기부터 이미 거의 모두 궁방의 절수지로 지정되었다.[142] 이런 곳들은 대개 조선 후기 한양으로부터 뻗어나오는 도로망에 위치한 지역이었다. 실제로 평구역이나 양근은 평해로 상에 위치한 곳들이고,[143] 황해도 봉산, 안악, 평산으로 이어지는 의주로 연변에도 절수지가 많았다. 앞에서 잠깐 소개한 황해도 곡산의 사화이면 내수사 절수지도 지도에서 확인할 수 있는 바와 같이 한양으로 통하는 길에 인접해 있었다.

현종 때 사간을 역임한 이민적은 "제가 일찍이 어사 직책을 수행하면서 살펴보니 당진에서 면천까지 바다 100리가 임해군과 금양위 양가에 절수되어 있었고, 황해도 평산의 명산인 총수산도 절수되어 있었습니다. …… 그래서 산이 온통 벌거숭이가 되고, 물줄기도 말라 가뭄의 재해도 일어나고 있습니다"라고 했다.[144] 그가 지적한 바와 같이 궁방이 절수받은 곳은 다른 곳에 비해 상대적으로 빨리 산림 상태가 악화되었다.

이는 비변사를 비롯한 여러 관청에서 특별히 언급할 정도로 눈에 띄는 현상이었다. 숙종 때 비변사는 "충청도 황간 상촌면에 있는 화속전火粟田과 영동 남면의 화속전은 기묘년(숙종 25, 1699)에 수진궁에서 절수했는데 이 두 곳은 예전에는 수목이 크게 울창한 곳이어서 수원이 보호되었고, 그 혜택을 입은 바가 많았습니다. 그러나 한번 절수한 뒤로는 나무는 발가벗겨지고 수원은 고갈하였습니다"라고 궁가의 절수행위가 산림 자원 고갈에 중대한 원인이 되었다고 지적했다.[145]

한편 현종·숙종 대 이후에는 강화도와 김포와 같이 서울에서 비교적 가까운 곳 외에도 북한강 상류의 강원도 산간 지역도 각사와 종친들에게 절수되었다. 내수사의 경우에는 김포군 통진면에 위치한 문수산을 절수받아 그곳에 시장을 설치하고 시초와 목재를 채취했다고 한다. 내수사는 이곳에 나무꾼들의 입산을 허락하고 그 대가로 일정한 금액을 수납해 원성을 샀다.[146]

강원도 지역에는 종친들이 차지한 절수지가 많았는데, 이 절수 산림들은 국왕과 신하들 사이에서 새로운 논란거리로 떠올랐다. 특히 현종이 즉위한 해에 비변사 당상을 비롯한 많은 신하들이 궁가 절수지 혁파를 요구했는데, 관련 자료를 소개하면 다음과 같다.

홍명하가 아뢰기를 "강원도에 시장 절수지가 있는데 그 근거 없음이 심합니다"고 말하였다. 이에 호조판서 허적은 말하기를 "기전畿甸의 모점冒占한 것도 불가하니 먼 곳에 절수한 것은 재목의 이익을 꾀하는 계책에 불과합니다. 이러한 일들을 궁가에서 어찌 모조리 알겠습니까. 중간의 아래 사람들이 궁가의 세력을 빙자하여 이러한 남잡濫雜한 폐단이 있는 것입니다"라 하였고, 정태화는 아뢰기를 "먼 도에 시장을 절수한 폐단을 먼저 혁파해야 마땅할 듯 싶습니다" 하니, 왕이 이르기를 "강원도 시장으로 여러 궁가 및 각 아문에서 절수한 곳은 본도로 하여금 분명하게 조사해 아뢰게 한 후 아울러 혁파해야겠다"고 하였다.[147]

현종은 절수지를 혁파해야 한다는 지적에 공감했지만, 실제로 절수지 혁파 조치가 내려진 것은 숙종 때의 일이었다. 숙종 때에는 궁가의 절수지뿐만 아니라 훈련도감 등이 보유한 절수 산림도 논란이 되었다.

훈련도감 등의 군영은 화약 제조용 염초 생산에 들어가는 숯을 많이 썼다고 하는데, 그 숯을 확보하기 곤란한 경우가 적지 않았다. 그렇기 때문에 훈련도감이 독점하여 사용할 수 있는 절수지를 따로 만들어주지 않을 수 없는 상황이었다. 훈련도감은 국왕에게 어느 어느 산을 절수해 달라고 요청하는 등 절수지를 얻고자 노력했다.[148]

훈련도감은 춘천, 홍천, 인제 등의 지역에 절수지를 가지고 있었는데, 여기에는 궁중 식재를 공급하던 사옹원의 절수지도 있었다. 강원도 일대에 군영과 사옹원 등의 여러 기관이 산림을 절수 형식으로 받아 가지고 있었던 것이다. 이들 관아는 목상들로 하여금 나무를 베어 바치게 하거나, 절수지가 위치한 곳의 주민들에게 나무 베는 역을 부과했다. 주민들에게 역을 부과하는행위는 큰 원성을 자아냈다. 어떤 지역에서는 이에 반항하는 움직임이 컸고, 그 심각성을 인지한 3사의 관료들이 여러 차례 절수지 회수를 요구해 논란이 빚어지기도 했다.[149] 특히 숙종 21년(1695)에는 심각한 기근이 찾아와 절수 혁파를 청하는 주장이 힘을 얻게 되었다.

호조판서 이세화가 상소를 통해 크게 흉년이 든 상황을 진달하며 말하기를 "논밭의 경색景色과 여항의 질고疾苦를 모두 마음속에 간직하여 부화浮華를 물리치고 절약에 힘쓰시며, 무릇 민생을 증구拯救하고 국맥國脈을 부지하는 도리를 다하지 않음이 없이 해야 합니다. 또 궁가의 절수가 오늘날의 막대한 폐단이 됩니다"라고 했다.[150]

다시 말하자면, 신하들은 기근이 심한 때에 궁방과 종친이 절수한 땅에서 일반인들에게 더 많은 부담을 안기고 있다고 지적했다. 신하들은 또 무진년(1688, 숙종14) 이후 절수한 땅을 모두 혁파하자고 주장했다. 숙종은 그에 동의하여 일부의 절수지를 회수하겠다는 결심을 굳히기도 했다.

좌의정 유상운이 말하기를 "수진壽進·명례明禮·어의於義·용동龍洞은 사체事體가 다른 궁가의 일과 달라서 일찍이 별판부別判付가 있었으니, 이네 궁가 및 명선明善·명혜明惠의 두 궁방宮房은 무진년(1688, 숙종 14)을 한계로 하여, 무진년 이전의 절수한 곳은 그대로 두고 이후의 절수는 모두 혁파하는 것이 좋을 듯합니다" 하니, 왕이 모두 그대로 따르고, 이어 말하기를, "이 뒤로는 영구히 절수하지 않는 것이 옳겠다" 하였다.[151]

절수지 회수 논의가 시작된 때는 마침 기근이 심하게 닥쳤던 시기였다. 이 기근을 기회로 삼아 관료들 사이에서 "궁방과 종친이 절수한 땅에서 일반인들에게 더 많은 부담을 안기고 있으니 무진년(1688, 숙종 14) 이후 절수한 땅을 모두 혁파하자"는 주장이 일어났고, 숙종이 마지못해 이에 동의했던 것이다.

무진년은 장희빈이 아들을 낳은 해이다. 당시 숙종은 장희빈의 출산에 크게 기뻐하며 장희빈과 그 아들의 생활을 보장한다는 의미에서 내수사에 전답과 산림을 여러 차례 절수하였다.[152] 잘 알려진 바와 같이 장희빈이 아들을 낳은 이듬해에 숙종은 그 아들의 원호를 정하는 문제를 거론했다. 이는 곧 이 아들을 원자로 인정하겠다는 뜻이었다. 당시 서인들은 남인의 지원을 받는 장희빈의 아들이 원자로 정해지는 것에 불만을 품었다. 장희빈의 입지가 단단해질수록 서인의 정치적 세력은 위축될 것이 뻔했다. 이 때문에 서인들은 원호를 정하는 문제에 부정적인 반응을 보였는데, 서인에 속한 대신들의 미온적 태도에 분노한 숙종은 서인 정권을 내몰고 남인들을 중용하는 한편 장희빈을 왕비로 삼았다.

이후 권대운 등의 남인이 정국을 주도하던 중 숙종 20년(1694)에 갑술환국이 일어나 남인이 실각하는 사건이 일어났다. 이를 계기로 노론 정권은 장희빈 옹호 세력에 대한 사후 조치에 나서게 되는데, 그 과정에서 마침 1695년에 기근이 발생하게 된 것이다. 노론의 공론을 주도하던 사람들은 전국적으로 기근 사태가 발생한 것을 두고 내수사 절수지를 혁파하지 않으면 상황이 더 악화될 것이 분명하다며 숙종을 몰아세웠다.

수세에 몰리게 된 숙종은 결국 요구를 받아들여 일부 절수지를 혁파하는 조치를 취하게 되는데, 그것이 바로 앞의 인용문에 나타난 상황인 것이다. 그런데 내수사 절수지 혁파 조치는 현황조사가 이루어진 그해에 바로 시행되지 아니하고 숙종 34년(1708)에 이르러서야 비로소 내려졌다. 절수지를 혁파한다는 것이 하루아침에 실현될 성질의 조치가 아니었던 까닭이다.

숙종 34년에는 절수지 혁파 조치 외에 혁파 대상에서 제외된 절수지 관리방안도 새로 만들어졌다. 비변사는 이에 대해 다음과 같이 논했다.

> 시장은 주위 수십 리의 땅을 한번 절수한 뒤에는 그 지역 내의 민호民戶나 전결田結까지 모두 궁가에 소속되고 본 읍에서는 손도 쓸 수 없으니 이 점이 폐단 중에서도 큰 폐단이 되었습니다. 이 뒤로는 지역 내의 민호 중에서 20호에 한하여 산지기로 삼도록 해야 합니다. 이들을 궁가에 소속시켜 수목을 보호하게 하고 여타의 주민은 일반민과 같이 본 읍에 응역應役하게 하되 연호烟戶의 잡역만은 침책하지 말고 나무를 베고 숯굴을 묻을 때에 부역하게 해야 하겠으며, 지역 내 평지에 현재 경작하고 있는 전답은 전부 본 고을에 소속시키는 것이 마땅하겠습니다.[153]

예전에는 궁방이나 종친, 내수사의 절수지로 지정된 산림 내에 거주하는 주민들은 자동적으로 그 산의 산지기가 되고, 그 안의 전결까지도 궁방이 차지했다는 것이다. 비변사는 향후 절수지라 하더라도 그 안에 거주하는 주민 전체를 산지기로 삼지 말아야 한다고 주장했다. 그 대신 주민 가운데 민호 20호를 추려서 산지기 임무를 맡기자고 하면서 목재 및 시탄 공급의 역은 그대로 유지하자고 제안했다.

이에서 알 수 있듯이 궁방과 종친들은 산림을 절수할 경우에 그곳에 사는 사람들을 모두 산지기로 삼은 다음, 그들에게 산림 감시, 임산물 채취 및 수송의 역을 부과했다. 주민들이 궁방 혹은 종친에게 경제적으로 강하게 예속되는 결과가 빚어진 것이다. 숙종 34년 절수지 관리에 일정한 제한이 생기게 됨에 따라 산지기로 있던 사람들의 상당수는 본 읍에 역을 부담하는 위치로 환원되었지만 궁방 및 아문에 대한 임산물 공급의 역은 그대로 유지되는 것으로 결정되었다.[154]

숙종 때 절수지 일부 회수 조치가 이루어졌다고 하더라도 절수지가 모두 사라진 것은 아니었다. 당시에 회수된 절수지의 상당 부분은 오랫동안 임산물 벌채가 이루어져 이미 산림 자원이 고갈된 곳이었다. 강원도에 있던 절수지 중에는 한강 수로에서 멀어 운반이 용이하지 않은 곳이 있었는데, 그곳을 혁파하는 대신 수운이 좋은 지역에 별도의 절수지를 지급하는 경우도 있었다.[155]

2-5. 사양산의 산림 관리 활동에 나타난 문제점

조선시대에는 《경국대전》에 정해진 보수步數 한도 안에서 조상의 분묘를 금양할 수 있도록 일정한 구역의 임야를 점유할 수 있었다. 그런데 조선 후기에는 그 금양의 범위가 확대되어 비교적 큰 면적의 임야를 사양산으로 가지고 있는 사람이 적지 않았다. 이 사양산에 있는 나무는 관이 그 주인에게 값을 치르지 않고 함부로 가져갈 수 없게 되어 있었다. 간혹 지방의 아전이 관문을 빙자해 값을 치르지 않고 나무를 가져가는 폐가 발생할 때에는 엄격히 처벌하는 것이 원칙이었다.[156]

일례로 수원 화성을 만드는 과정에서 수원유수 조심태가 정조에게 사양산에 있는 나무를 값을 주고 벨 수 있게 해달라고 요청하자 정조는 "사대부의 분묘에 폐단이 될 것 같아 즉시 허락하기 어렵고, 나무를 팔겠다는 의사가 분명한 사람들을 구별해 별도로 공문을 내려 벌목하도록 하라"고 지시를 내린 적이 있었다.[157] 이에서 알 수 있듯이 조선왕조는 사양산의 점유자들이 금양하고 있는 소나무를 함부로 베어내서는 안 된다는 생각을 분명히 지니고 있었고, 그 재산권을 존중하는 것이 마땅하고 보았다.

사양산을 점유하던 사람들은 목재가 상당한 가치를 지니고 있다는 사실을 정확히 인지하고 있었다. 조선 후기, 특히 영·정조 대 이후 목재가격은 상당한 수준에 이르렀다.

비변사에서 아뢰기를 "전 충청도 관찰사 김이영의 장계에 '본 도의 수사水使 이현택이 송정松政을 엄히 하지 않는다는 소문이 무성하여 조사해보았습니다. …… 병선을 만들 때 사용하고 남은 47그루 중 10그루는 구퇴舊退 전선을 비국에 보고해서 얻어 나무에 더해 내다 팔았는데, 받은 값이 550냥이고, 12그루는 구퇴 정자선과 귀선(거북선)의 퇴판退板을 나무에 첨가해 내다 팔아 받았는데 값이 380냥이며, 4그루는 92냥을 받고 내다 팔았습니다'라고 하였다.[158]

이 인용문에 따르면 소나무 네 그루의 가격이 92냥이었다고 한다. 그 소나무가 어느 정도 규격이었는지 알 수 없지만, 자료에 등장하는 소나무 한 그루의 가격이 대략 22~24냥 정도였음을 짐작할 수 있다.

소나무 가격이 이처럼 높은 수준에서 유지되었기 때문에 사양산 점유자들이 나무를 길러 그 재산 가치를 늘리고자 노력하는 현상이 확산되었다. 지방관들 중에도 사양산에 식목하고 이를 보호하는 것을 중시하는 사람들이 적지 않았다. 봉산에서 행해지는 과벌로 나무가 사라진다는 지적이 크게 일고 있다는 데에 주목한 지방관들은 사양산의 주인들로 하여금 함부로 나무를 베지 않도록 주의하라는 명을 내리기도 했다.[159] 영조 때에는 토사 유출로 하천이 막혀 범람 피해가 자주 발생해 농사가 제대로 되지 않는다는 판단에 따라 나무 심기를 근실히 하라는 내용이 담긴 〈준천절목濬川節目〉이 발표된 적도 있었다.[160]

이러한 분위기 속에서 관은 "만 그루 이상 식재하는 사람을 가자加資하고, 9,000주 이하 수천 주 이상은 사대부의 경우 연호군烟戶軍과 잡역을 면제하며, 군민의 경우 제반 민역을 면제하겠다"는 방침을 발표하여 개인의 식목을 유도하고자 했다.[161] 그러나 관이 아무리 식목의 필요성을 역설한다고 해도 개인의 식목 활동은 어디까지나 개인이 책임질 문제였다. 사양산 주인들이 어떤 방식으로 임리林利를 취득할 것인지 정하는 과정에서 보다 장기적인 식목 투자를 할 것인지, 아니면 당장 나무를 베어 내다팔아 이익을 챙길 것인지 하는 문제가 결정되기 마련이었다.

전자의 전략을 취하는 사양산주들은 민간의 자생적인 묘포에서 묘목을 구입해 식재하거나 자신이 금양하고 있는 산지 안에서 씨앗을 채취해 직접 나무를 심었다. 《승정원일기》 영조 19년 11월 17일 자 기록에는 다음과 같이 관련 기록이 나와 주목을 끈다.

한성부가 왕에게 계를 제출해 보고하기를 "지평 조재덕이 말하기를 ……
성균관 근처의 마을인 반촌泮村이라는 곳은 다른 사람의 출입이 뜸한 곳입
니다. 그런데 최근 졸연히 어느 재상의 아들이 여기에 들어와 땅을 광점하
였습니다. 이에 관계된 관청으로 하여금 확인하도록 하니 이는 기강이 해
이해져 사람들이 법을 모르고 하는 일이라고 합니다. 반촌의 마을사람들
이 제기한 소장을 보면 반촌은 가난한 마을로 초가집에 살면서 식목을 하
여 묘목을 키워 팔아 생계를 유지하는 궁민이 있는 곳입니다. …… 그 왕
래하는 길 외에 새로 반촌 사람들의 밭 가운데 길을 내는 바람에 그 땅이
황폐해졌다고 합니다. 이곳 주민들은 과일나무 500그루를 심어 기르고 있
는데 이것마저 탈취했다고 합니다"라고 했다.

이 자료에 따르면 한양 근교의 반촌이라는 마을의 주민들이 묘목을
키워 생계를 유지했다고 하는데, 그곳에서 기르고 있는 묘목의 수가
500그루가량이었다고 한다. 이와 같이 민간에 묘포가 존재했다는 것은
묘목을 구입하려는 수요자가 존재하고 있었다는 의미가 된다. 아마도
사양산의 주인들이 이와 같은 묘포에서 묘목을 구해다가 나무를 심고
이를 장기간 육성하여 내다파는 식으로 임업 경영을 했을 것이다.

사양산의 경우에는 어디까지나 그 점유자가 식목을 하게 되어 있고,
그에 대한 체계적인 관리와 지원은 없었다. 사양산에서 임산물을 육성
하는 과정에는 많은 어려움이 있었다. 우선 조선 후기 당시에 사양산은
분묘금양권을 명분으로 나타나는 것이 일반적인데, 그 권역 내에 제3자

가 투장을 하거나 위세를 행사하여 오랫동안 금양해온 나무와 그 땅을 빼앗을 가능성이 존재했다.

실제로 조선 후기에는 사양산을 둘러싼 산송이 대폭 증가하는데, 그 내용의 대다수가 금양권역 내에 함부로 조상의 분묘를 이장한다거나 점유자의 허락없이 입산해 소나무를 도벌하는 문제에 관한 것이다. 일례로 〈한국원의송韓國源義訟〉(규장각 문서 번호 194096)〉이라는 이름의 자료에는 옥천에 거주했던 한국원이라는 사람이 제기한 소의 내용이 담겨 있다. 이에 따르면 같은 지역에 거주하는 신계양 등이 한국원의 금양 선산에 투장하고, 이를 기화로 삼아 한씨 소유 선산에 소재한 나무를 베어가 분쟁이 발생했다고 한다. 이렇게 남의 산에 몰래 묘를 만들어 놓은 다음에 그 산에 자라는 나무에 대해 권리를 주장하는 사건은 특별한 것이 아니라 당시에 너무나 일반적으로 나타난 현상이었다.[162]

이뿐만 아니라 기껏 심어 기른 나무를 제3자가 도벌을 하여 가져가는 일이 많았다. 아전들이 권세를 이용해 함부로 빼앗는 일도 많았다. 실제로 함부로 다른 사람의 점유지에 들어가 소나무를 벤 후 팔아치우는 일이 적지 않았다는 사실이 여러 자료에 나타나곤 하며,[163] 농촌 거주 지주들의 일상 가운데 중요한 일정이 사양산을 돌아다니며 침범자가 없는지 확인하는 것이었다는 내용의 자료도 상당수에 달한다.

사양산의 주인들은 제3자의 도벌과 이권 침해에 대한 대응책의 하나로 지방관으로부터 일종의 부동산 소유 확인서라고 할 수 있는 입안立案을 발급받아 두기도 했다. 입안에는 개인이 발급받은 것도 있지만, 일정 지역의 촌락 주민들이 공동으로 산림을 관리하기 위해 만든 송계가 지방관에게 요청하여 받아낸 것도 적지 않다.[164] 그러나 입안을 발급받았다고 하더라도 그것이 제3자로부터 자신의 권리를 완전히 보호하는 최후의 수단으로 기능하지 못하는 경우가 많았다. 아무리 사양산주가 입안을 발급받았다고 하더라도 사양산을 침범하려는 사람들이 끈질기게 권리를 주장하게 되면 다시금 결정을 내려야 하는 상황이 닥치게 되고 그 과정에서 자칫 산을 빼앗길 수 있었던 것이다.

조선 후기에는 정확한 측량에 따라 임야 각 필지의 경계를 확정한다거나 사양산주에게 법적인 소유권을 보장하는 등기문서가 발급된 적도 없었다. 사실 당시의 사양산주가 점유한 땅은 그 점유자가 위세를 동원하거나 나무를 심어 금양했다는 행적을 들어 권리의 존재를 주장하는 경우가 많았기 때문에 항시적으로 분쟁이 발생할 가능성이 컸다.

요컨대 조선왕조는 임산물의 가치가 높아짐에 따라 사양산의 주인들은 자신의 산지에 존재하는 임산물을 적극적으로 보호하려는 경향을 보였으나, 그 지상지물과 임야 자체에 대한 권리가 안정적으로 보장되지 않아 많은 어려움을 겪을 수 있었다.

3. 조선 후기 임업의 문제점

조선 후기에는 임산물 수급의 불균형과 식목에 대한 제도적·정책적 지원의 미비로 산림 상태가 악화될 여건이었다. 다음 인용문에는 궁궐 건축재, 관곽재로 이용되는 황장봉산마저 민둥산이 되었다는 내용이 있어 그 심각성을 새삼 확인할 수 있다.

> 비변사가 아뢰기를 "경상도 암행어사 이엽의 별단을 보니, 황장봉산은 모두 7개 읍이나 고성·진해·양산 등 몇몇 고을을 제외하고는 모두 다 민둥산이 되었습니다. …… 봉산의 금양은 법의法意가 얼마나 엄중한데, 도벌하거나 불에 타도록 내버려두어 곳곳이 민둥산이 되게 하였으니 매우 놀랍습니다"라고 했다.[165]

이런 상태는 앞서 설명한 것처럼 사양산이라고 해서 특별히 다르지 않았다. [그림 5]는 〈조선임야분포도〉에서 한양과 그 인근 지역상을 확대하여 나타낸 것이다. 여기에서 확인할 수 있는 바와 같이 서울 주변과 그 북쪽의 산림 지대는 유난히 미입목지가 많은 것으로 확인된다. 특히 (가)라고 표시된 부분 바로 북쪽은 앞에서 소개한 바, 인평대군의 절수지가 집중적으로 분포한다고 알려진 곳이다.

봉산 구역 내에 존재하는 나무의 벌목은 대개 관아와 군영의 관문을 받은 전문 채취업자, 즉 목상이 맡고 있었다. 나무 상인들은 한 번 관문을 받아낼 때마다 그 수량을 필요한 양보다 지나치게 늘려 기재하거나, 경우에 따라서는 거짓 관문까지 만들어 과벌을 감행했다. 그렇게 벌목해낸 목재를 몰래 빼내 일반인들에게 팔아 치부할 수 있었던 것이다. 봉산 관리가 허술해지자 그 인근 주민들도 필요한 연료재를 채취하기 위해 몰래 입산하기도 하고, 지방 아전들도 한몫을 챙기기 위해 노력했다. 이렇게 국용 임산물 확보를 위한 시스템마저 구멍이 생기면서 날이 갈수록 국용, 관용 목재마저 구하기 어렵게 되었다.

산림 자원이 급속히 고갈되는 과정에서 조선왕조는 적절한 대응책을 마련하지 못했다. 관이나 일반 백성이 필요로 하는 임산물을 공급하기 위해서는 장기적 안목에서 체계적으로 연료림과 용재림을 조성해야 했다. 또 사양산을 가진 사람들이 적극적으로 산림 경영에 나설 수 있도록 다양한 보호책을 마련할 필요도 있었다.

임업이 그 본연의 임무를 다하기 위해서는 지속가능한 생산기반이 구축되어야 한다. 전근대 왕조권력은 이와 같은 기본적 조건을 만들어내는 데 적극적이지 않았고, 국용 임산물이나 궁방과 아문이 필요로 하는 임산물 확보마저 여의치 않을 정도로 곤경에 처해 있었다.

전근대 임업에 이와 같은 문제점이 발생한 근본적 원인은 무엇일까? 필자의 생각으로는 궁방이나 권세가에게 산림을 절수하는 등 일부 특권층에게 산림 자원을 마음껏 이용할 수 있도록 용인한 전근대적 사회구조가 중요한 원인인 듯하다. 관청이나 아전과 결탁해 임산물을 어떠한 규제 없이 마음껏 채취할 수 있었던 목상들의 존재도 이러한 문제가 발

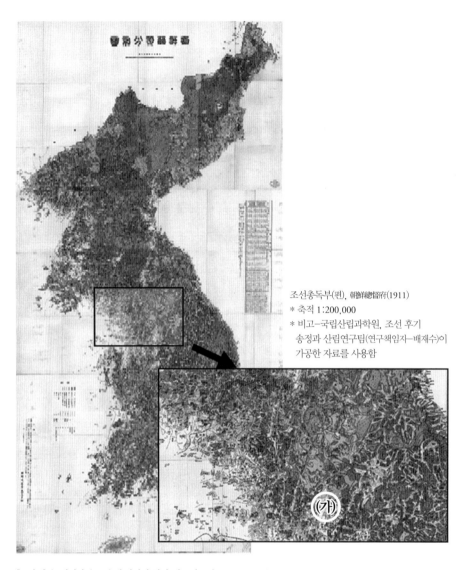

조선총독부(편), 朝鮮總督府(1911)
* 축적 1:200,000
* 비고-국립산림과학원, 조선 후기
  송정과 산림연구팀(연구책임자-배재수)이
  가공한 자료를 사용함

[그림 5] 〈조선임야분포도〉에 나타난 한양 인근의 모습
※ 비고- 원본에서 노란색으로 표시된 부분은 미입목지이며, 붉은색 부분은 치수 발생지이다. 녹색
  부분이 성림지에 해당한다. 위 지도에서 (가)로 표시된 지역이 오늘날의 서울 지역이며 그 주변이
  대부분 노란색으로 표시된 미입목지임. 황해도의 연해 지역도 대부분 미입목지로 표시되어 있음.

생하는 데 한몫 거들었다. 사양산을 금양하고 있는 산주들에 대한 체계적인 관리와 지원책의 부재도 임업이 제 기능을 하지 못하는 데 중요한 원인으로 작용했다.

혹자는 조선 후기의 산림 상태가 악화된 원인이 다름 아닌 국가가 임야 소유권을 보호하지 않은 데 있다고 주장한다. 그러나 그것이 근본적 원인으로 작용했다고 보기는 어렵다고 생각한다. 그보다는 특권층을 중심으로 하는 임산물 수급구조에 대한 적절한 규제의 미비, 산림 자원 생산력을 확충하는 데 필요한 지원책의 부재, 특권층의 임산물 독점을 용인한 체제가 더 근본적인 원인으로 작용했다고 보아야 한다.

흔히 말하기를 조선 후기는 사회경제적으로 많은 변화가 있었던 시기라고 한다. 조선 후기에 전국적인 상업망이 형성되고 화폐 유통도 활발해졌다는 것이다. 많은 사람들은 이러한 변화가 경제 생산력의 증대로 이어졌다고 여기고, 그러한 변화가 생활의 질적 변화를 이끌어내었을 것이라고 생각한다. 그러나 그렇게 생각하기에 앞서 사회경제적 변동이 자연 환경의 변화와 밀접한 관련을 맺고 있다는 점을 먼저 고려해야 한다. 모름지기 모든 경제 활동의 증가는 에너지원의 소비를 동반한다. 전근대 사회에서는 인간이 이용할 수 있는 에너지원은 산림 자원이 거의 유일하다시피 했다. 이러한 사실을 감안할 때 조선 후기 사회경제적 변화가 산림의 임상에 어떠한 영향을 주었는지, 그리고 또 어떠한 영향을 받았는지 살펴볼 필요가 있다.

개항기와 일제강점기에 접어들어 임업은 조선 후기에 나타난 문제를 극복하고 새롭게 발전 방향을 잡아나가야 하는 상황에 처해 있었다. 지속가능한 임산 기반을 구축하고, 산주들이 안정적으로 임업을 경영할 수 있도록 여러 가지 제도를 주도면밀하게 개혁해야 하는 상황에 놓여 있었던 것이다.

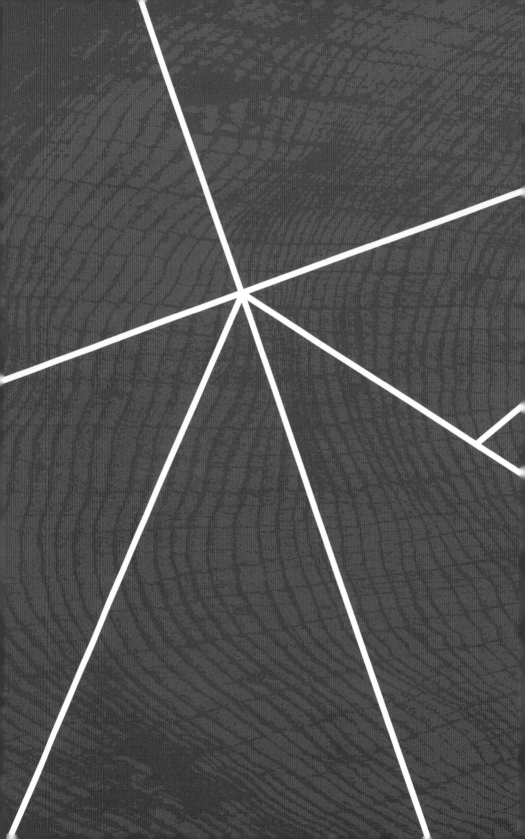

IV

조선총독부의 '근대 임업' 기반 조성 정책

1. 일제가 구상한 '문명적 임업'의 성격

1900년대에 대한자강회, 헌정연구회 등 애국계몽운동을 전개하는 단체가 실력양성론을 제기했다. 대한자강회는 교육과 산업을 진흥시켜 외세의 침략을 극복하자는 취지를 내걸고 '월보'를 간행하거나 연설회를 개최하는 등 여러 가지 활동을 펼쳤다. 대한자강회를 이은 대한협회도 교육 보급, 산업개발, 민권 신장 등을 강령으로 내세우고, 회지를 통해 계몽운동을 펼쳤다.

애국계몽운동 단체를 중심으로 발행된 잡지를 통해 식자들은 사회경제적 발전을 위해 해결해야 할 급무가 무엇인지, 그리고 그 문제점을 극복하기 위해 어떠한 노력을 기울여야 하는지 등에 관해 자신의 주장을 개진할 수 있게 되었다. 이러한 분위기 속에서 임업 문제도 중요한 현안으로 떠오르기 시작했다. 1908년 《서북학회월보》는 그동안 정부가 식재 및 관리하는 법에 대해 체계적인 지도를 하지 못했음을 지적하는 글을 실었다.

지금 하나의 산림이 있어 소나무, 잣나무, 삼나무, 전나무[松栢杉檜] 등 가옥의 재료와 향리밀감香梨蜜柑 등 진과珍果의 품품을 무불역농無不力農이되 식목만 법대로 하고 배양의 도道를 궐闕하면 어찌 되겠는가? 무릇 식물이라는 것은 식재하는 법도 사람에게 있거니와 단 그 식재만 하고 방임하면 불완전한 병폐가 없지 않아 양질의 가옥재와 미품美品의 과류를 수취하기 어렵다. 이에 농림가에게 배양법을 알려 그 근根을 보호하고 ……[1]

앞서 조선왕조가 봉산과 능묘의 식목에는 어느 정도 적극성을 보였으나 사양산에 대해서는 그다지 관심을 기울이지 않았다고 언급했다. 이러한 문제점은 개항기 식자층들도 잘 알고 있었던 것으로 보인다. 그렇기 때문에 위 글에 나타난 바와 같이 '그동안 식재의 중요성만 언급했을 뿐이지 식재 후 방임'하거나 관리하는 법에 대한 안내가 없었다고 비판하는 목소리가 나왔던 것이다.

대한자강회도 "산림 원야原野의 문건을 위조하여 (임산물을) 잠매하여 편취하는 풍습이 폐속弊俗에 이를 지경이 되었으므로 이로 인하여 생민生民의 산업이 탕패蕩敗하고 사회의 풍기가 문란해졌다"고 지적했다.[2] 서북학회도 "삼림은 국가 인민 간에 일일일시도 없어서는 안 되는 것"이라고 지적하면서 "마땅히 숲을 조造하며, 보保하여야겠거늘 어떤 이유로 아我 한제국韓帝國 삼천리 강산을 다만 자산赭山, 독산禿山으로 만들어 두느냐"면서 당장 식목 정책을 수립해야 한다고 주장했다.[3]

애국계몽운동기의 식자들은 단순한 식목 캠페인에 머무르기보다는 지역별 토양에 적합한 수종의 확인, 효과적 식목방법의 개발, 목공木工의 개발과 "사회의 욕망을 충족하기 위한" 방안 개발 등이 필요하다고 생각했다.[4] 혹자는 산림이 지나치게 황폐해져 국민경제에 미치는 악영향이 큰 만큼 하루빨리 수목을 배양해야 한다고 역설하면서 국가가 식목일을 정하여 전 국민으로 하여금 일제히 나무를 심게 하자고 제안하

기도 했다.[5]

그 무렵 식자들은 정부가 식목에 소극적인 입장에 머무르고 있다고 판단했다. 1896년에 내부대신 박정양이 입안한 〈지방관리의 사무장정에 관한 청의서〉에는 지방관이 힘써야 할 사무의 하나로 "빈 곳에 식림하여 후일 목재를 수용需用하게 할 것"이라는 규정을 넣자는 제안이 담겨 있었다.[6] 하지만 이러한 논의가 이루어지고 있을 때에도 정부는 산릉山陵 식목에 다수의 주민들을 동원하는 등 주로 능묘 관리를 위한 식목을 가장 중요한 과제로 상정해두고 있었다.[7] 상황이 이러했기 때문에 식자층 사이에서 정부의 임업 정책이 미비하다는 공감대가 형성되었고, 정부에 대한 비판도 고조되었던 것이다.

정부의 미진한 임업 정책에 실망한 식자들은 정부에 대해 하루빨리 국민들에게 적절한 식목방법을 홍보할 것을 촉구하고, 민간인들도 스스로 조림 경영방법을 연구해야 한다고 역설했다. 《대한협회회보》에 다음과 같은 논설이 실린 바 있다.

산림은 국가에 최대 보고寶庫라. 그 관리를 적당하게 하면 무진한 보고를 만들 것이고, 황폐한 상태로 위기委棄하면 그 보고가 변하여 최대의 화료禍療가 될 것이니 …… 현재 국내 현상을 돌아보면 도처에 독령자봉禿嶺赭峯뿐이고 삼림이라고 손을 꼽을 만한 것이 극소하여 국민이 일용하는 목재신탄도 부족하지 않은가! 이외에 연연年年 하수가 범람하여 양전은 황무荒蕪에 귀歸하고 …… 조림하는 권장에 진력함은 실로 국본을 배양하는 시설에 적당한 조치이다. 그러나 조림은 세월을 요하는 사업인즉 단순히 당국자의 지도만 기다릴 것이 아니고 국민도 자용진自勇進하여 임업발달의 방침을 연구하고 조림경영의 실행을 기도하여 …… 정부의 권장과 법령의 완비가 그 철저를 기하려면 지연될 염려가 있다.[8]

이하영, 이규환, 이종협 등은 이 같은 입장에서 1908년에 대한산림협회를 설립하겠다고 나섰다.[9] 하지만 이 단체는 제대로 회원을 모집하지도 못했고, 당연히 활동을 하지도 못했다.[10] 이 단체를 주도한 이하영 등이 잘 알려진 친일 인사였기 때문이다. 이하영은 을사늑약에 서명한 '을사5적'의 하나이며, 일제강점기에는 자작 작위를 받기도 한 인물이다. 이하영 등이 대한산림협회를 만들어 추진하고자 한 사업을 확인해보면, 일제가 조선의 임업 문제를 바라보는 시각을 그대로 대변하고 있었음을 알 수 있다. 대한산림협회가 추진하려 한 사업은 다음과 같았다.

1. 농상공부에서 반포한 〈부분림 규칙部分林規則〉과 〈산림산야급산물처분규칙山林山野及産物處分規則〉 등의 실행방법을 홍보하는 사업.
2. 묘표를 설치하여 적당한 나무를 배양하는 사업.
3. 임야 소유의 구분을 판명하여 농상공부가 이를 구분할 수 있도록 자문하는 사업.[11]

다시 말해 〈부분림규칙〉 등의 실행을 홍보, 장려하고 임야 소유권 확정을 위한 자료를 제공하겠다는 것이다. 〈부분림규칙〉이란 1908년에 공포된 〈삼림법〉 제3조와 제4조에 규정된 제도이다. 이 제도가 무엇인지 이해하기 위해 삼림법에 담긴 동 조항을 살펴보면 아래와 같다.

제3조 조림자와 그 수익을 분수分收하는 조건으로써 국유삼림산야에 부
　분림을 설정함을 득得함.
제4조 부분림의 수목은 국國과 조림자의 공유로 하고 그 지분은 수익분수
　부분收益分收部分에 균均케 함.

이 규정에서 볼 수 있듯이 1908년에 공포된 〈삼림법〉에는 민간인으로
하여금 국유산림의 조림을 하도록 허용하고, 그 산물을 나라와 조림자
가 분수分收하도록 한다는 내용이 있는데 이것이 바로 부분림제도이다.
혹자는 일제가 이 제도를 도입한 궁극적인 목적이 부분림 설정을 통해
일본인 식림 자본이 조선에 투자할 수 있는 길을 열고자 함에 있었다고
보기도 한다.
　부분림제도는 봉산과 같이 국유로 간주되는 산을 조림하고, 그로부터
생산되는 임산물을 그 조림자와 국가가 나누어 가진다는 취지이다. 그
런데 조림사업을 제대로 수행해 성공하기 위해서는 상당한 자본이 필요
하고 그 기간도 짧지 않다. 그렇기 때문에 부분림을 신청하는 건수도 많
지 않았다. 대한산림협회는 바로 이 부분림제도를 홍보하고, 그 신청자
가 있다면 수속까지 대행하는 데 목적을 둔 단체였다. 대한산림협회는
부분림제도에 대해 다음과 같이 홍보했다.

　부분림은 정부로부터 99년의 장기간을 무세무료無稅無料로 대하貸下를 받
　아 이를 식수하되 7개년에 이르러 벌채한 때에는 10분의 1을 관납하고
　그 나머지 9분分은 자기의 수득으로 하되 식수비용액은 10정보에 400원
　을 요하나 7개년에 이르러 15,000원을 수득하는 이익이 유有한 즉 본부

에서 이 계산에 준하여 부분협정하여 상당한 자금을 공급함이 가하다. …… 부분림 100정보에 대하 허가를 받은 자에게는 정부는 100정보마다 1정보의 경지耕地를 무세무대금無稅無代金으로 급여하는 특전이 있은즉 수허인受許人은 조림의 이익과 동시에 영구적인 소유지를 받을 수 있다.[12]

이 내용은 1908년 〈삼림법〉 공포 직후에 만들어진 〈부분림규칙〉의 주요 내용을 설명한 것에 해당한다. 여기에 설명된 바와 같이 이 규칙은 국가와 신청자가 일정한 계약을 맺어 99년간 국유임야를 해당 신청자에게 대부해주고, 매년 일정량의 나무를 심되 그 나무를 7개년부터 벌목할 수 있도록 하는 내용을 담고 있다. 그런데 자세히 살펴보면 임야 대부를 받은 자에게 경지까지 '무세무대금'으로 지급하는 특전이 부여되었음을 알 수 있다. 아마도 이는 임야에 부속된 화전이나 산전을 그 신청자에게 준다는 의미였을 것이다. 그렇다면 과연 이 제도가 조선 후기 산림 황폐화를 극복하고, 임업 생산력을 회복하는 데 긍정적인 영향을 미쳤을까 하는 의문을 갖게 된다.

〈부분림규칙〉에 대한 설명에 따르면 식목을 한 뒤에 7년이 지난 후 벌목을 할 수 있다고 되어 있다. 이로 보건대 일제는 부분림으로 지정된 곳에 생장속도가 빠른 속성수를 식재할 계획이었던 것 같다. 잘 알려진 바와 같이 일제는 아카시나무, 오리나무, 싸리나무 등 생장속도가 빠른 나무를 적극적으로 권장했다.[13]

오리나무 중에서도 물오리나무의 경우에는 식재한 지 10년이 되면 수고樹高가 10미터를 넘게 된다. 아마 일제는 이러한 특징을 감안하여 식재 후 7년이 되면 벌목도 가능하다고 했을 것이다. 그런데 이 속성수들은 주로 습기가 많은 곳에서 잘 자라며, 생장속도가 빠르기 때문에 참나무 등 다른 수종의 생장을 방해하기도 한다.

속성수를 심어 숲을 조성한 후 벌목을 하도록 한다는 방안은 사실 탁상행정에 지나지 않았다. 속성수가 실제로 해당 산지의 토양에 적합한지 여부도 확실치 않으며, 다습한 곳에서 잘 자라는 특징에 비추어 볼 때 생장 적지가 제한되어 있을 수 있었다.

사실 기존의 연구자들은 이 부분림제도가 산림녹화에 초점을 맞춘 것이 아니라 일본인으로 하여금 한반도의 임야를 차지할 수 있도록 하는 데 목표를 두었다고 평가했다. 실제로 이 제도 시행 후에 부분림을 신청해 허가받은 건수는 22건이었으며, 그 면적은 합계 7,422.82정보였다.[14] 이 중에서 일본인이 차지한 것이 한국인이 대하받은 것보다 4배가 더 컸다. 요컨대 부분림제도는 임업 경영의 방향을 획기적으로 바꾼 제도라고 보기 어려운 것이었다. 또한 이 제도는 1911년에 이르러 조림대부제도로 전환되었기 때문에 그 실시 기간이 길었다고 할 수 없다.

삼림법은 대한제국 정부가 독자적인 판단에 따라 입안한 것이 아니다. 이는 당시 농상공부의 농사시험장 기사로 재직하던 미치야 미쓰유키가 만든 것으로, 일제가 구상하던 임업 정책을 실현하기 위한 과정의 일환으로 공포된 법령이다. 이하영 등은 통감부의 방침에 응해 대한산림협회라는 단체를 구성하고 나선 것으로 그 활동 기간은 길지 않았다. 부분림제도는 그 존속 기간도 짧았을 뿐만 아니라 조선인의 호응도 이끌어내지 못했다. 이런 점에서 볼 때, 부분림제도가 과연 근대 임업의 '형성'에 결정적인 역할을 했는지 의문스럽다.

일제는 당시 한반도 산림의 황폐화 정도를 어떻게 파악하고, 그에 대해 어떤 대책을 수립해야 한다고 보았을까? 조선총독부의 임업 정책을 주도하던 사이토 오토사쿠는 이에 대해 다음과 같이 자신의 생각을 밝혔다.

> 원래 조선인은 산을 소유한다고 하는 관념이 결핍되어 있었다. 그래서 조선인의 대다수는 남벌 폭채를 일삼았고 식림을 행하는 것도 적었던 것이다. 그런 이유로 민둥산이 늘어나게 되었으니 더욱 산을 소유해야겠다는 생각이 없어지는 것이 당연한 귀결이었다고 생각된다.[15]

그는 조선 후기 산림 황폐화는 다름 아닌 소유권제도가 제대로 갖추어지지 않은 데에서 비롯된 현상이라고 단언했다. 앞에서 소개한 것과 같이 조선왕조는 표면적으로 '산림천택 여민공리' 원칙을 내세워 산림의 사점을 금지하기는 했지만, 궁방이나 권세가에게 산림을 절수해주고 분묘금양을 명분으로 한 개인의 산지 점유도 인정해주었다. 그렇기 때문에 임야에 대한 소유의식이 전혀 없었다고 하는 것은 다소 성급한 진단이 아닐까 싶다. 그럼에도 조선왕조가 임야 각 필지의 사점자를 확인해 법적인 소유권을 부여한 적이 없는 것만은 사실이다. 사이토 오토사쿠는 그와 같이 법적 보호가 동반되지 않은 사점은 진정한 의미에서의 소유권이라고 볼 수 없다고 보았다.

사이토 오토사쿠가 부임하기 전에 임업 정책을 맡아보던 미치야 미쓰유키도 같은 생각을 갖고 있었다. 미치야는 산림 자원을 보육하기 위해서는 무엇보다도 먼저 임야의 소유자 현황을 파악해야겠다고 생각하고, 1908년 〈삼림법〉을 입안했다.[16]

이 법에서 가장 눈에 띄는 조항은 제19조이다. 제19조의 내용은 "삼림산야의 소유자는 본법 시행일로부터 3개년 이내에 삼림산야의 지적地籍 및 면적의 약도를 첨부해 농상공부대신에게 신고하되 기간 내에 신고하지 아니한 것은 모두 국유로 간주한다"라는 것이다.

이 조항에 따라 실제로 1911년까지 임야 소유권 신고가 이루어졌다. 알려진 바에 의하면 당시 신고서가 접수된 건수는 대략 52만 건이었다. 상당히 많은 것으로 보이지만 신고를 필한 임야 면적은 220만 정보에 불과했다. 한반도 전체 임야 면적이 1,600만 정보라는 점에 비추어 본다면 소유권 신고를 이행한 사람이 적었다고 볼 수 있겠다.

여기에는 나름의 이유가 있었다. 신고서를 제출할 때 첨부해야 하는 지적도를 신고자가 스스로 비용을 들여 만들어야 했는데, 신고 의무자들 가운데 그렇게 번거롭게 하면서까지 신고를 하고자 하는 사람이 적었던 것이다. 게다가 신고서를 내면 곧바로 그 임야에 세금이 부과될 것이라는 소문도 많았다. 이러한 사정에 더해 임야의 경계도 그리 명확하지 않아 자기가 가진 땅이 임야인지 전답인지 모호한 경우도 적지 않았다. 또한 임야 안에는 산전이나 화전이 많이 있었고, 그러한 땅들을 임야로 간주해 신고할지 고민하는 경우도 없지 않았던 것이다.

미치야의 후임으로 조선에 건너온 사이토 오토사쿠는 〈삼림법〉에 따라 시행된 임야 신고가 그리 성공적이지 않았다는 판단을 내리고, 1917년에 다시금 조선임야조사사업을 실행했다. 그가 이처럼 소유권자를 확정해내기 위해 노력한 것은 앞에서 언급한 바와 같이 소유권제도가 확립되어야 임업 생산기반이 확충될 수 있다고 생각했기 때문이다.

혹자는 일제가 임야 소유권을 확인하기 전에 대한제국 정부가 이미 광무양전 시에 임야에 대한 소유권 입법 작업을 추진했다고 생각하기도 한다. 실제로 광무양전 당시에 대한제국 정부는 전답뿐만 아니라 산림에 대해서도 지계地契를 발급하겠다는 방침을 발표했다. 1901년에 '칙령 제21호'로 공포된 〈지계아문직원급처무규정地契衙門職員及處務規程〉 제1조에 "지계아문은 한성부와 13도 각 부군의 산림 토지 전답 가사계권家舍契券을 정리한다"고 되어 있다. 이 규정을 근거로 일제보다 대한제국 정부가 먼저 임야 소유권 확립을 시도했다고 보는 것이다.

필자는 임야 소유자를 확인하고, 지계 혹은 등기를 발급하는 것이 근대 임업 형성에 결정적인 전제조건으로 생각하지 않는다. 물론 소유권 제도를 정비하는 것은 상당히 의미가 있는 조치다. 그러나 임산물 생산의 지속가능성을 확보하는 것이 임업 발전의 방향이라고 한다면, 소유권 조사 외에 임업의 보속 수확을 가능케 한 추가적인 조치가 이루어졌는가 하는 문제를 중시하지 않을 수 없다. 사실 일제도 소유권 조사만으로 임업이 발전할 것이라고 생각하지 않았다. 식민 당국은 소유권이 확정된 후에 추가적인 조치가 필요하다고 판단하고, 다음과 같이 후속 조치에 대해 말했다.

조선의 임야 전체 면적 1,600만 정보 중에서 사유림 또는 사유가 될 예정인 국유림(불요존림─필자)이 1,100만 정보나 되는데 대부분이 황폐한 땅이다. 국유림의 대다수는 수원水源 지방에 있으므로 치수상으로도 매우 중요한데 총독부도 이들 임야에 대하여 대정 11년부터 30년 동안 5,130여만 원을 들여 사방 시설을 완료하기로 하였다. 그러나 그 돈으로 사유림 전체를 조림하기는 어려우므로 임야 소유자들이 사회봉사를 위하여 스스로 조림에 협조해야 한다. 현재 경기도에는 조합 조직이 219개 있으며 해충 구제, 산불 방지, 남벌 방지, 묘포 경영 등을 행하고 있다. 조선의 관습은 삼림에 관한 규정 위반 단속에 있어 관공리 운용하는 것은 효과가 없고 지역 주민과 교제를 중지시켜버리는 것이 가장 확실한 제재방법이다.[17]

이 인용문에 나타난 '후속 조치'를 다시 정리해보도록 하자. 일제는 우선 국유림과 사유림을 구분해낸 다음에 먼저 사방 시설을 설치해 토사 유출 피해를 줄이겠다고 했다. 또 그에 이어서 임야 소유자들로 하여금 '사회봉사' 차원에서 식목에 나서도록 촉구한다는 계획을 세웠다. 조선총독부는 이를 위해 각 지역에 삼림조합이라는 조직을 만들어 식목 수량을 할당하고, 산불 방지업무도 맡게 했다. 또 그에 필요한 비용을 확보하고자 삼림조합비를 거두기도 했다.

한편 일제는 이후에 사유림에 대한 산주의 입산까지도 규제하고, 일체의 산림 자원 채취를 금지하는 이른바 '금벌주의' 방침을 관철시켜나갔다. 연료재와 같은 생활필수품의 공급은 일부의 생산업자가 맡는 방식으로 제한되었고, 일반인들은 신탄시장을 통해 이를 구매해야 한다는 원칙이 세워졌다. 이러한 조치로 인해 일반인들의 임산물 확보 통로가 좁아지고 만성적인 임산물 부족으로 삶의 질이 떨어지게 되었다.

그런데 국유림 정책은 이와 달랐다. 조선총독부는 국유림 관리를 위해 영림서라는 기관을 두고 '관행작벌', 즉 국유임야 벌목을 주도하게 했다. 영림서는 매년 관행작벌량을 늘려나갔지만, 벌채 적지에 대한 관리 작업은 소홀히 처리했다. 영림서가 관할하던 임야에서 한 번 관행작벌이 시행되면 그 임야는 그대로 방치되기 마련이었다. 요컨대 일제는 사유림의 소유자에게 식목 수량을 할당하고 그 비용까지 청구하는 반면, 국유림에서는 관행작벌 이후 남게 되는 적지를 제대로 관리하지 않았다.

필자는 조선총독부가 산림 자원 조성에 소요되는 비용을 제대로 마련하지 않았다고 생각한다. 또 일제가 식목이 완료된 땅에 지속적으로 투입해야 할 관리 비용까지 소유자에게 전가했다고 본다. 산림 자원의 생육을 조장하고 산주의 임야 관리 활동을 장려하는 지원책이 부족했다는 것이다. 조선총독부는 임야 인근에 거주하는 주민들의 입산뿐만 아니라 소유자가 자기의 임야에 자생하는 임산물 채취까지 금지하면 얼마 지나지 않아 임목 축적이 늘어날 것이라고 판단했다. 하지만 이는 현실성이 떨어지는 정책이었다. 연료재로 쓸 나무 수요가 엄존하는 상황에서 석탄이나 기름 등의 대체재가 공급되지 않는다면 아무리 벌채를 금지한다고 해도 결국은 나무를 관리하는 데 실패할 것이기 때문이다.

사유림에 대한 정책이 허술했던 반면에 조선총독부는 일제강점기 전반에 걸쳐 국유림에서 적극적으로 벌목 작업을 펼치고 영림서 목재 판매 수입을 늘려 나갔다. 또 그렇게 해서 생산된 목재를 일본인이 운영하는 임업회사가 독점적으로 취급할 수 있도록 했다. 일제강점기에 목재 가격은 대체로 상승 기조를 유지했기 때문에 원목을 판매함으로써 거둘 수 있는 수입액도 늘어날 수 있었다.

이상의 임업 정책은 많은 문제점을 만들어냈다. 당국의 '지도'를 흔쾌한 마음으로 받아들이는 산주가 과연 얼마나 될지 확신할 수 없음은 당연하다. 실제로 대다수 임야 소유자들은 일제의 방침을 받아들이지 않고 입산을 감행해 자가용 연료재를 확보하거나 시장 판매용 연료재를 별도로 채취해 공인되지 않은 장소에서 판매하는 일이 많았다. 일제는 이러한 사람들을 대거 삼림 범죄자로 몰아 처벌하곤 해 빈축을 샀다.

일제의 임업 경영방침을 개념도의 형식으로 나타내면 아래와 같다. 이 개념도에 적시한 바와 같이 조선총독부는 임산물 생산기반을 확충하고, 황폐화된 산림을 단기간에 회복시키겠다는 목표 아래 대다수 사유림을 식목 의무 구역으로 지정하고 그곳에서 임산물을 사용하지 못하도록 규제했다. 또 목재 생산과 유통 과정에 대다수 일반인들의 접근을 차단하고 일본인 임업회사(주로 제재 가공 공장)와 연료용 장작의 생산업자가 그 공급망을 차지하도록 시스템을 만들고자 했다. 이러한 구조 변화 시도로 조선인 목상의 존재가치는 미미해졌고, 조선인들의 식목 부담은 커졌다.

이 지점에서 조선총독부가 조선인의 연료재, 목재 수요에 대응해 대체재를 개발·공급하는 노력 없이 막무가내식으로 금벌주의를 관철시킨 이유가 무엇인지 궁금하지 않을 수 없다. 임야의 소유자에게 식목 수량을 의무적으로 할당한다거나 그 관리 등을 명분으로 삼림조합을 만들어

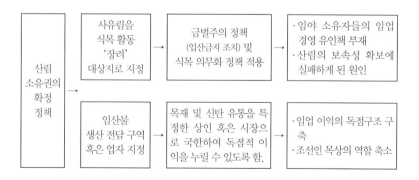

놓고 조합비를 거두어들이는 것은 무리한 조치였다. 이와 같이 강압적인 임업 정책의 이면에는 조선을 식민지화하면서 내세운 '문명화'이데올로기가 작용하고 있었다고 생각한다.

일본제국주의자들은 자신들의 침략행위가 이른바 '문명'을 '열등'한 주변국에 전파하기 위한 '선한 행위'라고 강변했다. 그들은 일왕의 "자애로운 통치 덕분에 모든 신민이 행복한 생활을 누리고 있다"고 하면서 심지어 식민지 조선도 그 "은혜"를 받게 되었다고 선전했다.

조선은 최빈약국이며 그 국민은 세계에서 가장 열등한 국민이 되어 이 세계에 있으나마나 한 나라가 되어버렸는데, 그에 불구하고 일본의 판도로 받아들여 세계 1등국이 되는 일본제국의 호적에 붙여주신 분이다.[18]

조선에 대한 이러한 시각에 대해 조금 더 알아본다는 의미에서 아래 인용문을 살펴보도록 하자.

조선인이 대한국민이라고 칭해지던 시대에는 궁중과 부중府中이 함께 각 열강의 압박을 견디지 못하고, 이리저리 돌아다니며 외교 술책을 부리는 데에 부심하는 등 하루도 편히 지내는 날이 없었다. 또 국토의 개발과 생민生民 복리를 추구하지 못하고 궁중은 협잡 요부의 소굴이 되어 복마전이나 마찬가지였다. …… 13도에 배치된 대소의 관리들은 대부분 가렴주구를 일삼았다. 창생의 휴척休戚을 전혀 돌보지 않고 질고疾苦를 돌아보지 않을 뿐만 아니라 차라리 그것을 발로 차버림으로써 백성은 절망의 지경에 빠졌다. 나라는 당연히 야만 미개의 풍기로 충만하고, 문명의 빛은 전

혀 비쳐지지 않았다.[19]

일제는 조선에 대한 식민지배를 이와 같이 '미개인'을 대상으로 '문명의 빛'을 비춰주는 행위로 포장했다. 또 조선총독부가 "폐하의 적자赤子가 된 조선인을 지도하여 문명인이 되도록 함으로써 황위皇威를 우러러보도록 노력할 의무를 지게 되었다"고도 했다.[20] 이러한 왜곡된 자의식 속에서 조선총독부는 "지금 우리 일본제국은 …… 시정의 개선과 산업의 개발에 노력하고, 산업의 장려 시설, 민리의 증진책도 실행하지 않은 것이 없다"라고 선언했다.[21]

"문명화의 사명"이라는 논리를 내세워 식민지배를 정당화하는 모습은 유럽 열강이 아시아와 아프리카의 여러 나라를 식민지로 지배할 때 항상 동원하던 이데올로기다. 일제 역시 그러한 논리 위에서 자신들의 조선 지배로 인해 조선인이 곧 '산업개발'의 이익을 향유하게 될 것이라고 선전했다. 1910년대에 조선총독부는 그 지배 이데올로기를 시각적으로 보여주고자 전국 각지에서 '공진회'라는 행사를 열고, 그때마다 그 전시장에 '모범 묘목'이라는 것을 전시했다. '문명화된 임업'이 무엇인지 시범을 보여주겠다는 의도를 드러낸 것이다.

일제는 1915년에 기존의 공진회를 보다 대규모화한 '시정 5주년 기념 조선물산공진회'를 경복궁 일원에서 개최했다. 혹자는 이 행사를 '박람회'로 오해하기도 하지만, '공진회'라는 것은 박람회와 전혀 취지를 달리 하는 행사다. 공진회라는 것은 그저 조선총독부의 지배를 받아들이면 곧 조선이 "문명국"으로 탈바꿈할 것이라는 선전을 퍼뜨리기 위해 개최한 홍보행사였을 뿐이다.[22]

이 행사는 조선인이 조선총독부의 지배에 순응할 때 '누릴 수 있는 미래의 발전된 사회상'을 제시하는 데 목적이 있었다. 그렇기 때문에 일제는 공진회를 열 때마다 일제가 한반도의 산림을 성공적으로 녹화할 수 있는 능력이 있다고 선전하고자 신新 수종의 묘목을 전시했던 것이다.

공진회에 전시된 수종은 오리나무, 잣나무, 아까시나무 등이다. 그런데 이 나무들은 조선인들이 알지 못하던 전혀 새로운 수종이 아니다. 일제는 이런 나무들의 묘목을 기르는 법, 식재하는 법 등에 대해 알리는 팻말을 많이 설치해 조선인들보다 일제가 나무에 대한 지식을 더 많이 가지고 있다고 '자랑'하는 한편, 각종 매체를 통해 "천연묘天然苗 이식의 구법舊法을 개선하고 조림을 진작하는 데 크게 기여할 것"이라고 자신했다.[23]

당시 일제는 한반도에 다수 식생하는 소나무를 열등한 수종으로 규정해 "망국수亡國樹"라고 불렀다. 조선총독부의 기관지라 할 수 있는 《매일신보》는 소나무가 "생장이 느리고 방생傍生도 없으며, 수십 년 길러서 울창해졌다고 해도 병충해를 입으면 하루아침에 독적禿赤으로 변하는 나무"라고 했다.[24] 조선총독부도 조선인들이 그저 소나무만 좋아하다 보니 "각종의 건축 및 토목사업이 시작되어 다량의 용재가 필요한데도 …… 구하기가 힘들어 압록강·대동강 연안의 재래산 목재나 홋카이도, 화태樺太에서 들여오는 비교적 염가의 목재로 겨우 충당하고 있다"면서 임업 발전을 위해서는 먼저 수종을 바꿔야 한다고 했다.[25]

소나무는 속성수에 비해 자라는 속도가 느린 것은 사실이다. 그러나 한반도의 생태 환경에서 소나무가 우세한 수종으로 자리 잡은 데에는 그만한 까닭이 있었다. 한반도에는 특정한 시기에 호우가 집중되어 사질 토양이 많으며, 농경문화의 정착으로 농민들 사이에 활엽수 잎과 줄기를 퇴비로 이용하는 관습도 유지되어왔다. 그러다보니 토양의 지력이 약화되었고 활엽수가 자라기 힘든 환경으로 서서히 변했다.

이런 토양에서 쉽게 자라는 수종이 소나무이기 때문에 어느 순간부터 소나무를 중시하게 된 것이다.[26] 일제가 '선진 수종'이라고 생각하던 나무들이 자라는 속도에서는 소나무보다 빠를지 몰라도 한반도 토양에 적합한가 하는 점은 또 다른 고려 사항이다.

다시 말하지만, 일제가 추진한 조림은 수종의 적합성, 식목 사후 관리 과정에 나타난 문제 등으로 인해 성과를 거두기 힘들었다. 1920년대에 접어들어 일제 당국자들도 이를 충분히 인식하기 시작했다고 필자는 생각한다. 그러나 식민 당국은 한 번 세워둔 방침을 쉽사리 바꾸기 어려운

[그림 6] 제1회 경상북도물산공진회장에 전시되어 있었던 나무 표본
※ 출전: 慶尙北道, 《慶尙北道物産共進會事務報告(1回)》, 1914, 8쪽.

위치에 있었다. 자신들의 방침을 수정하는 것은 식민지 조선의 산업개
발을 위해 '선정'을 베풀었다고 자찬한 일왕의 이른바 '은혜'가 아무런
결실을 맺지 못하였음을 인정하는 셈이었기 때문이다.

　필자가 보기에 일제의 임업 정책은 조선 후기 정부가 산림 자원의 육
성에 관해 추진했던 조치들에 비해 크게 다르지 않다. 앞서 살핀 바와
같이 조선왕조는 특권층의 산림 자원 독점을 용인하고, '송금' 정책이
라고 하여 일반 백성을 대상으로 봉산의 소나무 채취를 엄금했으며 민
간의 임산물 수요에 대책을 세우지도 못했다. 이러한 모습은 일제가 시
행한 '금벌주의' 정책, 영림서 중심의 목재 생산구조의 정착 시도 등 식
민지 임업 정책과 닮아 있다. 따지고 보면, 일제가 내세운 '금벌주의'란
조선 후기의 '송금' 및 '입산금지' 정책과 비슷한 것이었다. 일부 업자
에게만 원목을 몰아주던 모습도 목상에게 봉산 소재 입목 이용권을 주
던 정책과 크게 다를 바 없었다.

2. 임야 소유권제도의 '확립'과 강제 조림 정책

2-1. 국유림과 사유림의 구분

조선총독부 임업 정책 입안자 사이토 오토사쿠는 조선인의 '식림의 관념'이 무척 소홀하다고 하면서, "산림에 대한 소유의식"이 없기 때문이라고 했다.[27] 산림을 소유 대상으로 생각하지 않기 때문에 무단 입산과 벌채를 반복했고, 그것이 한반도 산림 상태 악화의 근본적 원인이라고 했다. 이러한 생각을 바탕으로 사이토는 우선 임야 소유권제도를 확립하고, 그에 이어서 사유림 소유자에게 조림을 '권유'해야 한다고 판단했다.

1908년에 〈삼림법〉 초안을 입안했던 미치야 미쓰유키도 그와 같은 인식에서 식민 임업 정책의 첫걸음으로 임야 소유권 문제를 정리하기로 한 바 있다. 미치야는 먼저 모든 '임야 소유자'는 자신이 '소유'하고 있는 임야를 소정의 절차를 거쳐 신고해야 한다는 내용의 〈삼림법〉을 공포했다.

전문 22개조로 구성된 〈삼림법〉은 임야를 그 소유자의 성격에 따라 제실림帝室林, 국유림, 공유림, 사유림으로 구분했다. 제실림이란 황실 소유의 임야를 의미하는 것으로 대한제국 시기 궁내부가 보유하던 임야이다. 국유림에는 국가가 봉산으로 지정하여 관리해온 임야 등이 포함되어 있었다.[28] 〈삼림법〉이 공포되었을 당시에는 봉산 외에도 어떤 곳이 국유림으로 편입될 수 있는지의 여부가 정해지지 않았고, 사유림의 분포도 아직 확인되지 않은 상태였다. 국유림과 사유림의 구분은 결국 〈삼림법〉에 따라 소유권을 신고했는지의 여부를 중심으로 이루어져야 하는 상황이었던 것으로 볼 수 있다.

〈삼림법〉 공포 당시에 정부는 사유림 소유자 자격에 관한 기준을 제시하고, 이 기준에 맞는다고 생각하는 자는 그 '임야 소유의 사실과 증거'를 제출하게 했다.[29] 임야 소유권 신고에 관한 근거 규정은 〈삼림법〉의 제19조에 있었는데, 그 내용은 다음과 같다.

삼림산야의 소유자는 본법 시행일로부터 3개년 이내에 삼림산야의 지적 地籍 및 면적의 약도를 첨부하여 농상공부대신에게 신고하되 기간 내에 신고하지 아니한 것은 모두 국유로 간주한다.

아울러 당시에 일제가 제시한 '소유자'의 기준은 〈임야의 국유·사유 구분 표준〉이라는 문서에 제시되어 있는데, 그 내용을 소개하면 아래와 같다.

① 결수연명부에 등록되어 있는 곳. 등록되어 있지 않더라도 지세가 부과된 사실이 확실히 확인되는 곳.
② 〈토지가옥증명규칙〉(1906) 시행 이전에 관청으로부터 사유로 인정받은 곳.
③ 〈토지가옥증명규칙〉 및 〈토지가옥소유증명규칙〉(1908)에 따라 사유인 것이 증명된 곳.

④ 〈토지조사령〉의 처분에 따라 사유지인 것으로 인정된 곳.

⑤ 확실한 증거가 확인되는 사패지賜牌地.

⑥ 관청이 개인에게 환부還付·대여·양도한 증서가 있는 곳.

⑦ 융희 2년(1908)의 '칙령 39호'가 공포되기 이전에 궁내부가 사인私人에게 양여한 곳.

⑧ 영년永年 수목을 금양한 곳.

⑨ 조선총독이 특별히 지정한 곳.[30]

위 '표준'에서 ⑦번 항목에 기재되어 있는 대한제국 '칙령 39호'는 〈궁내부소관급경선궁소속재산이속급제실채무정리宮內府所管及慶善宮所屬財産移屬及帝室債務整理의 건〉이다. 이 칙령은 궁내부 소관의 재산 일부를 제실의 채무 변제에 사용한다는 것으로서, 황실에 채권이 있는 자에게 궁내부 소유 임야를 그 변제 용도로 양여한다는 내용을 담고 있다.[31] 또 ①번의 결수연명부는 잘 알려진 바와 같이 일제가 지세 징수의 편의를 위해 작성한 문서이다.[32]

결수연명부에 기록된 토지 중에는 산전과 같이 임야 안에 위치한 토지도 있었는데, 일제는 바로 이러한 토지를 사유림으로 지정하고자 했던 것이다. 결수연명부에 기록된 땅을 사유지로 인정하겠다는 방침은 그리 특이할 것 없는 당연한 조치다. 〈토지가옥증명규칙〉(1906)과 〈토지가옥소유권증명규칙〉(1908)은 외국인의 부동산 소유에 관한 제한을 없애 부동산 소유를 인정하고, 증명한다는 내용을 담고 있는 법령이다. 따라서 이 법에 따라 사유로 인정받은 곳 역시 당연히 〈삼림법〉 시행으로 인한 지적 신고를 거쳐 사유림이 될 수 있는 땅이다.

이상의 조항은 그 근거 법령과 제도가 명확해서 사유, 국유의 구분이 비교적 명확하다. 그런데 위의 '표준'에서 다소 판단이 애매한 조항이 있어 주목된다. 다름 아닌 ⑧번 항목이다.

⑧번 항목은 "영년 수목을 금양한 곳"이다. 당시 대다수의 임야 '소유자'들은 조선왕조 시기에 국가에 의해 보장된 분묘금양의 권리를 근거로 삼아 임야를 점유하거나, 제3자가 금양하던 임야를 매입해 자기 것으로 삼았다.[33] 그런데 일제는 기존의 조선인들이 갖가지 통로로 확보하게 된 임야 모두를 사유지로 인정하기는 곤란하다고 했다. 금양이나 사점의 사실이 실제로 확인된다고 해도 "영년 수목을 금양"한 실적이 있어야만 '소유권'을 부여하겠다는 입장에 서 있었던 것이다. "영년 금양"이란 해당 임야의 입목도가 평균 10분의 3 이상이거나 그 산림에 존재하는 수목의 평균 연령이 10년 이상에 달하는 경우를 의미한다.[34]

요컨대 일제는 이 기준에 따라 소유권 인정 여부를 결정지었다. 이 기준이 적용되었다는 것은 어느 특정 개인이 아무리 오랫동안 임야를 점유하고 있었다고 하더라도 그 점유의 사실만으로 소유권을 인정받을 수 없었음을 뜻한다. 점유 사실 그 자체가 소유권을 인정받을 수 있는 근본적인 근거가 되지 못했다는 것이다.

'영년 금양의 실적'이라는 것은 1917년부터 1924년까지 시행된 조선임야조사사업 때에도 그대로 적용된 표준이다. 기존 연구에서 이미 밝혀진 바와 같이 일제는 1908년부터 1911년 사이에 〈삼림법〉 제19조 규정에 따라 지적 신고를 하도록 했는데, 그 실적이 좋지 못했다. 이에 일제는 〈삼림법〉에 따른 지적 신고가 진행될 무렵인 1910년에 민간의 신고와 별도로 국유, 민유 상황을 간단히 파악한 '임적조사'를 자체적으로 실시했다.

임적조사 실시 문제는 일본 정부의 농상무성 상공국장 등을 역임한 후 1905년에 이토 히로부미와 함께 한반도로 건너온 기우치 쥬시로라는 인물이 조선에 대한 산림 정책을 점검하는 과정에서 거론되기 시작했다. 기우치는 〈삼림법〉의 주요 내용이 일반인들에게 제대로 알려지지 않았다는 점에 불만을 품고 있었다. 그는 이토 히로부미를 만난 자리에서 "아직 한국의 산림이 어떠한 상태에 있는지 조사도 되지 않은 상황인데 책상 위에서 계획만 수립하고 있다"면서 미치야를 강하게 비판하는 한편 민간의 신고가 완료되기를 기다리기 전에 산림의 소유 상황과 임상을 먼저 파악해둘 필요가 있다고 역설했다. 이 말에 공감한 이토 히로부미는 미치야를 대신할 사람을 찾도록 하는 한편, 그 새로운 후임자에게 그 일을 맡기기로 했다.[35]

당시 기우치는 홋카이도청 임정과장으로 일하던 사이토 오토사쿠가 적임자라고 판단해 그를 통감부로 초빙하고자 했다. 사이토는 당초 그 초빙을 거절하다가 주위 사람들이 여러 차례 권유하고 나서자 1909년 12월에 통감부의 초빙에 응하기로 결정했다. 그가 한반도로 건너온 것은 1910년 1월이었다. 통감부로 온 사이토는 임적조사에 돌입하기로 하고, 그 기초자료로서 조선주차군에 보유하고 있던 육군비부도陸軍備付圖와 해군의 해안측량도를 확보했다. 이 지도를 바탕으로 조사 계획을 수립한 사이토는 조사반원 28명을 선발하여 작업반을 나누고, 그들을 인솔해 전국을 누비면서 임상과 임야 소유 현황을 대략적으로 파악하기 시작했다. 임적조사는 이렇게 급하게 결정되어 단기간에 수행된 사업이었던 것이다.

임적조사는 단 5개월 만에 완료될 정도로 급하게 수행되었기 때문에 그 기간 동안 임야에 대한 자세한 측량이 이루어질 수 없었으며, 임야에 식생하는 나무의 종류가 무엇인지 자세하게 조사할 여유도 없었다. 당시 사이토는 임야 내에 존재하는 나무가 활엽수인지 침엽수인지에 대해서만 조사하고, 소유 현황도 간단하게 조사하는 데 그쳤다.[36] 그런데 이 조사 결과를 바탕으로 사이토는 〈조선임야분포도〉를 제작하고, 그와 함께 소유 관계별 임상구분표를 작성했다. 이에 따르면 일제는 한반도 안에 사유 임야가 7,380,943정보 있는 것으로 판단했으며, 관리기관이 있는 국유 임야(봉산 등) 1,035,373정보, 관리기관이 없는 국유 임야(무주공산)는 7,268,001정보에 이르는 것으로 판단한 것으로 나타난다.

조사를 통해 일제는 전체 임야의 47.6퍼센트는 개인에게 점유된 임야라고 인식하게 되었다. 이러한 조사 결과에 비추어 〈삼림법〉에 따른 지적 신고가 실제의 임야 점유 현황을 제대로 반영하지 못한다는 결론에 이르렀다.[37] 이에 일제는 1917년에 다시 지적 신고를 이행하도록 했는데, 이를 조선임야조사사업이라고 부르는 것이다.

조선임야조사사업은 부윤, 면장이 도장관의 지휘하에 조사 예정지를 고시하고, 해당 지역의 임야를 사점한 연고자가 자진하여 신고하도록 하는 이른바 '신고주의' 원칙에 의거하여 진행되었다. 산림에 대한 권리를 가졌다고 생각하는 자가 소유권자로 인정받기 위해 신고서를 제출하면 면面에서 채용한 측량원이 출장하여 측량을 실시하는데, 이때 신고자와 지주총대地主總代가 입회하도록 되어 있었다. 측량 결과는 도장관이 주관하는 사정 작업을 통해 확정되고 그 결과물을 다시 면사무소 등에 비치하여 신고자가 확인하도록 한 후 이의가 있을 때에는 임야심사위원회에 이의를 제기할 수 있었다. 측량 시 입회하도록 되어 있던 지주 총대는 신고자가 제출한 신고서의 기재사항이 불만스럽다고 생각될 경우에도 이의를 표시할 수 있었다.[38]

일제는 임야조사사업을 통하여 1908년 삼림법 제 19조에 의한 신고를 이행하지 않았던 땅의 지적 신고를 받았는데, 이 당시에도 앞에서 소개한 〈임야의 국유·사유 구분 표준〉을 이전과 같이 적용했다. 당연히 그 ⑧번 항목인 "영년 수목을 금양한 곳"이라는 기준이 국유와 사유를 가르는 중요한 기준으로 작용했던 것이다.

[표 2]는 〈삼림법〉에 의한 지적 신고와 조선임야조사사업을 거쳐 사유림, 국유림으로 결정된 임야의 면적을 표시한 것이다. 이에서 알 수 있듯이 지적 신고를 모두 거친 후에 조선총독부가 집계한 통계에 따르면 국유림이 약 9,161천 정보였고, 사유림은 6,606천 정보였다. 그런데 여기서 우리가 잊지 말아야 하는 것은 국유림에 포함된 임야의 상당수가 조선시대에 지정된 봉산이기도 하지만, 〈임야의 국유·사유 구분 표준〉의 ⑧번 항목을 충족하지 못해 국유로 편입된 임야도 많다는 사실이다.

일부 연구자들은 이를 두고 일제가 임야의 소유자들로부터 임야를 빼앗았다고 주장하기도 한다. 하지만 필자는 그러한 주장이 그다지 설득력이 없다고 생각한다. [표 2]에 나타난 바와 같이 이 사업 이후에 해가 갈수록 사유림이 늘어나고, 국유림을 개인에게 양여하는 건수가 많아지

[표 2] 1925년의 임야 국유·사유 현황 (단위: 천 정보)

국유림	사유림	합계
9,161	6,606	15,767

기 때문이다. 다시 말해 〈임야의 국유·사유 구분 표준〉을 충족하지 못해 국유지가 된 곳의 상당수는 이후 조금씩 원래의 연고자에게 양도되었으며, 이런 점으로 보았을 때 식민 당국이 궁극적으로 임야를 강탈하는 데 목적을 두었다고 말하기 어렵다.

필자는 임업 정책 당국을 대표하는 사이토 오토사쿠가 임야를 국유와 사유로 구분하는 데 머무르지 않았다고 생각한다. 일제는 다시 국유림을 '요존국유림'과 '연고림(불요존국유림)'으로 구분하고 '연고림'의 권리 소유자에 대해 식목의 의무를 부과하는 방식으로 산림 자원을 재생하는 정책을 구사했다.

조선총독부의 임야 소유권 확정 기준을 통해 일제가 개인들에게 산림 녹화를 위해 노력한 실적을 요구했음을 알 수 있다. 산림 자원의 생산력을 복원해 임업의 생산성을 확보하기 위해서는 당연히 나무를 식재하고 관리해야 한다. 일제는 그 구체적인 실행방안으로 '영년 금양의 실적'이라는 표준을 '소유권' 부여의 기준으로 내세우고 그에 미달하는 자에게 식목을 의무화하는 정책을 세운 것이다.

2-2. 연고림 지정과 의무 조림 정책

앞에서 언급한 것과 같이 일제는 당국은 1908년부터 1911년 사이에 자체적으로 임야의 국유, 민유 상황을 간단히 파악하는 '임적조사'라는 것을 실시했다.

조선총독부는 임적조사 결과 확인된 사점지의 점유자 상당수가 지적 신고를 이행하지 않았다는 것을 파악하게 되었고, 그 대책을 수립하게 되었다. 그것이 바로 '구분조사'이다. 구분조사는 삼림법 시행 결과 국유지로 편입된 땅을 계속 국유지로 보존할 것인지, 아니면 원래의 연고자(사점자)를 찾아내 어떤 방식으로든지 '돌려줄 것'인지 '구분'하기 위해 시행한 사업이다. 국유지로 그대로 두기로 결정된 임야를 요존국유림이라고 부르고, 연고자에게 돌려줄 임야를 불요존국유림이라고 불렀다.

요존국유림으로 분류되는 경우는 ① 군사적 이유에서 국유로 존치할 필요가 인정되는 곳, ② 학술상 특히 존치할 필요가 있다고 인정되는 곳, ③ 보안림 또는 그에 준하여 취급할 필요가 있는 임야, ④ 봉산 등으로 지정하여 조선왕조가 특별히 관리한 곳, ⑤ 약 2,000정보 이상의 대규모 필지로서 임업 경영상 유리한 곳 등이다.[39] 이 요존국유림에 포함되지 않는 임야가 '불요존국유림'이며, 이런 종류의 임야는 "장차 민간에 이양할 임야"에 해당한다. "민간인에게 돌려준다고 함"은 원래 그 임야를 점유하고 있던 '연고자'로 하여금 식목 의무를 조건으로 하는 '조림대부'라는 형식으로 그 임야를 넘겨주는 것을 의미한다.[40]

앞에서 설명한 바와 같이 〈삼림법〉에 의한 지적 신고, 조선임야조사사업 당시에 〈임야의 국유·사유 구분 표준〉의 ⑧번 항목인 '영년 수목을 금양한 곳'이라는 표준에 미달해 소유권을 획득하지 못한 신고자가 발생했는데 그들을 '연고자'라 부르고, 이들이 '소유권을 주장하며 신고서를 제출한 대상 임야'가 '연고림'이다. 이 연고림에 대해 조선총독부 임업 당국은 연고자에게 최우선적으로 조림대부를 해준다는 방침을 밝혔는데, 사실상 연고자에게 반강제적으로 "조림대부를 받게 하겠다"는 의미였다.

조림대부를 받은 자는 그 계약조건, 즉 '일정한 양의 나무를 식재하겠다'는 계약을 충족할 경우 해당 임야의 소유권을 추인받을 수 있었다. 여기에서 잠깐 '연고자'의 '자격'에 대해 좀 더 소개하면 다음과 같다.

① 능원묘 기타의 유적이 존재하는 삼림산야에 연고가 있는 자.
② 역사에 증명되는 바 사찰에 연고가 있는 삼림산야에 있어 그 사찰.
③ 삼림에 관한 구법(삼림법−필자)에 의한 지적 신고를 행하지 않아 이로써 국유에 귀속된 산야에 있어서는 그 종전의 소유자.
④ 개간, 방축, 조림 혹은 공작물의 건설을 위하여 대부를 행한 삼림산야에 있어서는 그 차수인.
⑤ 구 삼림법 시행 전 적법으로 점유한 삼림산야에 있어서는 그 점유자.
⑥ 부분림에 있어서는 그 분수의 권리를 가진 자.
⑦ 입회入會 관행이 있는 삼림산야에 있어서 그 입회 당사자.[41]

이 자격이 '연고자'라는 지위를 얻을 수 있는 기준이 된다. 그런데 '연고자'로 분류된 사람 가운데 가장 높은 비중을 차지하는 것이 ②번과 ⑤번이다. 즉 지적 신고를 하지 않아서 자기 땅에 대한 소유권을 인정받지 못한 자, 그리고 적법하게 임야를 점유한 사람이지만 '무슨 이유'에서인지 소유권자로 인정받지 못한 자가 이에 해당한다. 여기서 '무슨 이유'라고 표현한 것은 다름 아닌 '영년 수목을 금양한 곳'이라는 표준을 충족하지 못한 사례들을 의미한다.

한편 신고하는 자가 없는 임야, 즉 원래부터 연고자가 없는 임야 중에서도 산림 상태가 좋지 않다거나 사람이 쉽게 접근하기 어려워 경제적 가치가 낮은 곳도 조림대부 대상지가 되었다. 일제는 이런 임야는 제1종 불요존림이라고 분류하고, 연고자가 있는 국유림으로서 조림대부 대상이 되는 곳을 제2종 불요존림이라고 불렀다. 제1종 불요존림은 누구라도 조림대부를 받을 수 있는 곳이며, 제2종 불요존림은 연고자가 조림대부를 받을 수 있는 곳이다.

요컨대 조림대부제도는 조림을 유인책으로 내세워 민간인으로 하여금 식림 비용을 직접 부담하도록 하고, 조림이 성공할 시에 해당 임야의 소유권을 넘겨주는 제도다. 이 제도에 따라 실제로 조림대부가 실시되고, 연고자에게 임야가 양여되기도 했다. 그 결과 사유림의 규모가 해가 갈수록 늘어나게 된다. 참고로 요존국유림과 불요존국유림, 사유림의 면적의 변화 추이를 소개하면 [표 3]과 같다.

일제 임업 당국이 조림대부라는 제도를 통해 연고자에게 식목을 의무

[표 3] 1920~1932년 임야 국유·사유 소유별 현황 (단위 : 천 정보)[42]

연도	국유림		사유림	합계
	요존국유림	불요존국유림		
1920	5,427	3,942	6,398	15,767
1921	5,395	3,973	6,399	15,767
1922	5,385	3,976	6,406	15,767
1923	5,317	3,923	6,527	15,767
1925	5,317	3,844	6,606	15,767
1927	5,275	3,895	7,300	16,470
1928	4,847	3,537	7,891	16,275
1929	5,076	3,235	8,132	16,443
1930	4,791	3,066	8,742	16,599
1931	4,764	2,250	9,474	16,488
1932	4,699	1,931	9,827	16,457

화할 때에는 그 식재 수종을 가급적 아카시, 포플러, 오리나무 등의 속성수로 하도록 하고, 비용도 대부자가 부담하게 했다.[43] 조림대부를 받은 사람은 그 임야에 산림 자원 채취를 목적으로 입산할 수 없었고, 식목의 의무만 지고 있었다. 만일 해당 임야에 입산해 나무를 채취하게 되면 계약 위반에 해당해 대부권을 제3자에게 빼앗길 수도 있었다.

일제는 이 제도가 국비 혹은 지방비를 투입하지 아니하고도 연고자 개인의 돈으로 산림 자원을 회복할 수 있는 절묘한 방안이라고 생각했다. 실제로 1918년에 개최된 일본부현임무주임회의日本府縣林務主任會議에서 조선총독부의 임업 정책 관계자는 다음과 같이 말했다.

조림 장려의 한방법으로 자산 신용이 확실한 자에게는 1종 불요존국유림에 대해 저렴한 요금을 징수하고 그에 상응하는 면적을 대부하며, 대부를 받은 자가 3년 후에 조림을 완료하게 되면 소유권을 획득할 수 있게 했다. …… 이를 통해 조림지의 무육에 큰 비용을 들이지 않게 되었다.[44]

조림대부제도는 이처럼 연고자로 하여금 일정 기간 식목을 하도록 압박하는 제도였다. 그런데 제1종 불요존림, 즉 원래부터 연고자가 없는 임야의 경우에는 의외로 산림 상태가 나쁘지 않은 경우가 있었다. 주로 주민의 거주 지역으로부터 상당히 거리가 떨어져 있어 접근이 어려운 임야 중에는 치수 발생지, 성림지가 꽤 있었던 것이다. 생업에 종사하는 사람들로서는 격절된 임야에 접근해 임산물을 채취·운반하는 것이 경제적으로나 시간적 여유라는 측면에서 이득이 되지 않는 경우가 많다. 이렇게 주민의 접근이 어려운 곳에는 점유자가 존재하지 않는 임야도 적지 않았다. 바로 이러한 성격의 임야 가운데 연고자가 없는 불요존국유림, 즉 제1종 불요존림이 많은 것이다.

일제강점기에 대체로 일본인으로서 제1종 불요존림에 대한 조림대부를 신청한 사람이 그리 많지 않았지만, 1인당 대부 면적이라는 측면에서 볼 때는 조선인의 그것을 월등히 뛰어넘었다는 사실이 확인된다. 실제로 1939년까지 조림대부를 통하여 민간인에게 양여된 국유림의 총면적은 91만 363정보에 이르러 전체 민유림의 9퍼센트를 차지했다.

이 조림대부가 이루어진 산림을 신청건수 측면에서 볼 때 조선인이 신청한 경우가 97퍼센트였고 일본인이 신청한 경우가 3퍼센트로서 조선인이 압도적인 비율을 차지했다. 아마도 이 신청자의 대부분은 연고자로 분류된 사람들이었을 것이다. 그런데 조림대부가 이루어진 임야의 면적을 보게 되면, 조선인 신청자 전체가 대부 신청 가능 지역의 52.8퍼센트에 대해 대부를 신청한 것으로 나타나고, 일본인이 47.2퍼센트의 비율을 보였다. 참고로 1910년 이후 1934년까지 조림대부 추이를 적시하자면 [표 4]와 같다.

이러한 사실에 비추어 보아 일본인들이 제1종 불요존림을 대부받은 것은 장기적 임업 투자의 일환이었음을 알 수 있다. 그런데 일본인들이 조림대부를 받은 임야 중에는 조선시대의 봉산이었던 곳이 포함되기도 했다. 봉산의 경우는 국유림으로 간주되었다는 점은 앞서 설명한 바와 같은데, 그중 일부가 제1종 불요존림으로 지정된 다음 일본인에게 넘어갔던 것이다.[46] 이는 조림대부제도가 일본인에게 특정한 임야의 소유권을 넘겨주는 제도로 이용되기도 했음을 의미한다.

한편 1908년 1월 24일에 공포된 〈삼림법〉 제2조에는 국토 보안 및 국

[표 4] 1910~1934년 조림대부의 추이[45]

연도	건수			면적(정보)		
	일본인	한국인	총 계	일본인	한국인	총 계
1910	4	9	13	534	316	850
1911	14	36	50	483	526	1,009
1912	76	3,008	3,084	5,425	7,108	12,533
1913	232	7,838	8,070	42,847	27,087	69,934
1914	246	7,179	7,425	48,836	48,484	97,320
1915	190	8,822	9,012	10,762	37,297	48,059
1916	173	6,410	6,583	15,852	44,940	60,792
1917	109	2,664	2,773	23,929	50,602	74,531
1918	172	910	1,082	61,493	36,154	97,647
1919	189	691	880	52,560	34,518	87,078
1920	109	924	1,033	37,533	29,413	66,946
1921	127	996	1,123	29,855	34,082	63,937
1922	169	1,275	1,444	49,345	38,698	88,043
1923	117	1,191	1,308	31,486	13,651	45,137
1924	101	1,536	1,637	30,023	35,571	65,594
1925	71	1,200	1,271	20,965	10,340	31,305
1926	80	821	901	21,431	19,597	41,028
1927	45	296	341	17,479	34,489	51,968
1928	86	606	692	25,911	28,302	54,213
1929	29	211	240	11,550	9,684	21,234
1930	27	2,736	2,763	7,647	21,445	29,092
1931	18	5,502	5,520	33,540	32,802	66,342
1932	27	8,518	8,545	42,878	43,966	86,844
1933	16	8,691	8,707	30,437	52,137	82,574
1934	3	6,847	6,850	14,911	28,773	43,684
합계	2,448	79,924	82,372	642,118	720,001	1,362,119
비율 (퍼센트)	3.0	97.0	100.0	47.1	52.9	100.0
평균면적	2,430	3,157	5,587	26,708	28,799	55,507

유 임야의 경영상 필요한 곳을 제외한 국유 삼림산야를 민간인에게 대부할 수 있다는 규정이 있었고, 그 구체적인 시행규정이 같은 해 4월 25일 농상공부령 제65호로 공포된 〈농상공부소관삼림법시행세칙農商工部所管森林法施行細則〉 제51조 이하에 수록되어 있었다. 1911년 〈삼림령〉 공포에 따라 본격적으로 조림대부제도가 시행되기 전에 이미 대부제도가 실시되고 있었던 것이다. '삼림법'에 의한 대부제도는 '연기대부年期貸付'라고 일컫는데 이 제도를 이용하여 실제로 대부를 신청한 예는 그리 많지 않았던 것으로 보인다.

3. '금벌주의' 정책

앞서 살핀 바와 같이 일제는 한반도 산림 상태 악화의 근본적인 요인으로 '식림과 산림 소유 관념의 결핍'을 들었다. 일제 당국은 조선인들에게 산을 소유 대상으로 삼는다는 의식이 부족한 결과로 남벌이 일어났다고 보았고, 그와 같은 남벌을 근본적으로 억제하기 위해 임야 지적 신고를 통해 소유권제도를 확립해야 한다고 했다. 또 그 과정에서 일정한 기준을 내세워 소유자와 연고자를 가르고, 연고자로 하여금 사실상 강제 식목제도를 도입했다.

이러한 정책 방향을 두고 Ⅱ장에서 소개한 하기노 토시오는 "조선왕조하의 벌채는 근대적 임야 소유가 성립되지 않아 자유로이 벌채를 하는 상태"라고 지적하는 한편으로 일제는 "시업안주의施業案主義를 가지고 들어와서 …… 급속히 조림 또는 벌채가 필요한 개소에 대해서는 보속을 주지로 하여" 식목 정책을 시도했다고 했던 것이다. 그는 일제가 임야 소유권제도를 도입한 후에 '시업안주의'를 표방했다고 했는데, 그렇다면 그 '시업안주의'가 무엇인지 간단히 살펴보지 않을 수 없다.

현행 〈산림 자원의 조성 및 관리에 관한 법률〉 제13조에 따르면 지방자치단체의 장은 공유림 산림 경영 계획을 10년 단위로 수립하고 그 계획에 따라 산림을 경영해야 한다. 사유림 소유자도 10년간의 경영 계획이 포함된 산림경영계획서를 작성해 인가를 받을 수 있는데, 그 양식은 [그림 7]과 같다. 이 예시에서 알 수 있듯이 산림경영계획서에는 경영 목표, 조림 및 숲가꾸기 계획, 임목생산계획 등이 적시되어 있다. 이외에도 계획서에는 임황조사 결과, 경사도, 임반과 지번 등의 기본적 사항이 적혀 있다.

일제강점기 때에도 이와 유사한 '시업안'이 작성되기는 했다. 시업안은 대개 영림창이 관할하던 국유림 경영을 위해 1913년부터 작성한 것으로 강점 직후부터 한동안 특별한 작성 규정이 없었다. 그러다가 1919년 2월에 공포된 〈시업안편성규정〉에 따라 당국은 요존국유림 중 "급속히 조림 또는 벌채를 해야 할 필요가 있는 개소"에 사업구를 편성하고, 사업구마다 적용할 시업안을 따로 만들게 했다.[47] 일제는 애당초 영림창[48]이 관할하는 임야에 국한해 시업안을 만들게 했으나, 1926년에 국유림의 관행작벌官行斫伐 계획과 조림, 일부 민유림에 대한 조림보조 등에 대한 내용이 담긴 '임정계획서' 발표 이후에 사찰 소유 임야(사찰유림)와 일부 사유림에 대해서도 시업안을 작성하도록 했다.[49]

당시에 만들어진 시업안도 현행 산림경영계획서에 기재된 내용과 유사했다. 즉 지번과 임반, 해당 임반에 식생하는 나무들의 수령, 벌목 계획 등이 일제강점기에 작성된 시업안에 기재되어 있었던 것이다. [그림 8]은 1938년에 작성된 황해도 해주군 서석면 소재 신광사 인근 임야의 시업안 일부이다.

이에서 알 수 있듯이 일제강점기에도 해당 시업반의 임반마다 수령을 계산하고 식목 및 윤벌 계획 등을 시업안이라는 이름으로 작성하고, 이를 준수해야 했다. 그런데 이 시업안의 우측에는 해당 사업구에서 벌목을 언제부터 할 것인지 적시하는 부분이 있다. 여기가 공란으로 되어 있는 반면에 좌측에 기재된 식목 수량과 예상 수령 계산은 상세히 적혀 있는 것을 알 수 있다. 요컨대 시업안은 식목 수량을 우선 기재하고, 벌목 적령기에 달한 나무의 수량을 확인해 기재하는 문서인 것이다.

시업안에 벌목 적령기 나무의 수량을 기재하도록 한 것은 일제가 특정 수령 이하의 나무를 절대로 베지 못하도록 조치했기 때문이다. 1910년대에 공포된 〈시업임야 시업 및 수목벌채 취체규칙〉 등의 도령道令에 따르면 시업 대상 임야에서는 정해진 나무 외에는 벌목을 할 수 없었다. 이에 대해 조금 더 살펴보도록 하자.

당시 조선총독부는 "황폐한 임야 또는 경영이 졸렬하고 경제성이 불량한 임야에 대해서는 민습民習을 고려하여 …… 그 권한을 지방장관에게 부여해 적절하고 민활한 처치를 시행"하도록 했다.[51] 이 조치에 따라 각 도 장관은 관할 도에 〈사유림 벌채 취체규칙〉이나 〈시업임야 시업 및 수목벌채 취체규칙〉 등의 이름이 붙은 시업 제한 규정을 공포했는데, 이 규칙들에는 공통적으로 "수령 20년 미만의 침엽수와 수고 10척 미만의 활엽수는 벌채할 수 없다"는 내용이 있었다.[52] 요컨대 침엽수는 20년 이상 자라야 벌목 대상이 되고, 활엽수는 그 키가 10척이 넘어야만 벨 수 있다는 것이다. 이 규정은 임야 소유자와 점유자(연고자)에게 모두 적용되는 것이었다.

이러한 규정이 있었기 때문에 [그림 8]과 같이 수령 20년에 달한 나무가 없는 시업구의 시업안에는 '벌목 수량'이 공란으로 처리되어 있는 것이다. 물론 〈시업임야 시업 및 수목벌채 취체규칙〉 등에 규정된 수령과 수고樹高를 만족할 때에는 일정한 인가를 받아 벌목이 가능하기도 했다. 사

□ 경영계획 및 실행실적(예시)

⑭경영목표	생태적 안정을 기반으로 양질의 목제를 지속적·효율적으로 생산·공급하기 위한 목제 생산림으로 경영·관리
⑮중점사업	수확기 도달 입목 수종갱신 및 조림지내 산더덕 재배

<table>
<tr><td rowspan="2">⑯
조
림</td><td rowspan="2">지
번</td><td rowspan="2">임
반</td><td rowspan="2">소
반</td><td colspan="6">계 획</td><td colspan="6">실 행</td></tr>
<tr><td>연도별</td><td>수종별</td><td>면적(ha)</td><td>본수(본)</td><td>조림
사유</td><td></td><td>연도별</td><td>수종별</td><td>면적(ha)</td><td>본수(본)</td><td>조림
사유</td></tr>
<tr><td></td><td>산2</td><td>1-0</td><td>1-0</td><td>2009</td><td>낙엽송</td><td>5.0</td><td>15,000</td><td>벌채적지</td><td></td><td></td><td></td><td></td><td></td></tr>
<tr><td></td><td></td><td></td><td></td><td></td><td>소나무</td><td>6.0</td><td>18,000</td><td>〃</td><td></td><td></td><td></td><td></td><td></td></tr>
</table>

<table>
<tr><td rowspan="2">⑰
숲
가
꾸
기</td><td rowspan="2">지
번</td><td rowspan="2">임
반</td><td rowspan="2">소
반</td><td colspan="4">계 획</td><td colspan="4">실 행</td></tr>
<tr><td>연도별</td><td>종별</td><td>면적(ha)</td><td>비고</td><td>연도별</td><td>종별</td><td>면적(ha)</td><td>비고</td></tr>
<tr><td></td><td>산2</td><td>1-0</td><td>1-0</td><td>2010</td><td>풀베기</td><td>11.0</td><td></td><td></td><td></td><td></td><td></td></tr>
<tr><td></td><td></td><td></td><td></td><td>2011</td><td>〃</td><td>11.0</td><td></td><td></td><td></td><td></td><td></td></tr>
<tr><td></td><td></td><td></td><td></td><td>2012</td><td>〃</td><td>11.0</td><td></td><td></td><td></td><td></td><td></td></tr>
<tr><td></td><td>산4</td><td>1-0
1-0</td><td>2-0
3-0</td><td>2012</td><td>무육간벌</td><td>15.0</td><td>낙엽송</td><td></td><td></td><td></td><td></td></tr>
</table>

<table>
<tr><td rowspan="2">⑱
임
목
생
산</td><td rowspan="2">지
번</td><td rowspan="2">임
반</td><td rowspan="2">소
반</td><td colspan="6">계 획</td><td colspan="6">실 행</td></tr>
<tr><td>연도별</td><td>사업
종별</td><td>작업
종별</td><td>수종</td><td>면적
(ha)</td><td>재적(㎥)
(본수)</td><td>연도별</td><td>사업
종별</td><td>작업
종별</td><td>수종</td><td>면적
(ha)</td><td>재적(㎥)
(본수)</td></tr>
<tr><td></td><td>산2</td><td>1-0</td><td>1-0</td><td>2008</td><td>수확</td><td>개벌</td><td>소나무
활엽수</td><td>11.0</td><td>1,500</td><td></td><td></td><td></td><td></td><td></td></tr>
</table>

[그림 7] 현행 산림경영계획서 예시(일부)

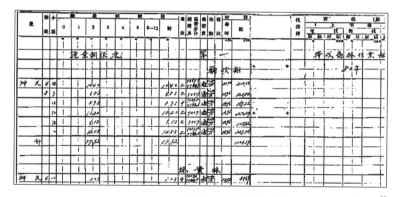

[그림 8] 1938년 황해도 '신광사사업구시업안' 일부[50]

실 시업안 작성은 벌목할 수 있는 나무의 수량을 확인하고, 그 벌채 적지에 대한 사후 조림 계획을 상세화하는 취지였다. 시업안 작성 대상 구역에서 나무를 베어 내다파는 일은 흔했던 것이다.[53] 실제로 시업안을 작성해야 했던 사찰의 대다수는 재정 적자에 대처하고자 나무를 적극적으로 베어 목재로 팔거나 숯을 구워 판매했다. 일례로 전라남도 순천 선암사의 사례를 간단히 살펴보면 다음과 같다.

선암사는 순천군 쌍암면 죽학리, 송광면 장안리, 월등면 월룡리 일대에 1,378정보가량의 사찰유림을 소유하고 있었다. 해당 사찰유림에 대한 관리는 본산평의원회를 통해 선출된 선암사 소속 승려 3~5인이 산림관리위원회를 구성하여 전담했는데, 사찰 산림관리위원은 산림계에 속한 산지기를 지휘해 사찰유림을 관리하는 역할을 맡았다. 사찰 산림관리위원회는 경우에 따라 인근 주민들을 모아 산림 보호계라는 조직을 만들어 산지기 업무를 맡기는 동시에 일정 기간 동안 땔나무를 할 수 있도록 허락하는 일도 했다.[54] 땔나무를 한 다음에는 반드시 당국에 제출한 시업안에 따라 소반을 지정하여 식목을 해야 했는데, 이 일도 산림관리위원회의 몫이었다.[55] 시업안은 이와 같이 사찰의 산림관리위원회가 일정한 계획하에 벌목을 하고, 그 사후 조치로서 식목할 나무의 수량 등을 기재한 문서이다.[56]

요존국유림이나 사찰유림의 경우에는 이처럼 비교적 철저하게 시업안이라는 것을 작성했지만 대다수의 사유림에는 시업안이라는 것이 따로 없었다. 사유림의 경우에는 각 도의 임업 당국이 시업에 관한 감독 일체를 맡도록 되어 있었다. 그런데 도청의 사유림 '시업감독'이라는 것은 앞에서 소개한 〈시업임야 시업 및 수목벌채 취체규칙〉, 〈사유림 벌채 취체규칙〉 등의 도령道令을 준수하는지 확인하고, 이를 어기는 사람을 단속·제재하는 역할에 한정되어 있었다.

다시 말해 수령 20년 미만의 침엽수와 수고 10척 미만의 활엽수를 벌목하지 못하도록 하고, 생지生支도 수고 6척 미만의 것은 베지 못하도록 통제하는 것이 사유림 '시업감독' 작업의 핵심이었던 것이다.[57] 조선총독부 임업 당국자들은 이를 '금벌주의禁伐主義'라고 칭했다.[58]

일제는 금벌주의를 관철하기 위해 조선임야조사사업의 종료를 앞두고 각 군에 삼림조합이라는 조직을 만들었다. 삼림조합은 군이 만든 관제조합으로서 군청 관리가 서류상으로 관리하는 단체에 불과했다. 원래 1910년대에는 민간이 자발적으로 만든 식림조합이나 산림보호조합 등의 조직이 많았는데, 일제는 이러한 조직과 별도로 군마다 새로운 조합을 만들어두었던 것이다.[59] 군의 삼림조합은 법인격을 가지지 못한 임의 단체였고, 자유의사에 따라 가입과 탈퇴가 이루어지는 것이 원칙이다. 그러나 일제는 이에 아랑곳하지 않고 군내 임야 소유자와 연고자(조림대부를 받은 자)를 강제 가입시켜 삼림조합을 구성했다.[60] 이 조합은 〈사유림 벌채 취체규칙〉 등의 벌목 제한 규정을 조합원들이 제대로 지키고 있는지 확인·감독하고, 난방용 땔나무 채취 시기와 채취량을 결정해 시행하는 역할을 했다.[61] 다시 말해 삼림조합은 조선총독부의 '금벌주의'를 실행하는 일선 기관이었던 셈이다.

한편 삼림조합은 산불 방지 활동, 송충이 구제, 벌채 제한 등 여러 가지 사업을 한다면서 조합원들에게 부역도 부과하고, 조합비도 징수했다. 또 도 임업시험장이나 민간 묘포에서 묘목을 구해 조합원에게 판매하는 일도 하고, 식목일을 지정해 나무를 심는 업무도 보았다. 땔나무를 채취할 시기가 되면 '임목벌채지도'라는 활동을 펼쳤는데, 이는 땔감 채취구역과 수량을 제한하는 업무에 지나지 않았다.

일제강점기에는 임목벌채지도 기간 외에는 일체의 땔나무 채취가 금지되어 있었다. 또 묘목 대금이나 삼림조합비, 그리고 '임목벌채지도' 기간에 조합에 납부해야 하는 입산료를 내지 아니한 자는 임목벌채 기간이라고 하더라도 땔나무를 채취할 권리가 인정되지 않았다. 형편이 어려워 돈을 내지 못하는 사람들은 불가피하게 삼림조합 직원이나 경찰의 눈을 피해 몰래 땔나무를 마련하곤 했는데, 그러다가 체포될 경우에는 '삼림범죄'를 저지른 대가로 벌금을 내거나 체형을 받아야 했다.

삼림조합과 '금벌주의' 정책은 조선인들 사이에 매우 악명이 높았다. 삼림조합이 지정한 임목벌채 기간에 조합 직원의 횡포가 지나쳐 과도한 입산료를 요구한다거나 '지게세', '간벌검사료' 등 일종의 '무명잡세'를 부과하는 경우가 많았다. 이에 조선인들이 항의하는 일이 빈번해졌고, 급기야 유혈사태가 벌어지기도 했다. 실제로 1930년 7월, 단천군 하다면 연대리에서 삼림조합 직원들이 조합비 미납자의 집에서 땔나무가 발견되었다는 이유로 폭력을 휘두르다가 대규모 유혈사태가 일어난 적이 있었다.[62] 조합 직원들이 폭행이 너무 심했던 탓인지 주민들이 항의차 면사무소와 경찰을 방문했는데, 그 수가 너무 많은 데 놀란 경찰이 몰려든 사람들을 향해 발포해 다수가 죽음에 이르렀던 것이다.[63]

오늘날 이 사건은 우리에게 잘 알려지지 않았지만, 당시에는 일제 당국도 전국적인 저항이 벌어지지 않을까 노심초사할 정도로 여파가 컸다. 이 사건의 원인에 대해 《조선일보》는 이렇게 보도한 바 있다.

단천삼림조합에서 신탄용 재목 벌채의 단속이 너무 가혹하다고 불평을 품어오던 하다면 연대리 주민들은 삼림조합 출장원 주사 모某와 일본인 모某의 폭언에 분격함을 금치 못하야 면사무소에 힐문하고자 갔을 때에 출장원이 순사의 자전차를 내던지는 등 폭행이 무쌍함으로 여기에 반항하야 면사무소를 파괴하고 출장원 및 면직원, 순사 등을 난타하여 참상을 내었으며 군중은 만세를 고창하는 한편으로 주재소에서는 본서로부터 20여 명의 지원을 얻어 진압에 노력하던 바, 오늘 아침 4시부터 검속이 시작되어 40명이 압송되었으므로 남녀 수백 명은 경찰서에 몰려와 무조건 석방을 요구하면서 해산되지 아니하므로 사태가 위급하게 되었다.[64]

사실 삼림조합 담당자라는 것은 군청에 속한 관리가 겸임하거나 삼림조합비를 이용해 채용한 군청 소속 직원이었다. 다시 말해 군청 직원이 삼림조합 업무를 겸임하도록 되어 있었다. 그 직원들이 관할 군의 마을들을 돌아다니면서 조합비를 내지 않은 사람을 색출하고, 폭행을 가했다는 것이다. 단천군에서도 그런 일이 벌어졌는데, 1930년 7월에 이곳 주민들은 그들의 부당행위를 더 이상 참을 수 없다면서 면사무소와 경찰 주재소를 방문해 항의의 뜻을 전달했던 것이다. 보도에 따르면 그때 경찰은 주민 수십 명을 체포했다고 하며, 이에 분노한 사람들이 경찰 주재소를 찾아가 석방을 요구했다고 한다. 그런데 사태는 여기에서 끝나지 않았다. 경찰이 주민들의 요구를 들어주지 않자 군청으로 몰려가 "삼림조합은 우리에게 이익보다 해를 끼치는 것이니 해산해줄 것"을 요구했고, 군수가 몰려든 군중과의 면담을 거부하자 급기야 격앙한 사람들이 군청 안으로 난입하는 바람에 아수라장이 벌어졌다고 한다. 주민들을 더욱 분노하게 한 것은 이때 일제 경찰이 시위를 진압한다면서 사람들을 향해 실탄을 발사해 13명의 무고한 목숨을 빼앗고 26명의 중상자를 냈다는 사실이다.[65] 일제 경찰은 이 사건을 수습한다고 하면서 무장경관을 다수 동원해 단천군 사회단체원을 비롯해 농민 70여 명을 검거하고 언론사의 보도를 통제하기도 했다.[66]

단천군에서는 이 사건이 일어나기 전에 이미 삼림조합의 금벌 조치가 지나치다는 여론이 높았다. 단천군 기자단은 그해 3월에 이미 삼림조합을 해체해야 한다는 논의를 제기한 바 있다.[67] 이와 같이 삼림조합에 대해 반대하는 분위기가 높았던 것은 그 지역 주민들 상당수가 숯을 구워 내다팔아 생계를 유지했기 때문이다.[68] 숯 생산을 업으로 하는 사람들 입장으로서는 무조건적으로 임산물 채취를 금지하는 조치가 매우 불합리하다고 생각할 만했다.

사실 단천군과 같이 숯을 생산하는 사람이 많이 살던 곳에서는 예외 없이 사회단체를 중심으로 삼림조합 해체 결의가 이어졌다. 일례로 단천삼림조합 사건이 일어나기 한 해 전에 함경남도 홍원에서는 청년동맹이 삼림조합 반대 결의문을 발표한 적이 있고,[69] 전라북도 남원에서도 비슷한 일이 있었다.[70] 두 지역의 사례는 극히 일부에 불과하다. 전라북도 순창, 전라남도 장성, 경상북도 경산 등 삼림조합 반대 시위가 벌어진 곳은 손을 꼽기 어려울 정도로 많았다. 일제는 그와 같은 반대 분위기를 가라앉히기 위해 인명 살상행위까지 벌였으며, 그러한 폭행을 산림녹화 정책을 수행하기 위한 '어쩔 수 없는 조치'라며 정당화하기까지 했다. 일제의 산림 정책은 이와 같이 무시무시한 폭력을 동반했으며, 조선인들에게 큰 피해를 안겼다.

단천삼림조합 사건이 미친 파장은 매우 컸다. 이 사건이 전국에 보도되자 단천 인근의 원산과 청진에서는 '단천민요사건보고연설회'가 열려 경찰이 비상사태를 선포하기도 했으며,[71] 여러 지역에서 단천삼림조합 사건의 진상을 적은 격문이 나돌기도 했다.[72] 격문은 경성, 즉 오늘날의 서울에서도 나돌았다. 심지어 신간회 경동지회에 속한 홍영섭과 송경윤이라는 사람은 동대문 성벽과 인근의 공동화장실에 단천 사건 진상보고문과 "백의동포에게 줌"이라는 내용의 격문을 붙여놓기도 했다.[73]

이 사건은 당시에 전국적인 주목을 받아 연일 도평의회, 부협의회 석상에서 거론된 바 있다. 실제로 그해 충청북도 도평의회에 출석한 어느 조선인 평의회원은 단천 지역에서 일어난 사태에 대해 간단히 언급한 뒤 "삼림조합은 …… 치산에는 효과가 없고, 조합비만 거두어들이고 있다"면서 공개적으로 일제의 임업 정책을 비판했다.[74]

단천삼림조합 사건 외에도 당시에는 식민지 조선 전역에서 삼림조합을 폐지하라는 여론이 들끓었다.[75] 이처럼 강한 반발 속에서도 추진된 일제의 '금벌주의' 정책은 제대로 된 성과를 거두지 못했다는 점에서도 조선인들의 공분을 샀다. 전라남도 장성군의 어느 삼림조합원은 "삼림조합은 삼림을 위해 별반 사업을 벌이지도 않고 그저 삼림을 보호한다

[표 5] 1정보당 임목 축적 추이(단위:m³)[78]

	1927	1928	1929	1930	1931	1932	1933	1934	1935
국유림	21.4	22.2	21.5	21.7	22.8	22.5	23.9	21.6	20.0
사유림	10.8	10.0	9.6	9.0	9.1	9.2	9.0	9.4	9.6
평균	16.7	16.5	15.6	15.0	15.0	15.0	15.0	13.7	9.9

는 명분으로 산지기와 임업 기수의 월급을 지급할 뿐"이라면서 조합이 등장한 후 입산이 심하게 제한되었다는 점을 논박했다.[76] 또 조합이 세워진 아래 산림 상태가 제대로 개선된 흔적이 없다고도 했다. [표 5]는 단위 면적당 임목 축적의 변화 추이를 나타낸 것이다. 이에서 볼 수 있듯이 1920년대 후반부터 1930년대 중반까지 임야 1정보당 임목 축적은 증가하기는커녕 오히려 줄어들었다.

《조선총독부통계연보》 등의 자료에 따르면 일제는 1930년대 전반기까지 약 140만 정보를 대상으로 식목을 했다고 한다.[77] 그런데 이토록 대대적으로 나무를 심었다고 해도 [표 5]에 나타난 바와 같이 산림 상태는 개선되지 않았다. 물론 나무는 그 생장 기간이 길므로 당장 나무를 심었다고 해서 곧바로 산림이 녹화된다고 할 수 없을 것이다. 하지만 1930년대 중반에 어느 일본인 임업 전문가는 "병합 후에 조선총독부가 애림사상 보급, 황폐 임야 복구에 노력하였는데 …… 그중에 생존한 것은 3분의 1도 되지 않는다"라고 했다.[79] 식목을 한 후의 묘목 활착률, 생존률이 떨어졌다는 것이다.

이렇게 금벌주의 정책이 제대로 된 효과를 거두지 못한 데에는 여러 가지 이유가 있을 것이다. 일제 당국자는 조선인들이 삼림조합의 '지도'를 거부하고 도벌을 감행한 것이 주요 원인의 하나라고 말하기도 했다.[80] 그러나 그보다 그 근본적인 이유가 있었다. 식민 당국이 배부하는 묘목이 지역에 따라 알맞지 않은 경우도 많았고, 겨울철 난방이나 취사에 필요한 땔나무를 대체할 에너지원을 구하기 어려웠던 주민들이 활착되지 않은 것으로 확인된 나무를 가져다가 연료로 사용하기도 했다. 묘목을 일괄적으로 배부하고 구입을 강요하다보니 효과적인 조림이 되기 어려웠고, 주민들의 반발도 컸던 것이다. 이런 상태에서는 아무리 금벌주의를 고수해도 뚜렷한 성과를 거두기 어려웠다.[81]

한편 땔나무를 대체할 연료가 제대로 공급되지 않은 것도 심각한 문제였다. 땔나무의 대체재로 가장 널리 사용될 수 있었던 상품은 아무래도 석탄일 것이다. 서유럽이나 중국에서는 일찍부터 장작 대신 석탄을 이용하는 사람이 많았다.[82] 일제 당국도 식민지 조선에 연료재로 사용할 땔나무가 부족하다면 석탄으로 연탄을 만들어 보급하는 것이 좋다고 생각했다.

조선에서의 연료용 목재의 소비고消費高를, 그 산출고에 대비해보면 현재 1개년간 917만 척체尺締가 부족한 실정이다. 이러한 현상으로 조선에 있는 1,700만 민중이 일상생활의 필수품인 연료 목재를 구하기 어려운 지경에 놓여 생활상 위협을 시시각각 받고 있다. 현재 조선이라는 땅에서는 조선 자체 연료의 독립을 향해 노력을 다하고 있는데, 이용할 수 있는 것이라고는 석탄 외에 특별한 것이 없다. 총독부 당국에서도 조선 석탄의 조사 연구를 위해 5개년간 계속 사업으로 300만 원을 계산하고 본년도에

[표 6] 연료용 임산물의 연간 벌채량과 조선 내 산림의 임목축적량[84]

구분	땔나무[薪]	숯[木炭]	합계	민유림 임목축적량 (1940년 기준)
벌채량 (단위: 척체)	20,877,000	4,822,000	25,699,000	334,826,000
임목축적량 대비 해당 품목 연간 벌채량 백분율	6.2	1.4	7.6	100

※ 비고: 1척체는 0.33384m³에 해당함.

는 40만 원의 경비를 들여 조사를 개시했다. …… 이로써 연료 독립의 대계를 확립하고자 한다.[83]

이 인용문에 의하면 조선총독부의 금벌주의가 한창 시행 중이던 1920년대에 만성적으로 연료 부족 사태가 벌어졌으며, 일제 당국이 이를 완화하고자 연탄을 보급하기로 계획했다고 한다. 당시 식민 당국은 해마다 부족한 땔나무 규모가 917만 척체에 달한다고 계산했는데, 이를 미터법 단위로 환산하면 3,061,000여 입방미터라는 엄청난 수치가 된다. 참고로 1941년에 조선임학회가 작성한 '조선에서의 임산연료대책'이라는 제목의 자료에 따르면 연료재로 사용된 장작과 숯의 규모는 [표 6]과 같았다.

이 표에서 알 수 있는 바와 같이 조선임학회는 매년 조선인들이 땔감으로 사용하는 나무의 총량이 2천 만 척체를 넘고, 숯을 만드는 데 쓰이는 나무는 480만여 척체인 것으로 파악했다. 이 정도 규모의 벌채량은 조선 내 민유림 임목축적량의 7.6퍼센트에 달하는 것으로서, 임목축적량이 더 이상 늘어나지 않는다고 가정한다면 단 13년 만에 민유림의 모든 나무가 사라질 정도가 된다. 조선임학회도 연간 연료용 임산물의 벌채량이 적정 벌채량에 비해 150퍼센트 더 많다면서 이러한 현상이 사라지지 않는다면 아무리 나무를 심어도 산림 황폐화를 막을 길이 없을 것이라고 진단했다.[85]

조선총독부는 이렇게 많은 나무를 조선인들이 연료로 사용하는데도 여전히 917만 척체가 부족하다고 판단했다. 일제는 이 부족분을 어떻게든 공급하기 위해서는 유연탄으로 연탄을 만들어 소비자에게 공급할 필요가 있다고 보았다. 그런데 조선총독부의 이 연탄 공급 계획은 여러 가지 문제점이 있었다. 《동아일보》 1936년 2월 25일 자 기사에는 이에 대해 다음과 같이 설명하는 내용이 담겨 있다.

조선의 유연탄은 대부분 갈탄에 속하는 종류이며, 그 주산지는 함경북도의 북부 각 탄전과 함경남도의 함흥, 황해도 봉산의 각 탄전이다. 또 현재 유연탄을 사용하는 주요 부문은 철도이다. 그 외에도 공장용, 선박용으로 공급되는 유연탄도 많다. …… 조선 석탄은 조선 주요 소비지로부터 원격지에 재在하여 그 소비지까지의 송회送灰에 비상히 불리한 입장에 있다. 이 때문에 일본 내지탄內地炭, 중국 무순撫順탄에 일보一步를 양보하지 않으면 안 되는 상황에 놓여 있다.[86]

이 기사에서 설명하는 바와 같이 수송 인프라가 제대로 만들어져 있지 않은 상태에서 농어촌 각지에 구석구석 연탄을 공급하기란 사실상 불가능하다. 일제 당국자들도 이러한 상황을 잘 인지하고 있었기 때문에 연탄 공급 확대보다는 온돌용 아궁이 개량, 온돌 칸수 제한, 냉반식冷飯食 문화 정착 등의 대책을 강구하는 것이 현실적인 대책이라고 생각하기에 이르렀다.[87]

연료 대체재가 제대로 공급되지 않으면서 산림 자원을 복구해 이른바 문명적인 임업의 모범을 보이겠다는 일제의 '원대한' 계획은 열매를 맺지 못하고 좌초될 가능성이 컸다. 하지만 일제 당국은 산림녹화에 실패했다는 사실이 뚜렷해지고 있던 1930년대 전반기에 기존의 금벌주의를 보다 확대, 강화하는 조치를 내놓았다.

1932년 7월 조선총독부 산림부장 와타나베 시노부渡邊忍는 "종래의 임업 경영은 기계적으로 식재하는 데에만 주력했다"고 비판하면서 "보호 장려의 방침을 강화하기 위해 치수 금양을 철저하게 시행하도록 해야 한다"고 했다.[88] 그는 이러한 취지를 담아 1933년 초에 〈민유림 지도방침 대강〉이라는 것을 발표했다. 그 주요 내용은 다음과 같다.

① 치수, 맹아, 수근樹根, 지피물地被物을 철저히 보존한다.
② 용재림用材林 조성 경영에 집중한다.
③ 적송赤松은 천연하종天然下種 방식으로 조림하도록 한다. 다른 수종도 되도록 천연조림에 치중해 되도록이면 조림비를 절감하도록 한다.
④ 임목 벌채에 더 주력해 삼림 보속을 도모한다.[89]

요컨대 '임목벌채지도'를 강화해 더욱더 강력하게 무단 입산을 제한할 것이며, 묘목 식재보다 천연하종에 치중해 조림비를 아낄 계획이라는 것이다. 또 치수를 함부로 베지 못하도록 단속하여 나무가 더 잘 자랄 수 있는 환경을 만들겠다는 것이다. 당시 와타나베 시노부는 조선인들이 치수를 함부로 베어갔기 때문에 10여 년 동안 조림에 힘썼음에도 제대로 성과가 나타나지 않아 이와 같은 대안을 내놓았다고 했다.

이 방침은 '이전에 비해 더 철저하게 금벌주의 방침을 관철하게 되면 산림의 보속 수확이 가능해질 것'이라는 당국자의 생각을 담은 것으로서, 기존의 금벌주의를 강화하는 데 지나지 않았다. 일제는 이 방침을 근거로 입산 통제를 더욱 강화했는데,[90] 이는 조선인들의 임산 연료 채취를 더욱 어렵게 만드는 요인으로 작용했다. 일제강점기 내내 만성화되어 있던 임산 연료 부족 문제가 더욱 심화되었던 것이다. 당시 조선인 언론들은 이 방침의 실시 이후로 삼림령 위반자가 급증했다는 점을 들면서,[91] 임산 연료로 고통을 겪는 사람들이 더 늘어났다고 비판했다.[92]

일제는 식민지 조선의 임업을 '문명적 임업'으로 바꾸기 위해 보속 수확 원칙을 적용하겠다고 하면서, 그 구체적인 실행방안으로 '금벌주의'라는 정책을 내놓았다. 이 정책은 조선인들의 입산과 임산물 채취를 최소화해 산림 자원의 증식을 꾀하겠다는 내용을 담고 있었다. 그러나 이는 현실성이 무척 떨어지는 계획이었다. 금벌을 관철하게 되면 조선인들이 연료를 확보할 길이 없어질 것이 명백했다.

임산 연료를 대체할 새로운 연료를 어떻게 공급할 것인가 하는 문제에 대해 제대로 된 대책이 없는 상태에서, 식민 당국은 그저 삼림조합이라는 조직을 통해 입산·벌채를 금지하는 조치만 취했다.[93]

또 삼림조합은 조합원들에게 식목 수량을 할당했는데, 의무적으로 심게 되어 있었던 수종이 지역 사정에 맞지 않은 경우가 많았다. 산림녹화가 성공하기 위해서는 토양의 상태와 일조량 등을 감안해 적합한 수종을 선택해야 하지만, 삼림조합 담당자는 군청의 일반 행정 사무직 관리에 지나지 않아서 제대로 상황을 판단할 수 없었다. 조합은 도 당국이나 조선총독부가 하달하는 지시를 수동적으로 지키는 역할만 할 뿐이었고, 지역 사정에 맞는 임업 경영을 하는 데 한계를 드러냈다.

4. 영림서와 일본인 임업회사의 목재 독점

4-1. 국유림 관리 기구의 설립

일제강점기에 목재 생산은 영림서, 도유림 관리기관 등에 국한되었다. 영림서와 도유림에서 목재를 생산해 전문 유통 및 가공업자에게 이를 넘기는 식으로 구조가 재편된 것이다. 이때 목재 유통과 가공은 일부의 일본인 업자가 독점하고 있었다.

일제는 1905년 무렵부터 한반도 내에 목재 생산이 가능한 곳이 어디인지 확인하기 위해 산림조사에 착수한 적이 있었다. 당시 일제는 대한제국 농상무기사로 있던 이마카와 다다이치今川唯一, 나카모다 고로中牟田五郎를 압록강 일대에 파견하여 산림조사를 시행하고, 이를 통해 두만강이나 압록강 일대에 비교적 이용하기에 적당한 나무가 존재한다는 사실을 확인했다.

이후 통감부는 이 지역 목재의 '개발'에 착수하고자 대한제국 정부를 부추겨 1906년 10월에 〈압록강·두만강 삼림 경영에 관한 협동 약관〉을 맺어 "압록강 및 두만강 삼림을 한국과 일본 양국 정부가 협동하여 경영"하기로 했다.[94] 또 이듬해 3월에 "압록강 및 두만강 연안 삼림을 경영하기 위해 특별회계를 설치한다"는 내용의 〈한국삼림특별회계법〉을 공포하고, 그 후속 작업의 일환으로 통감부 영림창을 설립했다.

일제가 이처럼 두만강·압록강 연안의 삼림 개발에 관심을 가졌던 것은 그 개발에 따른 이익이 기대된다고 판단했기 때문이다. 일제는 러일 전쟁 발발 직후 한국 지배의 방향을 정리한 〈대한시설강령〉이라는 것을 작성하면서 임업 경영에 대하여 다음과 같이 정리했다.

두만강과 압록강은 삼림이 울창하며 특히 후자는 그 면적도 넓고 운수도 편리해서 한국 부원 중 첫 번째로 꼽히는 것이다. 이 삼림의 벌채권은 수 년 전 러시아인에 넘어갔는데 한국 정부로 하여금 차제에 그것을 폐기하 도록 하고 우리 일본으로 하여금 그것을 경영할 수 있도록 여러 가지 조 치를 취한다.[95]

당시 일제는 한반도 지배를 공고하게 하기 위해 일본인의 이민을 권 장할 필요가 있다고 보았다. 일본인의 농업이민이 늘어난다면 한국에 대한 지배력도 강화할 수 있고, 그와 더불어 일본에서 발생할 수 있는 식량 공급 문제에 대비할 수 있으리라는 것이었다.[96] 일제는 계획대로 자국민의 한반도 이주가 늘어나면 우선 그 가옥 건축에 들어가는 목재 수요가 증가할 것이라고 판단했다. 또 한반도에서 생산되는 나무로는 한꺼번에 늘어날 것으로 예상되는 가옥 건축용재에 대한 수요를 감당하 기 어려울 것이라고 보았다.

경성과 인천 및 기타 개항장에서 본방인本邦人의 가옥 건축용재는 그것을 한국 내에서 구하기가 용이하지 않으며, 그 모두를 일본에서 수입하고 있 는 실정인 고로 부산을 제외하고는 그 가격이 극도로 비싸다. 목재 가격 은 보통 일본의 시세에 비해 2배 이상이 되는데, 그것은 주로 운반비가 많이 들고 저목장貯木場이 제대로 갖추어져 있지 않기 때문이다. 특히 한국 내륙으로 이주한 일본인은 가옥 건축용재를 구하기가 무척 어려운 현상으로 개항장에서 목재를 구하여 사용하다보니 놀라울 정도로 고가로 구입해야 하는 어려움을 겪고 있다. 한국에서 겪고 있는 목재 결핍은 우리의 한국 경영 진척에 영향을 끼치지 않으리라 말할 수 없다.[97]

가옥 건축용재뿐만 아니라 군용 목재를 확보하는 것도 일제로서는 긴급하게 해결해야 할 사안이었다. 조선에 주둔할 일본군 병영을 만드는 데에 필요한 목재를 조달해야 하고, 경부선 및 경의선의 철로에 사용할 침목도 필요했던 것이다.

이렇게 여러모로 늘어날 목재 수요를 압록강과 두만강 일대에서 나는 나무로 대응해야 한다는 것이 일제 당국의 판단이었다.[98] 일제 당국은 "벌목사업을 독점적인 관업官業으로 경영하여 …… 그 수익을 만한滿韓 경영비에 보충해야 한다"는 원칙도 견지하고 있었다. 이처럼 당국은 일본인 이민 증가에 대비해 건축용재를 확보해두고, 만주로 세력권을 넓히고자 할 때 필요하게 될 군용 목재를 미리 준비해두고자 했다. 또 이를

[표 7] 1924~1927년도 일본 내 목재 수요 공급(단위: m³)[99]

연도	일본의 목재 생산량	이입량	수입량	수요량
1921	9,476,048	1,825,548	1,512,017	12,563,512
1922	8,608,342	2,168,291	3,449,680	13,988,452
1923	9,947,876	3,844,724	3,475,831	17,018,885
1924	8,838,970	4,602,540	4,638,985	17,864,335
1925	8,798,075	4,604,210	3,180,104	15,930,567

위해 한반도에서 목재로 사용할 자원이 있는지 조사한 다음 그 개발 계획까지 세우고자 했다.

한편 한반도 내에서 발생하는 일본인의 목재 수요뿐만 아니라 증가하고 있던 자국의 목재 수요도 일본 정부로서는 고려하지 않을 수 없는 입장에 있었다. 일본 정부는 1920년대에 자국의 목재 수요가 급속히 늘어나 곧 수요가 공급을 초과할 것이라고 판단했다. 만일 그러한 예측이 현실화된다면 한반도에서 생산하는 목재를 사용하는 것이 대안이 될 수도 있다는 생각을 하고 있었다.

[표 7]은 1920년대 전반기 일본 국내의 목재 생산량과 이입량, 수입량 등을 정리한 것이다. 잘 알려진 바와 같이 '이입'이란 식민지로부터 물품을 가져오는 행위를 의미하며, '수입'은 식민지가 아닌 외국에서 상품을 구매해 들여오는 것을 의미한다. 이 표에서 알 수 있는 바와 같이 1920년대 일본에서는 식민지 조선과 타이완 등의 지역에서 들여오는 목재의 양이 해가 갈수록 늘어났다.

목재 수요도 조금씩 증가세를 보였다. 〈표 7〉에 의하면 1923년에 일본의 목재 수요가 전년에 비해 갑자기 늘어난 것으로 나타나 있는데, 이것은 그해에 관동대지진이 일어나 목조건물의 복구에 상당량의 목재가 투입되었기 때문이다.

사실 조선총독부의 국유림 관행작벌에서 생산되는 목재가 일본에서 발생하는 목재 수요를 충당하는 용도로 쓰였다고는 할 수 없다. 신의주 등의 업자들이 국유림에서 생산되는 나무를 제재, 가공해 얻은 목재는 대부분 조선과 인근 만주 지역으로 팔려나가고, 일본으로는 좀처럼 이출되지 않았다.[100] 하지만 간토대지진과 같은 특수한 재해 상황이 발생하게 되면 한반도에서 생산되는 목재가 언제든지 일본으로 이출될 수 있었고, 일본 정부도 그와 같은 특수한 상황에 대비해 압록강 및 두만강 일대의 삼림에 대한 관심을 버릴 수 없는 처지에 있었다. 실제로 일제는 자국 산업 발달의 추이로 보아 목재 수요가 언젠가는 공급을 훨씬 추월할 것이며, 그때는 식민지 조선에서 생산하는 원목을 이용하게 될 것이라고 내다보았다.[101]

이 지역에 대한 임업 '개발'은 1907년 3월 공포된 〈한국삼림특별회계법〉에 근거하여 통감부 영림창을 설립함으로써 본격화되었다. 일제가 두만강과 압록강 일대의 삼림 개발권을 획득하는 과정은 다소 변칙적이었다. 영림창의 설립 경위에 대하여 경부선 철도공사의 청부업자로 도한하여 조선에 정착한 토목청부업자 시키 신타로志岐信太郎는 다음과 같이 말했다.

지난해에 일본인 모모이 이이치桃井以一가 압록강 유역 채벌권을 취득하고자 노력했으나 쉽사리 그 목적을 관철할 수 없었기 때문에 차라리 한국인이 일단 그 권리를 취득하게 하고 다시 이를 매수하는 수단을 취하는 것이 더 나은 방법이었으므로 한국인 정인수·이재하·고명오 3명으로 하

[표 8] 일제가 파악한 압록강 유역 삼림 면적과 목재 재적(1923년 현재)[104]

	삼림 면적(단위: ha)	목재 재적(실적, 단위: m³)
압록강 우안	450,815	56,884,296
혼강 유역	222,317	40,023,063
압록강 좌안	1,788,075	327,978,135

여금 대한이재회사大韓理財會社를 설립케 하여 그 권리의 인허를 한국 조정에 출원하여, 광무 7년 3월에 결국 인허를 받았다. ······ 의성공사義盛公司 경리인 왕화정王化廷은 이 권리를 매수하는 동시에 일청의성공사를 설립하고 아베 슌스케阿部峻輔를 사장으로 하여 일본영사의 공인을 얻었다. ······ 의성공사는 1903년 2월 24일에 해산하고 특권을 시키 신타로에게 양도하였다.[102]

사실 의성공사는 일본이 압록강 채벌권을 따내기 위해 만든 유령회사였다.[103] 일제는 러일전쟁 직후에 이 회사가 압록강 채벌권을 가지고 있다고 주장하면서 대한제국 정부를 압박하여 결국 러시아가 획득한 이권을 폐기하도록 했다. 또 시키 신타로에게 형식상 양도한 특허권을 회수하여 일본 정부가 직접 채벌권을 보유하기에 이르렀다. 참고로 일제는 압록강 유역 삼림 면적과 그 목재 재적을 [표 8]과 같이 파악하고 있었다.

[표 8]에서 확인할 수 있는 것과 같이 일제는 한반도 측에 해당하는 압록강 좌안의 목재 재적이 327,978,135입방미터에 이른다고 보았다. 앞의 표에서 볼 수 있듯이 1925년 당시 일본에서는 한 해 목재 수요량이 15,930,567입방미터에 이르렀는데, 압록강 좌안의 목재 재적만으로도 20년 동안 그 수요에 응할 수 있는 정도였던 것이다.

압록강 유역 삼림에 대한 이와 같은 평가를 바탕으로 일제는 해당 지역 임산 자원을 관리하기 위한 기관을 설치했는데, 그것이 앞서 소개한 통감부 영림창이다. 통감부는 영림창 외에도 1908년에 임업사무소라는 것도 만들었다. 당시 대한제국 정부에는 농상공부라는 부서가 있었는데, 그 아래에 농무, 광무, 상공, 산림, 수산 등 다섯 개의 국이 있었다.

이 5개국의 하나인 산림국에 일제는 임업사무소를 설치해 국유 삼림 보호 업무를 맡게 했다. 임업사무소가 설치된 곳은 경성, 수원, 대구, 목포, 평양, 경성鏡城 등으로서 영림창이 관할하는 국유림 이외에 요존국유림으로 지정된 임야를 주로 관리했다. 일제가 설치한 이 임업사무소는 1919년 6월에 산림과 출장소로 대체되었다.

영림창은 원래 압록강 유역에서 그 사업을 시작했기 때문에 압록강 연안 벌채와 함께 떠내려오는 표류목 관련 사업도 같이 맡아보게 되었다. 표류목은 압록강 상류의 양안에서 벌채한 나무를 강에 띄워 운반한 것으로서 러시아가 이미 1902년 용안포에 제재 공장을 세워 표류목 수집과 가공에 뛰어들었다. 일본은 영림창 설치와 함께 이 사업을 계승했는데 마침 1908년에 압록강의 중국 측 대안인 안동현에 중국이 채목공사採木公司를 설립하고, 표류목 사업을 벌이고 있었다. 압록강 대안에서 채목 공사와 영림창이 표류목 확보를 두고 경쟁을 벌이는 상황이었기 때문에 양측 간에 분쟁이 심화되다가 1909년 〈표류목 정리규칙〉을 양측이 합의하여 이에 따라 표류목을 처리하게 되었다.

영림창은 표류목뿐만 아니라 국유림에서 직접 원목을 생산해 신의주 일대에서 영업하는 업자들에게 판매하는 한편 직영으로 제재사업도 운영했다. 그런데 영림창은 1910년대 중반부터 이른바 지정상주의指定商主義라고 하여 소규모 자본의 업자는 배제하고 미쓰이물산, 신의주목재주식회사 등과 같이 일정 수준 이상의 자본력을 지닌 업자에게만 원목을 공급했다.[105]

일제가 이런 원칙을 택한 것은 영림창 혹은 영림서와 거래하는 업자가 도산해 대금 지불이 유예되거나 부도 처리되는 것을 방지하기 위함이었다. 다시 말해 원목 판매 수입의 안정성을 확보하고자 큰 회사만 거래 대상자로 지정한 것이다.[106] 기존 연구 성과에 따르면 영림창이 지정상에게 공급하는 입목의 재적은 1910년에 30,951척체에 머물다가 1925년에는 1,353,000여 척체로 대폭 늘어났다. 그 가액도 1910년에 약 27,000엔에 불과하던 것이 1925년에는 3,200,000엔으로 증가했다. 또 영림창이 지정상에게 넘기는 입목의 평균 단가가 해가 갈수록 낮아져 1925년에는 원래 가격의 절반으로 떨어졌다고 한다.[107] 이러한 점으로 보아 영림창으로부터 목재를 독점 공급받는 지정상들이 취급하는 목재량이 해가 갈수록 늘어났고, 영업 상황도 호전되었음을 알 수 있다.

영림창은 원목을 벌채한 후에 이를 압록강 수운으로 신의주에 있는 직영 제재소로 운반한 다음 직접 제재·판매하는 업무도 보았다. 영림창 신의주 직영사업장에서 취급한 원목은 해에 따라 그 변동의 폭이 컸지만 1910년 무렵 약 175,000척체에 머무르다가 1920년에 이르러 465,000척체로 늘어났다. 이러한 증가세는 영림창이 영림서로 바뀔 때까지 뚜렷했다.[108]

식민지 조선의 목재 공급을 독점하다시피 한 영림창은 사업 경영을 위해 혜산진, 중강진, 고산진(평안북도 강계군 고산면), 연암(함경북도 무산군 삼장면), 서수라(함경북도 경흥군 노서면), 용산(경성부)에 지창을 설립해 관내 임야 관리 및 임산물 조사 업무, 일선 산림 보호 기구인 파출소 관리 업무를 분장하게 했다. 이 기관은 임정기관의 통일 등의 내용이 담긴 1926년 6월의 '조선임정계획'에 따라 영림서로 개편되었다. 영림서는 지방 각지의 주요 국유 삼림의 보호 업무를 전담하고 있었는데 그 책임자는 서장이었고 그 아래에 기사 5인, 속 15인, 기수 71인, 삼림주사

261인이 소속되어 있었다.[109]

영림서는 각지에 설치되어 있었는데 그중에서 충주, 곡산, 봉화, 초산, 양양, 복계, 평창, 풍산, 하갈우 등의 지역에 있던 17개소는 1929년 10월 폐지되었다. 이후에 나머지 19개 영림서가 남아 영업을 하다가 1932년에 경성, 제주도 영림서 등 8개가 폐지되었고, 영원, 신의주, 위원, 강계, 중강진, 후창, 함흥, 신갈파진, 혜산진, 무산, 회령 영림서 등 11개소만 남게 되었다.

한편 도와 같은 지방행정청에서도 도유림 등에 관한 업무를 일부 분담, 처리하고 있었는데 그 업무는 대개 도 내무부 권업계에서 맡아보았다. 권업계는 1933년 관제 개혁에 따라 권업과로 승격했는데, 당시 권업과에서 관장하던 업무는 임정 외에도 농상공, 수산, 광업 등 다방면에 걸쳐 있었다. 도 권업과 아래에는 출장소와 삼림보호구가 설치되어 있었는데, 그 업무는 묘포 운영, 산림 보호 등이었다. 도 아래 군에는 전임 산업기수와 삼림주사, 삼림주사보가 배치되어 있었다. 이들은 각 도에 공포되어 있던 〈사유림 벌채 취체규칙〉, 〈사유림보호규칙〉 등의 사유림 입산 금지 조항의 준수 여부를 감독하는 업무를 맡아 보았으며, 대개 삼림조합 사무를 같이 관장했다.

4-2. 영림창과 영림서의 원목 생산량 증가

통감부 시절부터 국유림 관련 사업을 맡아보던 영림창은 관내의 요존 국유림 관리사업계획을 위해 1913년부터 '간이시업안'을 편성하기로 했다. 그런데 이에 대해 법적 근거가 미비했기 때문에 1918년 2월에 관업 제274호로 〈가시업안 편성규정〉을 발표했다. 일제는 영림창 내 삼림에서 수행할 시업으로 개벌 작업, 전갱 작업(주벌목의 전부 또는 대부분을 일정한 갱신 기간 내에 한 번 또는 여러 번 나누어 벌채하여 같은 수령 혹은 대체로 비슷한 수령에 가까운 삼림을 조성하는 작업), 택벌 작업(일정한 갱신기를 가지지 않고 해마다 벌채를 하여 수령이 각기 다른 나무를 같은 삼림 내에서 자라도록 유도하는 작업), 왜림 작업矮林作業[11] 등을 각각 규정했다.

'가시업안'에 따른 벌목 작업은 매년 일정한 절차에 따라 시행하는 것이었는데, 그 시업 면적이 영림창 직원 수에 비해 너무 넓었다. 영림창이 영림서로 바뀐 뒤에도 시업 면적이 과도하게 넓다는 문제점은 해소되지 않았기 때문에 일제는 1937년부터 기수技手를 증원하고 시업 면적을 조정하는 방식으로 벌목사업을 계획했다. 나아가 1939년 8월에 훈령 제48호로 〈조선국유림 시업안 규정〉을 발표하여 사업의 범위를 재규정했다.

영림창은 1907년부터 압록강, 두만강 유역 임황조사를 시행하고 유벌流筏 계획까지 상세하게 수립했다. 그해에 영림창이 계획한 사업량은 벌목량 140,000척체, 유벌량 60,000척체 등이었는데, 그 양은 점차 늘어나 영림서가 사업구역을 이어받은 이후인 1939년도에 이르면 합계 1,280,334척체 이상의 원목을 생산하는 규모로 확장되었다. 사실 이 시업안에는 벌채적지 관리에 관한 계획이 담겨 있어 겉보기에는 국유림의 산림 자원을 보호하는 데 나름대로 노력한 것처럼 보이기도 한다. 그러나 영림창과 영림서가 주력한 분야는 관행작벌이라는 이름으로 나무를 베어 그것을 지정상에게 팔아치우거나, 직영사업장에서 제재를 한 후

[표 9] 1910~1932년 영림창, 영림서의 벌목 및 조재량(단위: m³)[112]

연도	조재량	벌목자재
1910	47,417	94,835
1911	48,656	97,312
1912	34,132	68,264
1913	35,403	70,806
1914	82,092	164,183
1915	59,596	119,193
1916	115,157	230,314
1917	130,435	260,870
1918	94,428	188,855
1919	108,166	216,332
1920	78,081	156,162
1921	137,275	267,853
1922	152,599	399,897
1923	151,795	299,213
1924	165,147	327,658
1925	215,117	408,922
1926	230,549	458,404
1927	253,268	516,591
1928	290,677	585,681
1929	323,884	680,531
1930	301,767	702,156

[그래프 1] 1910~1932년 영림창, 영림서의 벌목 및 조재량 증가 추이(단위: m³)

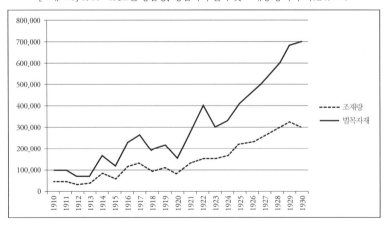

판매하는 것이었다.[111]

[표 9]는 1910년에서 1932년까지 영림창 및 영림서 관할구역에서 이루어진 관행작벌의 벌목 및 조재량이다. 또 아래의 그래프는 표에 숫자로 표시된 추이를 그래프로 표현해본 것이다. 이 그래프에서 확인할 수 있는 바와 같이 국유림 벌목량의 증가 추세는 급격한 편이었다.

목재 생산량이 이렇게 늘어난 것은 당시 조선총독부가 식민지 조선의 임업 기반을 확충한다면서 사유림 소유자를 대상으로 '금벌주의' 정책을 시행하던 것과 대조적이다. 앞에서 1930년대 초반에 조선총독부가 〈민유림 지도방침 대강〉이라는 지침을 만들어 금벌 방침을 강화했다는 사실을 언급한 바 있다. 그런데 당시에 영림서는 그와 대조적으로 작벌량을 늘려나갔으며, 벌채적지에 대한 관리는 소홀했다. 이처럼 벌채에만 주력하다보니 1930년대 초반 국유림 임야 1정보당 평균 입목 축적 30.91입방미터에 이르던 것이 1938년에는 24.55입방미터로 줄어들게 되었던 것이다.[113]

압록강, 두만강 연안의 요존국유림을 관리하던 영림창은 1919년까지 벌채적지 조림을 전혀 시행하지 않았다.[114] 심지어 다음 인용문에서 확인할 수 있는 바와 같이 1935년까지 그와 관련된 기본 계획조차도 수립되어 있지 않았다.

국유림에서의 조림사업은 시정 이래 소규모나마 매년 실행해왔지만 대정 15년(1926) 임정 계획이 수립됨에 따라 비로소 본격적인 조림 계획을 세웠지만 그 실행은 재정 관계상 예정대로 진척되지 못하였다. 그와 달리 용재의 수요는 점차 늘어나 식림과 벌채의 균형을 우려하기에 이르게 됨으로써 그 계획을 개정하여 소화 10년(1935)부터 벌채적지 및 유령림幼齡林에 대한 계획을 수립했다.[115]

일제가 수립했다는 국유림 조림 계획도 실은 천연조림 방식을 택한 것이어서 적극적으로 식목을 했다고 보기는 어렵다. 물론 일제는 광릉의 시험묘포에서 낙엽송을 비롯한 여러 수종의 식재 및 발아방법을 연구하고, 외래 수종과 조선 수종의 비교 식재를 통해 국유림 인공조림에 적합한 수종을 가려내기도 했다.[116] 하지만 실제 인공조림의 실적이 많은 것은 아니었다.

요컨대 일제는 영림창과 영림서를 통해 목재 생산을 해마다 늘려갔다. 목재 생산 확대를 통해 통치 비용의 일부를 보충하겠다는 목표가 임야 육성이라는 임업의 대원칙에 앞서 있었던 것이다. 참고로 여기에서 영림창과 영림서가 관행작벌을 해 운반하는 과정을 소개하도록 하겠다.

앞에서 조선 후기에 목상이 지방관이나 여러 아문과 결탁하여 봉산 등에서 목재를 베어내 수운을 통해 서울 등의 소비지에서 판매했다는 사실을 언급한 적이 있다. 그런데 조선시대 당시에 목상은 주로 10월에서 2월 사이의 겨울철에 인부들을 동원하여 벌목을 한 다음 이를 산 아래로 운반했다. 벌목을 주로 겨울에 실행한 것은 이때 나무 수분 함유율이 낮은 관계로 더 이상 나무의 질이 나빠지지 않고 그대로 보존될 뿐 아니라 산 아래로 목재를 운반하는 것도 쉽기 때문이었다. 겨울철에는 땅이 여름철보다 단단해지기 때문에 원목을 굴릴 때 아무래도 다른 계절보다 손쉬운 점이 있기는 했다.

벌목꾼들은 나무를 베어낸 후 산 아래에 일단 쌓아두었는데, 그렇게 산 아래에 모아둔 나무는 나루터로 운반하여 사용처에 따라 비슷한 규격의 목재를 엮어 뗏목으로 만들었다.[117] 뗏목은 모래톱이 많은 곳이나 백사장에 일정하게 모아 보관되어 있다가 떼꾼들에 의하여 수류를 타고 서울 등지로 옮겨졌다.[118] 일제강점기에 영림창과 영림서는 이와 비슷한 방식으로 나무를 운반했는데, 그 과정은 다음과 같다.

① 벌채 — 굽은 만곡재나 속이 썩은 심부재, 고손목을 막론하고 지정 벌채 구역 내에 있는 나무는 되도록 모두 벌목했다. 지상으로부터 일정 높이에서 나무를 베어낸 후 껍질을 벗겨내고 되도록 둥글목 형태로 생산했다. 둥글목 형태로 생산한 것은 산지에서 각재로 1차 가공하는 과정에서 원목의 일부가 깎여나가는 것이 자원 낭비가 될 수도 있다는 판단이 섰기 때문이다. 1910년대에 벌채는 주로 9월부터 11월에 이루어졌는데, 1920년대부터는 여름철에 벌채를 시작하는 식으로 바뀌었다. 벌목 직후 조재를 할 때에는 정해진 규격에 따라 대·중·소로 나누어 따로 모았다.[119] 벌목량이 급격히 늘어나는 시기에는 민간 벌목업자로부터 일정한 비용을 받고 특정 구역의 벌채권을 부여하는 일도 있었다. 벌목량이 급격히 증가했던 1930년대 후반에는 벌채업자가 무려 1,000여 명에 이를 정도로 늘어났다.[120]

② 산지 운반 — 산지에서 베어낸 나무는 곧바로 산 아래로 운반했다. 지역에 따라서는 경철을 부설하여 운반하기는 하지만 경철로 운반하는 물량은 1920년대 중반 기준으로 약 7퍼센트에 불과했다. 대부분의 나무는 산의 경사를 이용해 위에서 떨어뜨리는 식으로 모았다. 이렇게

모은 나무는 겨울철 적설과 결빙을 이용해 압록강, 두만강으로 운반했다. 산 밑에서 강변으로 이동할 때에는 주로 소를 이용해 끌고 갔다. 기후 이상으로 얼음이 얼지 않으면 야간에 물을 뿌려 얼음판을 만든 후 이를 이용하여 옮기기도 했다고 한다.

③ 뗏목 만들기 — 계벌장繫筏場으로 운반된 나무는 일정한 규격에 따라 뗏목으로 만들었다. 뗏목을 만들 때에는 뗏목 위에 휴식을 취할 수 있는 소옥小屋을 같이 만들고 방향타와 노를 같이 달아두었다. 뗏목의 폭은 가장 넓은 부분이 6미터 정도이고 길이는 최대 70미터 정도였다고 한다. 뗏목의 출발점은 압록강의 경우 혜산이었다. 뗏목을 만들 때에는 장마철을 피했다. 장마철이 되면 강물이 갑자기 불어나 목재 유실의 우려가 있었기 때문이다.[121]

④ 저목貯木 — 강을 통해 하류로 내려온 나무는 저목소에 모아두었다. 압록강의 경우 신의주 북하동(위화도 지역에 위치)과 대화정에 저목소가 있었다. 북하동저목소는 압록강안에 나무를 계류한 후 일부를 끌어올리고, 나머지는 하부에 위치한 신의주 대화정저목소(신의주제재소 관내)의 저장 능력을 감안하여 순차적으로 흘려보냈다. 대화정저목소는 권양기를 이용해 압록강안에서 저목지로 나무를 끌어들인 후 지상으로 옮겼다. 유하流下와 저목 과정에서 홍수, 사고 등의 사유로 일실되는 나무가 발생하기 마련이었는데, 이 표류목이 중국 측 강안에서 발견될 때에는 중국 압록강 채목공사에 약간의 비용을 치르고 되찾아왔다. 두만강의 경우 저목소는 회령 영림창출장소 구내에 위치해 있었

다. 후에 무산영림서 관내에 무산저목소가 또 생겨 회령에 집중되던 목재를 나누어 보관하게 되었다. 1930년 중반에 성진, 평양, 강계 등지에도 저목소가 설치되었다고 한다.

⑤ 제재 — 저목소가 건져올린 목재는 제재소로 넘겨 가공했다. 1908년까지 영림창에는 전용 제재소가 없었기 때문에 오쿠라구미[大倉組], 오바야시구미[大林] 등이 운영하는 제재소에 하청을 의뢰하는 식으로 가공했다. 1909년부터는 신의주에 직영 제재소를 설치해 직영 제재를 실시했다. 그 후 1912년에 제2제재공장을 열어 제재 능력을 늘렸다. 1926년에 조선임정계획 발표를 계기로 벌채량이 늘어나기 시작하자 제3공장, 제4공장을 연이어 만들었다. 제재를 마친 목재는 민간업자에게 판매했다. 만일 직영 제재공장의 제재 능력을 초과하여 목재가 밀려들 때에는 제재를 하지 않은 채 바로 민간업자에게 판매하기도 했다. 참고로 1930년 당시 제재된 목재의 판매량은 101,701입방미터였

[표 10] 1921~22년 영림창 관행작벌 목재의 조재·산지운재·유벌 재적 및 소요 경비[123]

벌목 조재 과정	연도	취급 재적(단위: m³)			소요 경비(원)			1m³당 평균 단가	
		압록강	두만강	계	압록강	두만강	계	압록강	두만강
벌목 조재 과정	1921	120,630	16,671	137,301	66,326	11,984	78,310	0.55	0.72
	1922	137,077	15,521	152,598	62,241	6,966	69,207	0.45	0.45
산지 운재 과정	1921	148,499	16,690	165,189	447,823	30,285	478,108	3.02	1.81
	1922	140,452	10,431	150,883	324,103	15,634	339,737	2.31	1.50
유벌 운반 과정	1921	107,642	10,856	118,498	696,821	110,186	807,007	6.47	10.15
	1922	102,957	17,581	120,538	653,181	107,946	761,137	6.34	6.14

고 그 가액이 2,176,851원에 달했다고 한다. 원목 형태로 민간업자에게 팔려나간 목재는 129,105입방미터였고 가액이 1,342,170원에 이르렀다.[122] 제재 과정을 거칠 경우 그 가격이 약 50퍼센트 정도 올라갔던 것이다.

영림창, 영림서의 관행작벌, 운반, 저목 과정은 전근대 시기의 목재 생산, 운반 과정에 비해 기술적으로 크게 달라진 것이 없었다. 제재 과정에서 기계를 사용하여 목재를 소할재小割材, 판재, 죽데기 등으로 나누어 가공함으로써 다소 규격이 일정한 용재를 생산할 수 있었지만, 목재 뒤틀림 현상을 고려해 제재방법을 달리하는 등 품질에 유의하여 가공 과정을 정교화하지는 못했던 것으로 보인다.

영림창이 가장 관심을 두고 있었던 것은 벌목, 운반 과정에서 발생하는 노동비와 운송비를 가능한 한 낮은 수준으로 유지할 수 있는가의 여부였다. 영림창이 생산하는 목재의 단위 부피당 생산단가를 1921년과 1922년의 조사자료를 이용하여 간단하게 정리해보면 [표 10]과 같다.

[표 10]에서 알 수 있는 바와 같이 국유림 관행작벌로 베어낸 목재를 산지 운재, 유벌 과정을 거쳐 신의주와 회령의 저목소로 운반하는 도중에 가장 많은 비용이 발생한 부분은 뗏목을 만들어 흘려보내는 과정이었다. 벌목 조재 과정에서는 1입방미터당 생산 단가가 압록강의 경우 55전에 지나지 않았다. 그런데 유벌 과정에서는 약 6원 50전의 비용이 들었다. 일제는 특히 벌목 과정에서 되도록 생산비를 줄여야 한다는 방침을 지향하고 있었다.[124]

한편 산지에서 강변으로 이동하는 과정에서는 1입방미터당 2~3원의 비용이 발생했다. 벌목 조재 과정보다 생산비가 높았던 것은 중국인 마적단의 습격 우려가 있어 이를 회피하는 사람이 많았고, 단기간에 많은 양의 목재를 옮기는 데에도 어려움이 있었기 때문이다.

계벌장繫伐場으로 운반, 적재한 목재를 뗏목으로 만들고 수운을 이용해 저목소까지 운반하는 과정에서도 많은 생산비용이 발생했다. 참고로 신의주 북하동저목소와 신의주저목소에서 목재를 저장하는 과정에서 발생한 비용은 1입방미터당 0.57원이었다. 또 제재 과정에서 발생한 비용은 1입방미터당 1.07원이었다.[125] 운반 과정에서 많은 비용이 발생했던 것이다.[126]

유벌에 많은 비용이 들었다고는 하지만 삼림철도를 부설하는 데 드는 건설비, 운영비가 훨씬 더 많았기 때문에 영림창 벌목장과 저목소가 모

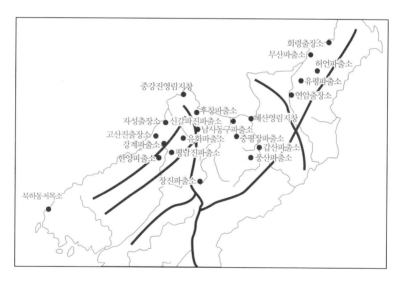

[그림 9] 1920년대 초 압록강·두만강 인근 지역의 영림지창 및 파출소·출장소 위치

두 강을 끼고 입지하는 것이 유리했다. 이 때문에 일제는 영림창 파출소, 출장소, 지창 등을 [그림 9]에 나타난 바와 같이 모두 수운을 이용할 수 있는 지점에 두었다.

[그림 9]에 점으로 표시된 지점은 관행작벌이 벌어진 현장으로서 그 규모에 따라 식민 당국은 파출소 혹은 출장소를 두었다. 필자가 확인한 바에 의하면 그 위치가 모두 압록강·두만강 지류가 시작되는 지점들이다. 북선 개척사업으로 철도가 부설되기 전까지 국유림에서 생산된 원목은 하천으로 운반할 수밖에 없었으므로 그 사업장 역시 함경산맥 북쪽에서 출발해 압록강·두만강으로 흘러가는 하천 인근에 있어야 했던 것이다.

관행작벌에 의해 생산된 원목의 일부는 1930년대에 접어들어 철도를 통해 운반되기 시작했다. 북선 개척사업의 추진으로 무산에서 동해안의 함경선 철도로 연결되는 삼림철도가 부설되었고, 이로 인해 그 철로 연선에서 관행작벌이 이루어질 수 있게 되었다. 이 삼림철도가 만들어지기 전에는 함경산맥의 동남쪽 사면에 있는 국유림 개발이 사실상 불가능했다.[127]

영림창과 영림서가 생산한 목재는 주로 신의주에서 가까운 지역에 판매되었다. 주지하다시피 목재는 생산지에서 먼 곳으로 운반하기 쉬운 재화가 아니다. 철도와 도로와 같은 교통 인프라가 갖추어져 있지 않으면 소비지에 도달할 때까지 투입되는 단위거리당 운송비 증가폭이 거리가 멀어질수록 크게 늘어난다. 이뿐만 아니라 재화의 종착지에도 목재를 차량 및 수송열차에서 하차시키고 보관하는 장소를 따로 만들어야 한다. 이처럼 투입되는 비용이 많으므로 당연히 목재 가격도 높은 수준을 유지하게 된다. 운송비 문제로 인해 압록강 연안에서 생산된 목재를 일본으로 이출하는 데 어려움이 있는 것이다. 전해지는 자료에 따르면 관행작벌로 생산된 목재의 상당량은 단둥과 같은 중국 측 소비지에 판매되었다고 한다.[128]

물론 중국에서도 목재가 생산되었고, 경우에 따라 조선산 목재보다 저렴하기도 했다. 그럴 때에는 신의주와 같은 조선 측 소비지에서 만주산 목재를 선호하는 경향이 나타나기도 했다. 조선총독부는 만주산 목재가 조선산 목재보다 가격이 낮아져 조선으로 유입되어 올 때에는 수입 목재에 대한 관세를 올리는 등의 방법을 동원해 이를 막아냈다.

실제로 1920년 8월에 일본의 관세정률법을 조선에도 실시하게 되었는데, 그 일환으로 〈관세특례규정〉이 적용되어 목재에 대한 무관세 조치가 이루어지게 되었다.[129] 그 여파로 중국으로부터 조선으로 수입되는 목재의 양이 증가하게 되었고, 지정업자들에게 상당한 타격을 주었다. 업자들은 이러한 상황에 대응하고자 식민 당국에 중국산 수입 목재에 대해 관세를 부과해야 한다고 요구했다.[130]

당시에 업자들은 영림서의 관행작벌량 증가에 따라 제재 생산량 역시 늘려나가고 있었다. 이와 같은 상태에서 중국산 목재가 들어오는 것은 그들에게 큰 문제가 아닐 수 없었던 것이다.[131] 이러한 사정을 파악한 조선총독부는 1927년에 '조선목재관세특례폐지안'을 만들어 종가 약 2할 내외의 관세를 부과하는 조치를 내리려 했다.[132]

이에 대해 압록강제재무한공사鴨綠江製材無限公司 등이 강력히 항의함에 따라 관세 부과 시도가 여의치 않게 되었으나 결국 1929년 3월에 일제는 관세 부과방침을 관철시켰다.[133] 요컨대 일제는 관행작벌로 확보한 목재를 중국에 판매하는 데 적극적이었고, 중국 측에서 값싼 목재가 들

어와 업자들의 반발을 사게 되면 무역 장벽을 세워 중국산 목재의 유입을 막았다.[134]

한편, 영림서는 1930년대에 접어들어 그 벌목량을 지속적으로 늘려나 갔는데, 그 추세는 당초 총독부 당국이 계획한 것보다 빨랐다. 사실 영림서 관할 요존국유림에서 작벌량을 늘려나가겠다는 일제의 의지는 1926년 조선총독부가 발표한 '조선임정계획서'에 상세하게 담겨 있다. 당시 일제는 요존국유림에서 매년 벌채량을 늘려 1937년에는 941,880 입방미터의 목재를 벌목하겠다고 밝혔다.[135] 그러나 1930년대 만주 침략으로 인한 전시 수요가 급증해 1937년에 이미 벌채량이 1,090,000여 입방미터에 이르렀다. 사정이 이러했는데도 일제는 1938년부터 "군수재, 철도용재 부족 현상을 완화할 필요가 있다고 인정되므로 벌채량을 1926년에 계획한 것보다 훨씬 더 늘리기로 결정"하였다.[136]

실제로 일제는 [표 11]에서 볼 수 있는 바와 같이 1930년대 말에 관행 작벌에 의한 벌목량을 1,282,280입방미터로 대폭 늘렸다. 혹자는 이러 한 경향에 유의해 일제가 산림을 벌채해서 벌어들이는 수입의 절대액수를 안정적인 수준에서 유지하려 한 것이 아니냐고 지적했으며, 그런 의미에서 "수입의 보속만을 추구한 사업안"이었다고 표현하기도 했다.[137]

최근 일제강점기의 목재 생산에 관해 유의미한 분석 결과를 내놓은 배재수·노성룡·김태현은 영림서의 과도한 목재 생산으로 산림의 지속

[표 11] 1931~1939년 관행작벌의 벌목량(단위: m³)[139]

연도	1931	1932	1933	1934	1935	1936	1937	1938	1939
벌목량	583,508	822,327	898,610	967,291	921,381	998,935	1,090,463	1,198,546	1,282,280

성이 크게 악화되었다는 점을 구체적인 수치로 표시하여 나타낸 바 있다.[138]

배재수·노성룡·김태현은 일제가 "국유삼림의 수확을 보속시키고 수익을 증가시키겠다"고 언급하기는 했지만, 그와 같은 발언과 달리 실제로는 관행작벌로 인해 산림의 지속성에 부정적인 영향을 미쳤다고 설명했다. 참고로 세 연구자가 제시한 산림의 지속성 수치를 소개하면 [표 12]와 같다.

[표 12]에서 알 수 있는 바와 같이 1930년대 산림에서 생산된 용재의 양은 식민지 조선의 임목 생장량을 항상 웃돌았다. 결국 산림의 지속성은 항상 마이너스 값을 기록했고, 이로 인해 해가 갈수록 임목 축적은 줄어들게 되었다. 이와 같은 수치는 일제 산림 당국의 궁극적인 목적이 한반도에서 나무를 베어 팔거나 이용하는 데 맞추어져 있었음을 보여준다. 앞서 말한 바와 같이 민유림을 대상으로 조림을 촉구하는 조치를 취

[표 12] 일제강점기 조선 산림의 지속성 추이(1931~1940) (단위: m³)[140]

연도	임목축적	연간생장량(a)	용재생산량(b)	지속성(a-b)
1931	246,349,854	9,853,994	11,070,698	−1,216,704
1932	236,607,401	9,584,296	10,573,359	−989,925
1933	240,430,231	9,617,209	11,280,014	−1,662,804
1934	224,525,308	8,981,012	12,457,759	−3,476,747
1935	215,823,382	8,632,935	12,606,975	−3,974,040
1936	220,170,677	8,806,827	12,913,598	−4,106,771
1937	224,066,357	8,962,654	12,725,723	−3,763,068
1938	224,853,810	8,994,152	12,754,846	−3,760,693
1939	227,034,347	9,081,374	13,181,357	−4,099,983
1940	226,391,638	9,055,666	14,203,059	−5,147,393

하기도 했지만, 그 조림 정책은 어디까지나 조선인들에게 자비 식목을
강요하거나 땔감 이용을 원천봉쇄하는 방식으로 이루어진 것이어서 고
통을 강요하는 것 이상이 아니었다. 민유림 조림사업은 구조적으로 성
과를 얻기 힘든 방식으로 추진되었고 실제로도 성과가 없었다. 일제는
국유림 관행작벌사업을 이처럼 늘려나가면서도 조림에는 소홀했고, 그
로 인해 국유림의 산림 상태는 갈수록 나빠지게 되었다.

4-3. 원목 공급 과정에 나타난 일본인 업자 우대 정책

일제강점기에는 영림창이나 영림서 외에도 사유림, 공유림에서도 목
재가 일부나마 생산되었다. 1925년에 만들어진 자료에 따르면 식민지
조선 내 목재 벌채량은 [표 13]에 나타난 수치와 같았다.[141] 이 표에서 확
인할 수 있는 바와 같이 해마다 2,400,000~3,200,000척체에 달하는 나
무가 벌채되고 있었다. 그런데 그 상당수는 사유림과 공유림에서 벌목
된 것이다. 이 나무의 생산지는 대부분 평안도와 함경도의 산악지대인
데, 한강 수류를 이용하기 편한 강원도와 충청북도에서도 상당량이 생
산되었다.

[표 13] 1914~1922년 조선 내 목재 벌채량

	1914	1915	1916	1917	1918	1919	1920	1921	1922
수량 (단위: 1,000척체)	2,498	2,494	2,534	2,565	2,590	2,605	2,967	3,115	2,856
가액 (단위: 1,000엔)	1,499	1,496	1,774	1,796	2,072	2,084	2,225	3,062	2,907

지역별 생산량을 살펴보게 되면 충청북도에서 8.5퍼센트가량 생산된 것으로 나타나며, 강원도에서 생산되는 것이 10.3퍼센트 정도의 비중을 차지했다. 그런데 지역별 생산량 외에 소유자별 생산량을 확인해보면 1923년 기준으로 국유림에서 2,217,993척체가 생산되었다. 사유림에서도 1,914,597척체가 생산될 정도로 그 생산량이 많았다. 도와 공공단체가 소유한 공유림에서는 14,914척체만이 생산되는 것으로 나타나 그 비중이 조금 낮은 것으로 보인다.

앞에서 일제가 일반 산림 소유자들을 삼림조합에 가입시켜놓고 금벌주의라는 이름하에서 산림산물 채취를 억제했다는 사실을 살펴보았는데, 사유림에서 상당량의 나무가 벌목되었다는 것은 무언가 모순되는 것처럼 보인다. 그러나 이 사유림의 대다수는 일본인 임업회사 소유 산림이거나 사찰 소유 임야였다. 일본인 임업회사나 사찰은 일정한 규정에 따라 시업안을 만들고, 당국의 허가를 받아 목재를 생산할 수 있어 일반 산주보다는 임업 경영에서 유리한 위치를 차지했다고 하겠다.

사유림에서 생산된 원목을 구입, 가공하는 업자들도 대부분 일본인이었다. 여기에서 1920년대 초 제재업 관련 기업의 영업 현황을 표로 나타내면 [표 14]와 같다.[142] 이에서 알 수 있는 바와 같이 조선인 제재업자의 수는 현저히 적었다. 또 그 생산품 가액도 낮았다. 일본인 제재공장 1개

[표 14] 1921년 조선 내 제재업 현황

	공장 수	자본금	종업원 수	생산품 가액
일본인	35개	5,275,397원	1,013인	4,470,119원
조선인	2개	45,000원	14인	24,720원
합계	37개	5,324,397원	1,027인	4,494,839원

의 평균 생산품액은 127,717원이었던 반면에 조선인 제제공장 1개의 평균 생산품 가액은 12,360원에 불과했고, 그 자본금도 일본인 제재업 회사에 비해 상대적으로 적었다.

이렇게 조선인 업자의 활동이 위축되어 있었던 것은 일제가 목재 공급 시장의 주도권을 장악하고, 일본인 업자에게 유리하게 원목을 제공하는 정책을 폈기 때문이다. 영림서는 '지정상인제도'라고 하여 일정 규모 이상의 회사에게만 원목을 판매하는 방침을 고수했다. 다시 말해 "지정상인에게 판매하는 것을 원칙으로 하고 일반 제재업자에게 불하하지 않도록" 하는 방향을 취했던 것이다.[143]

영림서가 지정상인으로 인정한 회사는 압록강목재상회, 만선차축목재회사, 만선제함목재회사 등이었는데, 지정상인에게는 표준 가격에 따라 외상거래를 하고 12개월을 단위로 거래대금을 청산하며 일정 금액 이상을 거래하면 할인해주는 우대책을 제공했다. 또 국채증권 담보로

[표 15] 낙엽송 및 홍송 각재 및 장목의 원목 공급 표준 가격

분류	낙엽송 전주용 장목 (20척짜리 1척체)	낙엽송 각재角材 (3간)	홍송紅松 각재 (3간)
지정 상인에게 넘기는 가격	7월 30전	5월 80전	6원70전

[표 16] 1923년도 제재업자 및 경성목재상조합의 판재 지정 가격

분류	홍송 판재 (두께3푼分, 길이 1칸間 상급	삼송杉松 판재 (두께3푼, 길이 1칸) 상급
제재업자 지정 가격	3월 8전	2월 49전
경성목재상조합 지정 가격	4월 30전	3월 7전

원목 대금을 연납할 수 있도록 지원해주는 제도도 있어 여러모로 지정 상인에게 유리했다. 지정상인과 영림창, 영림서가 거래하는 원목의 종류는 다양했는데, 대표적인 상품이었던 낙엽송 전주용 장목과 각재, 홍송紅松 각재의 1923년도 표준 가격을 참고 삼아 보면 [표 15]와 같다.

지정상인은 이 표준 가격에 따라 원목을 받아 안등제재소, 동양제재소 등의 제재업자나 미쓰이 계통의 왕자제지에 다시 넘겼다. 영림창은 앞의 지도 '1920년대 초 압록강·두만강 인근 지역의 영림지창 및 파출소·출장소 위치'에 표시된 바와 같이 압록강 연안에서 원목을 벌채해 강으로 떠내려 보내고, 이것을 신의주 북하동저목소에서 받아 저장하는 것이 상례였다. 지정상인은 이 북하동저목소에서 원목을 받아 조선 각지에서 들어오는 주문에 따라 배송했다.

지정상인으로부터 원목을 받은 제재업자는 여러 가지 형태로 원목을 가공해 소매업자에게 넘기는데, 소매업자는 이때 제재업자들끼리 협정해 고시한 제재 가격에 따라 값을 치렀다. 그리고 소매업자들은 다시 목재상조합을 구성해 영림창 목재 표준 가격을 기준으로 운임과 수수료를 가산해 표준 판매 가격을 정해 일반 소비자에게 판매했다. 참고로 1923년도 제재업자의 목재 고시 가격과 경성목재상조합이 정한 목재 표준 가격이 어느 정도 수준이었는지 판재 몇 가지를 중심으로 소개하면 [표 16]과 같다.

한편 1920년대 전반 식민지 조선의 연간 목재 수요는 대략 400만 척체에 달했는데, [표 13]에 따르면 1920년대 초 조선 내 원목 벌채량은 300만 척체가 되지 못했다. 부족한 100여 만 척체의 목재는 주로 일본에서 수입해왔다.[144] 일제강점기에 조선 내 목재 자급률은 대체로

80~90퍼센트에 머물렀으며, 부족분은 일본산 목재로 충당하는 것이 보통이었다.[145] 또 일부 목재는 압록강 건너편 만주 단둥 방향으로 수출되기도 했는데, 이는 단둥으로 목재를 옮기는 데 드는 운송비가 조선 내 여타 지역까지 운반하는 비용보다 적었기 때문이다.

일제강점기 식민지 조선의 목재 수요량은 거의 매년 목재 공급량을 뛰어넘었다. 따라서 조선 내 목재 시장에서는 공급자가 수요자보다 우위에 서 있었다. 제재업자와 목재상조합이 지정가격을 정해두고 구매자에게 통보할 수 있었던 것은 그러한 사정이 있었기 때문이다. 상인들, 특히 영림창과 전속으로 거래하는 지정상인은 여러 가지 유리한 조건 속에서 원목을 확보해 제재업자에게 넘길 수 있었다. 제재업자와 목재상도 영림창 지정상인과 소비자 사이에서 원목 가공과 거래 중개 업무를 하면서 소비자보다 유리한 입장에서 가격을 책정할 수 있었다.

조선 후기에 목상들은 중앙 각사 및 지방관들의 비호를 받으면서 나무를 쉽게 확보했다. 다시 말해 조선 후기의 임업은 우월적 지위에 서서 경제외적 강제를 행사할 수 있는 특권층과 그들의 비호를 받은 목상들이 임산물 채취와 공급에 관한 권리를 독점했다는 점에서 상당히 봉건적인 면모를 보인다. 일제강점기 목재 공급구조도 사실은 기득권을 가진 일본인 상인들이 장악하고 있었다. 영림창과 영림서가 지정한 상인이 목재를 독점하고 있었고, 소비자보다 우위에 서서 가격을 책정할 수도 있었다. 그렇게 유통망이 장악되어 있었기 때문에 조선인 제재업자는 그에 끼어들 공간을 찾기 어려웠다. 이것이 위의 [표 14]에 나타난 바와 같이 조선인 업자들이 영세한 수준을 면치 못했던 이유인 것이다.

5. 연료재 시장에 대한 통제

오늘날과 달리 일제강점기와 전근대 시기에는 임업을 통해 생산되는 장작과 목탄이 중요한 가정생활용품이었다. 장작과 목탄이 취사나 난방에 필요한 연료로 널리 사용되었던 것이다. 따라서 당시에는 산에서 목탄을 제조하거나 시초를 채취한 후 경성, 평양 같은 곳으로 가서 판매하는 사람이 적지 않았다. 많게는 한 군에 수천 명에 이르는 사람들이 장작을 채취해 내다파는 업에 종사했을 정도이다. 《동아일보》 1923년 1월 27일자 기사에 따르면 평남 중화군 천곡면과 수산면에 시초 채취 판매를 업으로 삼은 자가 700명 정도 있었다고 하며, 그 대다수가 평양에 나가 장작을 팔아 연명했다고 한다.[146] 1~2개면에 소재하는 목탄 제조업자가 이 정도이니 전국적으로는 얼마나 많은 업자들이 있었을지 가늠할 수 있을 것이다.

전국적으로 활동하는 목탄업자가 많다보니 목탄 재료를 구하기 위해 새로 식재를 마친 개소에 입산하여 목탄을 생산하는 사람도 적지 않았다. 또 목탄 제조업자들도 생산량을 늘리기 위해 과벌하는 일이 많았다. 조선총독부 임업 당국은 이와 같은 문제를 방지하기 위해 목탄 제조업자들을 통제할 필요가 있다고 판단했다. 이러한 생각에서 1930년대 후반에 일제는 군마다 목탄조합을 만들고 업자들로 하여금 여기에 의무적

으로 가입하게 해서 통제했다.[147]

목탄조합은 다음 인용문에 설명된 바와 같이 조합원인 목탄 제조업자들을 대상으로 개량목탄 제조 강습회 등을 개최해 목탄 개량방법을 홍보하는 동시에 생산된 목탄의 판로를 알선하는 일도 맡았다.

개천군 삼림조합은 재래의 목탄을 개량하기 위하여 조양면 용봉리에 제1차 개량탄 제조 강습회를 개최하고 도와 군의 기수가 출장하여 개량탄 제조방법을 지도한 결과 …… 각처에 선전하여 안전 매매를 도모한다는데 개천 지방의 목탄 대금이 연산年産 1만 원에 달한다 하며 공제조합을 조직하여 일보 4전으로 자금을 융통하여 준다.[148]

개천군의 경우, 관내에 거주하는 목탄 제조업자가 120명 정도였다고 하며, 그들 모두는 농민들로서 농한기를 이용해 목탄 제조업에 종사했다.[149] 전업 목탄업자가 거의 없고 겸업 업자가 대다수였던 것이다. 목탄조합원 역시 그 지역의 농민들로서, 조합은 그 농민들이 정해진 양을 넘어 목탄을 만들지는 않는지 살펴보는 일을 맡아보았다.

한편 군에서 만든 목탄조합 아래에는 대규모 국유림을 대부 혹은 양여 받은 일인 자본, 큰 사찰이 만든 목탄업자 관리 조직이 따로 있었다. 각 군에서는 매년 목탄 수요량을 예측하여 생산량을 정했는데, 지역에 따라서는 민간 목탄 제조업자들이 만들어낸 것만으로 수요를 충족시킬 수 없는 경우도 있었다. 이때에는 목탄 증산 계획을 따로 세우고 이에 근거해 관내 사찰에 일정량의 목탄 생산을 의뢰했다.[150]

의뢰를 받은 사찰은 소유한 임야 안에 목탄 제조장을 설치하고 인근 주민 중 목탄 생산을 겸업하는 농민이나 전문업자를 고용해 목탄 생산량을 할당해 생산했다. 또 사찰은 이 사람들에 대한 관리, 감독을 위해 산림계, 목탄계와 같은 조직을 두고 정기적으로 작업 검사를 하거나 수입도 관리했다.

목탄조합이 만들어지고 사찰에 목탄 생산 관리 조직이 만들어지게 되면서 식민 당국은 목탄 생산량을 사전에 결정해 분배할 수 있게 되었다. 당국은 1930년 4월에 '근탄 생산 제한에 관한 건'을 발표한 다음 목탄조합 등으로 하여금 이를 시행하도록 했다. 그 주요 내용은 다음과 같다.

1. 근주의 채취는 엄하게 금할 것.
2. 경찰관, 삼림조합 직원, 기타 임업 사무 담당 직원은 무허가 채취업자가 나타나지 않도록 엄중하게 보호 관리에 힘쓸 것.
3. 허가를 받지 아니하고 나무 뿌리를 채취한 후 이를 원료로 삼아 제조한 근탄을 발견하였을 때에는 그 소유자 및 점유자 등을 엄중 취조하여 그 나온 곳을 심문할 것.
4. 일반 소비자의 자각을 촉구하여 근탄 사용을 금하도록 할 것.
5. 잔가지를 이용하여 목탄을 만드는 목탄 개량을 도모할 것.[151]

일제강점기 당시 근탄은 백탄이나 흑탄에 비하여 가격이 비교적 높았다. 가격이 저렴한 편인 흑탄은 흙으로 만든 숯가마 안에서 약 700℃로 가열하여 만든 것이며, 흑탄보다 장시간 불에 타는 백탄은 가마 안에서 1,000℃ 정도로 가열하여 식힌 것이다. 근탄은 나무의 뿌리를 재료로 삼아 만든 숯으로 백탄보다 그 화력 지속 시간이 긴 것이 특징이다. 이

[그래프 2] 1923~1931년 신재 생산량 변동 추이(단위: 1,000관)[152]

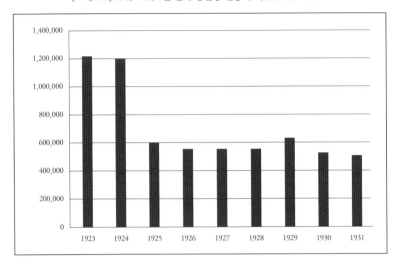

[그래프 3] 1923~1932년 목탄 생산량 변동 추이(단위: 1,000관)[153]

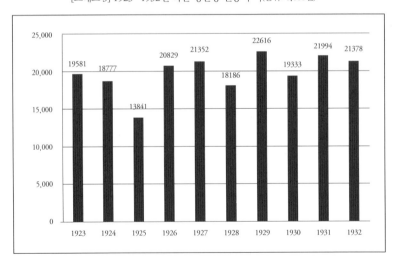

때문에 1920년대 기준으로 백탄 10관의 가격이 보통 1원 50전 내외였다면 근탄은 2원 이상에 팔려나갔다.

이렇게 시세가 형성되다보니 목탄 제조업자들이 나무 뿌리를 캐다가 숯으로 만드는 일이 많이 벌어졌다. 이런 행위는 산림 황폐의 주요 원인으로 자주 거론되곤 했다. 일제는 목탄조합을 통해 바로 이러한 현상을 통제하고자 했던 것이다.

목탄조합은 1930년대 중반부터 광범위하게 행해졌던 목탄 규격 검사의 담당 기관이기도 했다. 1934년 7월 정무총감 통첩으로 발표된 '목탄 규격에 관한 건'에는 목탄 생산에 관한 몇 가지 표준 규격이 제시되어 있다. 이 규격이 발표되기까지 전국 각지에서 생산되는 목탄의 규격은 서로 달라서 상인들이 목탄을 판매하는 데에 애로를 겪었다. 조선총독부는 이러한 문제점을 완화하기 위해 목탄조합을 통해 일관된 규격에 따라 목탄을 생산하게 했다. 요컨대 목탄조합은 근탄 제조의 폐해를 막고, 목탄 생산지를 일정 구역에 지정하는 동시에 생산업자들에게 생산 면허를 발급하는 업무도 담당했다.

일제 당국은 삼림조합을 통해 장작 채취에 관한 사항도 통제했다. [그래프 2]는 1923년부터 1932년의 각 연도 신재薪材(장작) 생산량을 표시한 것이다. 이에서 알 수 있는 것과 같이 신재 생산은 임야조사사업 종료 이듬해인 1925년부터 급격히 떨어져 전년도의 50퍼센트 수준에 머물렀다. 이와 같은 추이는 금벌주의 정책과 장작 생산 억제방침의 영향으로 보인다.

한편 목탄은 일본인들이나 도시에 거주하는 사람들이 주로 소비하는 물품으로, 그 가격이 대체로 장작보다 높은 편이었다. [그래프 3]에서 볼 수 있는 바와 같이 목탄 생산량은 [그래프 2]에 나타난 것과 같은 급격한 감소세를 보이지 않았다. 물론 해에 따라 생산량이 들쑥날쑥한 모습을 보였지만, 목탄 생산 자체에 대한 당국의 통제가 그리 강하지 않았다.

1920년대 초 목탄의 1관 당 평균 가격은 약 20전 내외였던 데에 반하여 장작 1관은 2~3전에 불과했다. 목탄을 생산하는 데 많은 원료와 시간이 들어간다는 점을 감안한다면 이 차이는 당연해 보이기도 한다. 그런데 조림대부제 실시 이래 조선에 진출한 일인 대자본과 도유림을 관리하는 각 도청은 가능한 한 장작보다는 목탄의 형태로 가공하여 팔려는 경향이 강했다. 목탄의 생산량이 그리 큰 변동을 보이지 않았던 것은 이와 같은 분위기와 관련되어 있었을 것으로 이해된다.

삼림조합과 목탄조합의 장작 채취 제한, 목탄 생산량 지정 등의 조치는 식민 당국이 내건 '산림녹화'라는 목표를 목적으로 한 것이면서도, 동시에 생활필수품인 임산 연료 확보에 관한 통제를 가하기 위해 내려진 조치였다. 그런데 신탄 생산에 통제가 가해진 이후 그 생산품의 출하, 유통은 '조합을 통한 집단 출하 → 생산지 수집 상인 → 소비지 도매상 → 소매상 → 소비자'라는 단계를 거쳐 이루어지기 시작했다.

이전에는 장시 등을 통해 신탄 거래가 이루어지기도 했고, 농민들이 농한기를 이용하여 시초나 신재를 우마차 등에 싣고 소비지로 직접 가서 파는 일도 있었다. 그 과정에서 신탄을 전문적으로 거래하는 상인도 등장했던 것 같다. 하지만 그 때에는 신탄 수집 및 출하를 전문적으로 맡아보는 자, 도매상, 소매상의 구분이 그리 뚜렷하지는 않았다. 그런데 일제강점기에 이르면 신탄 도매와 소매상의 역할이 뚜렷하게 구분되면서 그들이 활동하는 범위도 확연히 구분되기 시작했다.

신탄 판매에 종사한 상인의 종류는 다양했다. 도시의 길거리에서 장작을 파는 행상도 있었고, 뚝섬이나 마포 등지에 점포를 둔 상설 도매상도 있었다. 또 경성 시내 각지에 개설된 신탄시장에는 신탄만을 다루는 중개인과 소매상이 있었다. 길거리에서 신탄을 직접 판매하고 돌아다니는 행상은 주로 인근 지역에서 드나드는 농민인 경우가 많았다.

종로에서 목탄을 판매하는 상인은 양주군 의정부의 농가로서 벼 예찰 전의 농한기에 이 업을 행하는 것이다. 집과 종로를 왕복하는 데에 3일이 소요된다고 한다. 그의 거주지는 양주군 미금면이며, 그곳의 신소薪燒로부터 현금으로 매입하여 경성으로 운반한다. 목탄 1태駄의 매상고는 4원 50전이다. 이 농부는 말에 목탄을 얹어서 경성으로 운반한다.

종로 거리에서 소나무 신재를 판매하는 행상은 양주군에서 오는 농민으로, 농한기를 이용하여 경성으로 소나무 신재를 가져와서 판매한다. 그는 자기가 소유한 산이나 동유산에서 나무를 벌채하여 서울까지 가져와서 파는데 판매고는 1회에 4원 정도 된다고 한다.[154]

이러한 종류의 행상은 경찰의 집중적인 단속 대상이 되기도 했다. 자유행상인에 대한 단속은 날로 강화되어서 도회지 내 일정한 장소에 신탄 공설시장이 설립된 후에는 더 이상 행상을 할 수 없다는 말이 나올 정도가 되었다.

목포는 해륙의 편리로 각 방면에서 집산되는 신탄을 누구나 자유로이 매매하여 부민들이 아무 불편 없이 지냈으나 지난 8월에 부영 신탄시장이 설립된 이후로는 도로 정리와 방화 등 허울 좋은 명목을 붙여 부府 당국에서 신탄 감시인이라는 것을 두고 취체를 엄중히 하므로 이에 생명을 걸고 살아가던 신탄 자유 행상 300명은 하루아침에 생활을 잃고 거리를 방황하다가 굶어죽기는 마찬가지라고 하여 그대로 나무를 지고 거리로 돌아다니다가 감시인에게 구타를 당하고 짊어진 나무도 몰수당하는 등 시비가 날로 심해진다.[155]

한편 위에서 말한 것처럼 경성과 그 인근 지역의 경우 지금의 뚝섬 일대와 마포, 용산 등지에 신탄 도매상이 많이 점포를 개설해 영업하고 있었다. 이들이 뚝섬, 마포 등에 점포를 개설했던 것은 그 지역들이 한강을 이용한 수운에 편리했기 때문이다. 당시 경성으로 들어오는 신탄은 수운이나 철도를 이용했는데, 철도가 확장되기 전까지는 수운을 통해 경성으로 들어오는 양이 압도적으로 많았다. 경성 안에 있는 소매상들은 이들로부터 물량을 받아다가 소매로 판매했다.

일정한 구역에 상설 점포를 열어 영업하는 상인들 가운데에도 몇 가지 유형이 있었다. 조선총독부가 발행한 자료에는 그 유형의 몇 가지 실례가 다음과 같이 소개되어 있다.[156]

[사례 1-곡물 및 각종 잡화와 함께 시탄을 위탁판매하는 상인]
- 업종: 곡물, 어염, 시탄 위탁판매업
- 영업주: 정○○
- 영업소: 경성부 마포동 376번지

• 구매 고객: 조선 내 각지의 일본인 및 조선인으로서, 한강 연안은 배로 송출하고, 기차역이 있는 곳은 정거장에 가까운 부근에서 적재하여 반송하며 상품은 현금 매매, 외상이 모두 가능하다.

• 위탁자: 함경남북도, 충청남북도, 경기도 등의 지방 조선인으로서 화물은 대부분 배로 운반된다.

[사례 2-신탄만을 전문적으로 위탁판매하는 상인]

• 업종: 신탄 위탁판매업

• 영업주: 윤○○

• 구매 고객: 경성부 내의 일본인 및 조선인을 대상으로 도소매를 행한다. 구매자는 대개 우마차를 가져와서 화물을 실어 나르며 대금은 즉시 납부 및 외상으로 한다. 외상 거래는 30일을 기한으로 한다.

• 위탁자: 주로 연천 및 장단군의 조선인들이다. 화물은 선박으로 적재하여 송부해오며, 화물 주인 스스로 가져오는 경우도 있다.

• 수수료: 매매가의 6푼을 수수료로 받는다. 위탁자는 화물 대금의 7~8할을 전도금으로 수취하고 매매 잔금에서 수수료를 제한 차액을 우편 위체의 형식으로 지불한다.

[사례 3-신탄을 사입하여 도소매 형태로 판매하는 상인]

• 업종: 신탄 도소매

• 영업소: 고양군 독도면纛島面[157] 독도리 392번지

• 영업주: 이○○

• 구매 고객: 경성부 내에 있는 일본인 및 조선인 상인, 독도면에 거주하

는 사람들에게 판매하는 것도 있음.

- 구입선: 원주, 양주, 여주, 가평 등 한강 상류의 수집상들이 선적하여 보내오는 화물을 직접 구입함.

- 창고: 조선식 가옥 23간에 목탄을 적재하고 신재는 점포 뒤에 야적하고 있다.

- 매상고: 화물 매상은 하계에 적은 편이고, 가을부터 봄에 이르는 동안 많아진다. 최근 1개월의 매상고는 마차 혹은 우차 15대 정도이고 화목 1대의 단가는 10원 정도 된다. 경성까지 운송임이 2원 40전 정도 붙는다.

[사례 4-신탄 소매를 전문으로 하는 상인]

- 업종: 신탄 소매업
- 영업소: 경성부 적선동 114번지
- 영업주: 박○○(상호-적선시탄상)
- 구매 고객: 경성부 내 조선인. 대금은 현금 판매이며, 월말에 지급하는 조건으로 외상 판매도 한다.
- 구입선: 근교의 용산, 마포, 뚝섬에 있는 신탄 도매상으로부터 구입한다.

신탄 상인은 신탄 위탁판매, 도소매업자로 분류 가능한데, 위탁판매업자들은 목탄조합이나 삼림조합과 일정한 거래 관계를 맺고 그 물량을 받아 판매하던 사람들로서, 처음에는 그 숫자가 많았으나 신탄시장을 통한 거래가 활성화되면서 그 비중이 줄어들었던 것으로 이해된다.

한편 도매업자들은 철도와 수운을 통해 경성으로 흘러들어오는 물량을 지정된 시장에서 바로 매입해 소매업자에게 팔아 넘기는 일종의 '중개인'이었다. 경성으로 들어오는 장작과 숯은 시간이 갈수록 주로 철도로 운송되었다. 신탄 수송에 주로 이용되는 철도는 경의선으로서 남천, 금교, 신막, 서흥, 흥수, 청계역이 신탄의 주요 집산지였다.[158] 강원선과 함경선의 접속지인 원산의 문천역도 신탄이 다량으로 모여드는 곳이었는데, 이곳에는 생산자들로부터 장작과 숯을 받아 열차로 경성에 보내는 업자가 영업하고 있었다. 철도로 경성역이나 동경성역(청량리역)에 들어오는 물량은 역 구내 혹은 그 인근에 위치한 상인들에 의해 소화되었다.

이 신탄상들은 신탄시장 감독인을 두고 불법적으로 채취되는 임산물의 유입을 단속하기도 했다. 또 입하량이 많을 때 물품을 구매했다가 조금씩 매도하는 방식으로 물량을 조절하기도 하는가 하면, 표준 가격을 정하여 시세의 급격한 변동을 막기도 했다.

경성역 구내에 대여섯 명의 신탄업자가 조직한 조합이 협정 도매가로 표준을 삼아 1표(俵)당 15전 내의 이익을 붙인 것을 공설시장의 소매 가치로 하였는데, …… 대정 11년 이후에는 생산지 역의 취인(경의선의 남천, 금교, 신막, 서흥, 흥수, 청계역과 강원선의 문천, 전진역) 상장 및 강원도 금화군 읍내의 취인 상장을 조사하여 그에 운임 등을 가하여 다시 15전 내외의 이익을 가산하는 것으로 소매 가격을 정하였다.[159]

1922년에 조사 집계된 자료에 의하면 경성부에는 '시탄시장'이라는 이름의 장작 거래 장터도 있었다. 시탄시장에는 목탄도 거래되기는 했지만 주로 장작이 거래된 것으로 보인다. 동대문에서 열린 시탄시장은 그 연원이 상당히 오래되었는데, 경성역을 중심으로 거래되는 신탄의 양이 많아지면서 조금씩 축소되어 나중에는 사라진 것으로 이해된다. 1920년대에는 돈의동, 안국동, 죽첨정, 광희정에 공설시탄시장이 설립되기도 했다.[160] 참고로 시탄시장의 운영 방식을 소개하면 아래와 같다.

[돈의동 공설시탄시장의 사례]

- 위치: 경성부 돈의동 103번지
- 면적: 720평
- 설비: 특별한 설비가 없음
- 개시일: 매일
- 취인고: 신탄 42,288원
- 시장 상인의 수: 소매상 7인
- 매매방법: 소매
- 중개인 수수료: 1태駄 당 10전
- 시장 사용료: 토지 1평당 1개월 10전
- 시장의 감독: 경성부에서 직접 감독하지는 않고, 무급의 중개인이 매매 중개, 시장 소제를 맡아보고 있다. 중개인이 부의 승인을 받아 수수료를 받고 있다. 시탄 가격은 1표 당 원가에 15전을 가산하여 책정한다.

[동대문 공설시탄소채시장의 사례]

- 위치: 경성부 종로 5정목 104번지
- 면적: 527평
- 설비: 시장 주위를 구획하고 도로에 면한 개소에 출입구를 두었으며,

구내에 공동변소 1개소를 설치하였다.

- 시장의 주요 취인품과 취인고: 신탄 10,666원 채소 1,185원
- 시장 상인의 수: 소매상 3인
- 매매방법: 소매
- 중개인 수수료: 신탄 1태 당 10전, 채소 1하荷 당 20전
- 시장 사용료: 토지 1평당 1개월 10전
- 시장의 감독: 매일 경성부가 이원吏員을 파견하여 불법적인 매매 중개를 취체하고 각종 폐해를 교정하여 구내 혼잡을 막는다. 폐장 후에는 중개인이 청소를 한다.

두 사례에서 확인할 수 있는 바와 같이 시탄시장에서는 중개인이 장작이나 숯, 채소를 매입해 그 자리에서 곧바로 소매상에게 넘겨주는 식으로 거래가 이루어졌다. 중개인을 통하여 신탄을 구매한 소매상은 또 그 자리에서 일반인을 대상으로 장작을 팔았다. 이러한 거래 방식은 오늘날 도매청과시장 등에서 일상적으로 행해지는 상거래와 유사한 것이다. 일제강점기 신탄시장에는 특징적인 설비가 없었으며, 공터를 구획하고 그 안에 천막 등을 이용하여 상점을 개설한 뒤 일정 구역에 상품을 적재해두고 파는 수준에 머물렀다.

경성부는 정기적으로 직원을 파견해 불법적인 상행위를 단속하고 그 가격도 일정 수준에서 정한 뒤 이를 준수하도록 했다. 또 매매 중개인을 거치지 않은 거래를 금지하는 방법으로 미등록 상인에 의한 장작 판매 행위를 단속했다. 신탄시장, 시탄시장에서 중개인으로부터 사들인 물량이 아니면 함부로 이를 팔기 어려웠던 것이다. 하지만 경성 인근에 사는

농민들이 조금씩 장작을 채취해다가 길거리에서 파는 일이 완전히 근절되지는 않았다.

식민 당국은 신탄시장, 시탄시장을 통해 선상이나 행상의 형태로 소비자에게 신탄을 직접 공급하던 상인들의 활동을 제지하고, 다층적으로 연결된 유통망 구조를 정착시키려 노력했다. 철도역을 중심으로 활동 영역을 넓혀나간 상인들은 신탄 시세를 자기들끼리 협정하여 정하기도 했고, 때에 따라서는 물량 공급을 자율적으로 조절하기도 했다.[161] 이러한 갖가지 관행은 농민들이 불법적으로 채취한 장작이 시장에 흘러들어 오는 것을 어느 정도 막는 역할을 하기도 했다.[162]

이상 살펴본 바와 같이 당국은 가능한 한 연료재 구입 경로를 신탄시장으로 제한하려 했고, 아마도 그러한 노력은 일정한 성과를 거둔 것으로 보인다. 그런데 신탄시장이라는 것이 도시에 설치되어 있는 것이었기 때문에 농촌 거주민에게는 그다지 관련이 없었다. 신탄시장을 통해 도시 거주민의 연료재 구입 경로를 관리할 수는 있었겠지만, 대다수 인구가 거주하는 농촌에서는 당국이 지정한 날에 입산해 장작을 채취하는 방식만이 난방용 임산물을 확보할 수 있는 유일한 통로였다고 해도 과언이 아니다.

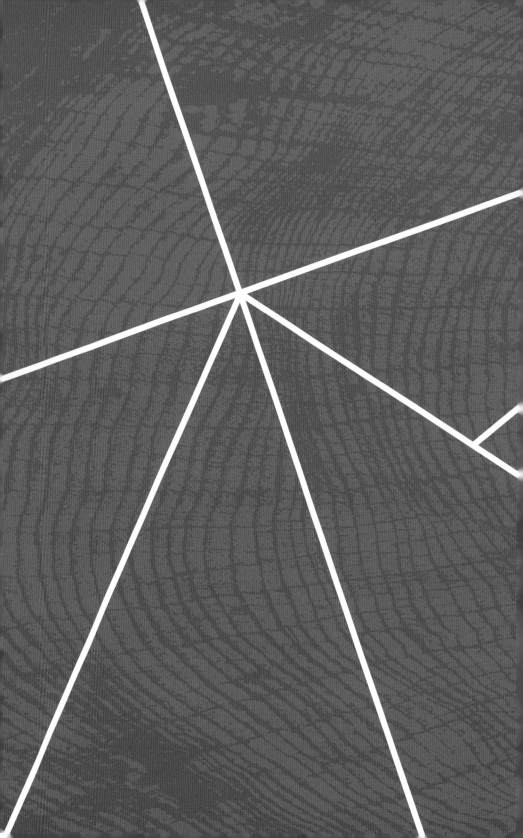

V

일제 당국의
임업 공익 확보 정책

전근대 시기에 임업은 야생의 식물 자원을 목재나 부식, 연료재로 사용하기 위해 산림산물을 채취하는 1차 산업이었다. 그런데 현대사회에 접어들어 임산물에 대한 수요가 줄어들고 연료재로 석탄, 천연가스가 널리 사용됨에 따라 임업의 1차 산업적 성격이 감소했다. 최근에는 숲을 휴식공간이나 자연탐구의 재료로 이용하는 사람들이 늘어나 임업이 3차 산업으로 여겨지는 경향이 나타나기에 이르렀다. 또 지구온난화 현상에 대한 관심이 높아져 산림 자원을 적극적으로 보호해야 한다는 공감대가 형성되고, 기후변화·자연재해를 완화하기 위해 숲을 보호하자는 의식도 확산되고 있다.[1]

이와 같이 자연재해 방지와 여가 활동을 위해 산림을 보호하는 행위를 일컬어 '공익 임업'이라고 부르기도 한다. 다시 말해 '공익 임업'이란 국토 보전, 대기 정화, 생태적 다양성 확보 등의 공익적 가치를 우선시하는 임업인 것이다. 이에 비해 목재 등의 경제적 생산물을 획득하는

데 주력하는 임업을 '공익 임업'에 대비되는 개념으로 '사적 임업'이라고 부른다.[2] 이러한 분류 방식에 따른다면 전근대 시기에 임업은 '사적 임업'의 성격이 보다 짙었다고 할 수 있다. 아울러 일제강점기에는 임업 분야 내에서 '공익 임업'의 비중을 늘리려는 시도가 없었던 것은 아니지만, 그 성과는 뚜렷하지 않았다.

사실 해방 이후 우리나라 임업의 생산수준은 그리 높지 않았다. 경제성이 높은 수종이 적었고, 그 수량도 많지 않았다. 오늘날 우리나라 제재용 원목의 80퍼센트 이상은 인도네시아, 뉴질랜드 등 외국에서 들여오고 있지만,[3] 해방 직후에도 건축용·산업용 원목의 공급량은 충분하지 않았고 외국산 목재가 차지하는 비중이 높았다. 당시 임업이 당면한 문제는 "필요한 목재를 얼마나 많이 생산할 수 있는가?" 하는 것이 아니라 "산림 황폐화로 인해 발생하는 피해를 어떻게 하면 줄일 수 있는가?" 하는 것이었다.

1930년대 후반 이후 국내의 산림 자원은 더욱 고갈되어 임업 생산의 기반 자체가 무너지는 위기에 처해 있었다. 이러한 상태였기 때문에 해방 직후에 임업 종사자와 당국자들이 당면했던 가장 중요한 과제는 산림 자원의 복구, 그리고 임업의 공익적 성격을 회복하는 것이었다. 대한민국 정부가 일찍부터 치산녹화에 가장 중점을 두고, 1970년대에는 치산녹화 10개년계획, 산지 사방사업, 나지녹화裸地綠化를 의욕적으로 추진한 것도 공익 임업의 회복을 목표로 한 움직임이었다.

그런데 임업의 공익성을 회복하기 위한 노력은 장기에 걸쳐 꾸준히 이루어져야 하고, 재정적으로도 많은 돈이 투입되어야 한다. 제1·2차 치산녹화계획이 시행된 시기에 정부는 이를 제대로 이해하고 있었기 때문에 외국 차관까지 들여와 녹화사업에 투입할 정도로 상당한 노력을 기울인 바 있다. 실제로 1973년부터 1987년 사이에 정부 주도로 식목 완료된 나무의 숫자는 약 95억 본에 이르렀으며, 그 관리도 비교적 꾸준했다. 그 결과 식목된 나무의 대다수가 착근해 생존할 수 있었고, 최근에는 장령림長齡林이 나타나기 시작했다. 현재 남한의 ha당 임목 축적이 150입방미터에 이르러 OECD 평균인 130입방미터를 뛰어넘었다는 것은 주지의 사실이다.

공익 임업의 중요성이 크다는 사실은 일제강점기라고 해서 크게 다르지 않았을 것이다. 임업이 지니는 공익적 가치는 어느 한 시기에 국한된 것이 아니라 보편적으로 적용되어야 하는 문제이기 때문이다. 그런데 공익 임업을 제대로 육성하는 데에는 상당히 민감한 문제가 놓여 있다. 그것은 바로 투입되는 비용을 부담하는 주체와 그 효과를 누리는 수익자가 다를 수 있다는 사실이다.

당국이 공공 재정을 투입하지 않고 그저 산주에게 조림과 숲 보전 의무를 전가하게 되면, 임야의 소유자는 손해를 감수하면서 그 비용을 부담하는 반면 비용을 부담하지 않는 제3자가 자기도 모르게 산림 보호로부터 발생하는 각종 이익을 누리게 된다. 이러한 문제점을 해결하기 위해 최근 어떤 나라에서는 산림 소유주로부터 육림에 관한 사항을 일체 이양받아 육림사업을 진행하는 공사公社를 설립하고, 그 공사의 사업비용을 주민들이 납부하는 세금으로 충당하기도 한다.[4]

우리나라를 비롯한 여러 나라에서도 임업보조금제도를 운영하여 산주들에게 일정 부분 조림 및 관리 비용을 지원하기도 한다. 이처럼 공익 임업이 활성화되기 위해서는 임업 당국의 적극적인 개입과 투자가 필수적이다. 이 지점에서 우리는 일제 식민 당국이 공익 임업의 중요성을 인지하고 있었는지, 그리고 공익 임업의 활성화를 위해 어떤 구상을 지니고 있었는지 의문을 갖게 된다.

이러한 점을 살펴보기 위해 조선총독부의 화전정리 방침과 사방사업 정책에 대해 개술하도록 하겠다. 화전정리와 사방사업에 주목하는 이유는 일제강점기 당시에 조선총독부가 일종의 '공익 임업' 장려 정책으로 제시한 것이 화전정리와 사방사업뿐이었기 때문이다.

1. 식민 당국의 화전정리 방향에 나타난 문제점

1-1. 화전정리 방침의 표명과 그 실상

조선 후기에는 화전을 경작하는 농민이 많아지고 그 면적도 넓어졌다. 화전이 많아짐에 따라 민둥산이 늘고 수자원도 감소하는 등 많은 문제가 발생하고 있다는 지적이 당시에도 자주 거론되곤 했다. 숙종 때 윤휴는 다음과 같이 화전의 피해에 대해 논한 바 있다.

산골짜기에 살고 있는 백성들이 일군 화전은 오늘날의 크나큰 폐단입니다. 재목이 핍절되고 약재가 희귀해지며 조수鳥獸가 번식되지 못함은 모두 이 화전이 많아진 탓입니다. 화전으로 인해 산은 민둥산이 되고 못은 말라 운우가 일지 않는 실정입니다.[5]

숙종은 이러한 지적을 받아들여 〈화전금단사목火田禁斷事目〉을 만들어 반포하기도 했으나,[6] 화전의 근절에는 실패했던 것으로 보인다. 1875년 (고종 12)에 전라도 암행어사로 파견된 엄세영이라는 사람은 "산허리까지 화전이 위치하고 있는 실정이며 심지어 산허리 이상에 해당하는 고지대에 화전을 일구는 자까지 있다"고 보고했다.[7] 산허리 위 고지대까지 모조리 화전으로 개간되는 바람에 산에 나무는 날로 사라지고, 비가 조금이라도 많이 오면 토사가 평지로 쏟아져 내리는 악순환이 반복되고 있다고 그는 말했다.

일제강점기에 접어들어 조선총독부도 화전으로 인한 피해가 만만치 않다고 보았다. 일제는 산에서 토사가 많이 유출되고, 그 결과 하상河床도 높아져 홍수 피해를 줄일 수 없다면서 "다년간 노력한 산림 정책이 제대로 효과를 거두지 못하게 되는 원인은 바로 화전"이라고 했다. 식민 당국은 화전이야말로 "다년간 임정의 암종"이라고 지목하면서 화전을 정리해야 임업의 공익성이 확보될 것이라고 언급했다.[8]

이러한 생각에서 일제는 1908년에 〈삼림법〉을 입안할 당시부터 화전에 대한 대책을 수립하고자 했다. 이 법의 제14조에는 "지방 장관 또는 경찰 관리의 허가 없이 삼림산야에 화입火入을 할 수 없다"라는 규정이 있었고, '삼림법 시행세칙' 제68조에는 "삼림산야에 화입 허가를 얻고자 하는 자는 그 기간을 정하여 출원하여야 한다"고 되어 있었다. 또 제69조에는 "지방관 또는 경찰관이 화입을 허가했을 때에는 화입허가증을 교부한다"라고 하여 경찰 등이 화입을 허가해야만 화전을 경작할 수 있는 것으로 되어 있었다.

'화입허가증'을 발급받은 자만이 화입할 수 있다는 규정은 1911년에 공포된 '삼림령' 제18조에도 실려 있었다. 화전 경작은 국유림과 사유림 모두에서 행해졌는데, 국유림에 화입하는 행위를 허가받았을 때에는 그 국유림의 관리자(도 장관 혹은 영림창장)에게 개간 시작 일자를 미리 통보해야 했다. 또 사유림에 화입을 하려는 자는 그 소유자로부터 허가를 얻었음을 증명할 수 있는 서류를 제출해야 했다. 이와 같이 일제는 화전을 억제하기 위한 제도적 장치를 마련하기 시작했으나, 막상 화전을 정리하고자 할 때 현실적으로 부딪치는 문제가 적지 않았다. 먼저 화입을 통제해야 하는 화전의 범주가 어디까지인가 하는 문제부터 판단하기 쉽지 않았다.

화전은 본래 한 해 동안 씨를 뿌리고 추수한 후 지력이 쇠해지면 다른 곳으로 옮겨가는 유농遊農 경작의 일종이다. 그러나 일부 산간지대에서는 일정한 지역에 정주하여 농경을 행하는 화전민들이 많이 생겨났으며, 그 경우 화전이 숙전 혹은 일정한 기한을 두고 안정적으로 돌려짓기를 하는 땅으로 변하는 예가 적지 않았다. 이러한 땅을 산전山田이라고 따로 지칭하기도 했다.[9]

조선 후기 이래 산전, 화전과 평전은 그 경계가 모호하게 서로 뒤섞이거나 연접하는 경우가 많았다. 또 산전 중에는 숙전과 다름없는 농지도 적지 않았다. 그러한 토지 중에는 양안에 평전과 다름없는 땅으로 취급, 기록되는 사례가 많았다.

평전으로 취급되지 않은 화전과 산전은 '속전'이라고 하여 별도의 토지로 취급되었고, 부과되는 세금도 적었다. 그런데 광무양전 때에는 속전이라는 분류가 없어지고, 화전인 경우에도 일역전, 재역전, 삼역전으로 나뉘어 양안에 등재되었다.[10] 이처럼 문서상으로 화전이 원전과 뒤섞여 있으므로 과연 어떤 땅을 '화입 금지' 대상지로 할 것인가 하는 문제부터 확정짓기 애매했다.

조선토지조사사업을 담당한 임시토지조사국은 '화전, 산전을 어떻게 처리해야 하는가' 하는 민감한 문제를 처리하기 위해 기준을 세워야 했다. 만일 화전을 경작하는 자가 자기 땅을 '전田'으로 등록하는 데 성공하면 그 화전에서 농사를 짓는 것은 합법행위로 인정받았다. 그 경우에는 〈삼림령〉 제18조의 규제 대상에서 벗어나게 된다.[11] 그런데 그 화전이 '임야'로 편입된다면 그 땅에서 화입하는 행위는 〈삼림령〉 제18조의 규제를 받아야 한다.

그렇다면 일제는 어떤 땅을 '임야'로 분류하고, 또 어떤 땅을 '전'으로 분류했던 것일까? 조선토지조사사업이 실시될 당시 일제는 사전에 "지상에 수목이 울창하게 존재[叢生]하는 곳과 수목의 성장이 예상되는 곳"을 '삼림'으로 규정하고, 수목이 성장할 수 있는 곳으로 경사도가 15도 이상이면 '산야'로 분류한다는 방침을 세웠다.[12] 조선총독부가 1924년에 내놓은 조사자료에 의하면 '산야'로 편입되는 지역에 화전이 다수 있는 것으로 확인되는데, 그 화전이 위치한 산야의 평균 경사도는 22~23도였다. 이 때문에 경사도 15도 이상을 산야 혹은 삼림으로 분류한다면 화전 대다수가 '임야'로 편입될 터였다.[13] 사정이 이러했기 때문에 토지조사사업 과정에서 자기 농지가 임야로 뒤바뀌어 불이익을 받게 된 사람이 적지 않을 것이라는 예측이 나왔고, 이와 관련된 분쟁이 폭증할 것이라는 우려도 있었다.

일제는 토지조사사업 시행 이전부터 이러한 문제가 발생할 것을 알고 있었다. 또 그와 관련된 분쟁에 대처하고자 토지조사사업이 진행되는 과정에서 화전을 어떻게 처리할 것인지에 대해 취급 방안을 마련했다.

토지조사사업은 면·동리의 명칭과 경계를 조사하고, 토지신고서를 받아 정리한 후 그 오류 여부를 조사하는 도서圖書 검사를 시행한다. 그 후 특별하다고 인정되는 지역에 대한 특별조사와 '일필지 조사'를 병행하여 실시했으며, 그에 이어 일필지 측량을 다음 토지조사부, 토지대장 등의 각종 장부를 작성하고 토지 사정과 공시를 하게 된다.[14] 토지신고서는 신고주의 원칙에 따라 지주가 직접 작성하여 제출하게 되는데, 이때 화전 또는 휴한지에 해당하는 땅의 소유권을 주장하는 지주가 등장해 신고서를 제출할 수 있었다. 이렇게 화전을 신고하는 사람이 나타날 때는 휴한지 신고서라는 것을 작성하도록 하고, 그 안에 경작 연수와 휴경기간을 표시하도록 했다.[15]

식민 당국은 이와 같은 종류의 토지에 대한 처리방침을 확정하기 위해 먼저 '서북선西北鮮 조사'라는 별도의 작업을 실시했는데, 이 조사는 황해도, 평안남도, 평안북도, 함경북도, 함경남도, 강원도 내 36개 군을 대상으로 화전의 개황을 확인하는 데 목적이 있었다. 임시토지조사국은 서북선 조사를 통해 화전이 생각보다 광범위하게 존재하고 있으며, 이를 경작해 연명하는 사람이 상당수에 달한다는 것을 알게 되었다. 실제로 평안도, 황해도 지역에는 다른 지역보다 화전이 많았다. 숙종 4년에 암행어사로 파견된 이한명이라는 사람은 "관서 연로에 있는 산마다 밭이 모두 개간되어 있고, 그렇지 않은 곳을 찾기 힘들 정도"라고 했다.[16] 이런 상황은 1910년대에도 크게 다르지 않았다.

임시토지조사국은 서북 지역 각지에 산재하는 화전 및 산전의 소유 및 권리 관계에 대한 관습을 서북선 조사를 통해 확인하고, 다음과 같이 그 처리 방안을 결정했다.

서북선 지방에서는 화전을 경작하여 생활하는 자가 많으며, 화전 중에는 경작 구역이 일정하고 상경常耕 가능성이 있는 것과 경작 연수가 휴경 연수보다 많은 것이 적지 않다. …… 이런 종류의 화전에 대해서는 '전'으로 조사하고, 그 사유를 인정한다.[17]

숙전화 가능성이 있거나, 경작 연수가 휴경 연수보다 많으면 화전을 '임야'가 아닌 '전'으로 분류하겠다는 방침을 세운 것이다. 일제는 이러한 기본방침 아래에 다음과 같이 세부 지침도 마련했다.

① 경작 구역이 일정하고 계속적으로 경작한 사실이 있으나 지력 양성을 위해 일시적으로 휴경하는 화전 중에서 휴경 연수가 3년 이하이고 경작 연수가 휴경 연수보다 많은 것은 '전'으로 분류한다.
② '전'으로 조사할 화전에 연접해 있는 임야로서 경작의 가능성이 있는 땅은 지주 및 지주총대의 진술을 참작하여 '전'으로 처리하고, 연접한 토지와 같은 필지로 묶는다.
③ 경사도 30도 이상인 산지에 있는 화전은 영원히 숙전이 될 수 없는 것으로 간주하여 '전'으로 인정하지 않는다.
④ 경사도 30도 이하의 산지에 존재하는 화전 중에서 조사 지역으로부터 1리 이상 떨어져 있고, 그 집단 면적이 10,000평 이내인 곳은 조사 대상에서 제외하고, 후일 적당한 시기에 조사하는 것으로 한다.

앞서 말한 바와 같이 경사도 15도 이상의 토지는 산야로 구분되는 동시에 토지의 지목을 정할 때 삼림과 함께 '임야'로 그 지목이 분류되는 것이 원칙이었다. 그런데 경사도 15도~30도의 산야에 자리 잡은 화전 중에서 숙전으로 변할 가능성이 있는 곳은 그 지목을 '전'으로 분류하게 되어 있었다.

이와 같은 방침은 1912년 각도장관회의에서 도장관들이 총독부의 자문에 응하여 제출한 '화전정리안'에서 구체적으로 언급된 바 있다. 당

시 각도 장관이 제출한 '화전정리안'을 소개하면 다음과 같다.[18]

(갑) 기경起耕의 화전에 대해서는 경찰의 원조를 받아 다음과 같은 방법으로 처리한다.

1. 경사 35도 이상의 국유 임야에서 화전을 개간하는 자는 명치 46년 (1913)까지 경작을 허하고 그다음 해부터는 금지한다.

2. 경사 35도 미만의 국유 임야에서 이미 화전을 개간한 자에 대해서는 당분간 이를 묵인한다.

3. 사유 임야 중에 있는 화전 중 위의 제1호에 해당하는 화전의 소유자에 대해서는 설득을 통해 가급적 임업을 경영하도록 유도할 것.

……

(을) 화전을 새로이 개간하는 행위에 대해서는 다음과 같이 처리한다.

1. 경사 30도 이상의 임야에 대해서는 새로이 화전을 개간하는 행위를 불허할 것.

2. 경사 30도 미만의 임야에 대해서는 다음 각항에 의거하여 구별하여 처리할 것.

① 요존국유림에 화전을 개간하고자 하는 자에 대해서는 그 대상지가 삼림에 연이어 불이 붙을 우려가 있는 개소일 경우, 이용 후 식목을 하여 환부하는 조건으로 화입을 허가할 것.

② 불요존국유림에서는 가급적 혼농임업을 행하도록 할 것.

정리안의 주요 내용을 살피면 경사도 35도 이상에 존재하고 있는 화전은 국유림, 사유림을 막론하고 없애며, 그 이하 산지에 소재하는 화전은 당분간 경작한다는 것이다. 또 새롭게 화입을 하려는 자가 있을 때에는 그 경작하려는 땅이 경사도 30도 이하일 경우 이를 허락하고, 그 이상인 경우에는 불허하는 것이 좋다고 되어 있다. 요컨대 당국자들은 화전의 상당수를 그대로 허용하고 금하지 말되 경사도 30도 이상에 해당되는 산지에서는 신규 화전 경작을 금하자는 입장이었다.

이러한 안은 화전에 대한 수세收稅 문제를 의식하고 있었기 때문에 마련된 것으로 이해된다. 실제로 전라남도장관의 회답에는 "화전정리에 의하여 지세가 부과되어왔던 전田을 금경禁耕하는 일이 생길 것이다

지주 조사(조사원이 신고서 등을 실지와 대조하여 지주명 및 기타 신고 사항에 이상이 있는지의 여부를 확인하는 과정)	화전 소유자가 토지 신고서를 제출할 경우 "지방의 관습과 인민의 생활 상태"를 감안하여 국유로 분류할 것인지 아니면 민유로 분류할 것인지 잠정적으로 구분한다.
경계 조사(지주 및 지목이 동일하고 연속되어 있는 토지를 1필지로 하여 해당 필지 구역을 정하는 작업)	지주 조사를 거쳐 일단 '전'으로 분류된 화전 사이에 개재하는 임야는 해당 화전에 부속된 것으로 파악하여 일괄적으로 하나의 경계 내에 있는 것으로 설정한다.
지목 조사	격년 경작하는 화전과 경작 연수가 휴경 연수보다 많고, 그 휴경 이간이 3년 이하인 것은 '전'으로 확정한다.
지번 조사	위 조사에 따라 '전'으로 인정된 화전에는 보통의 전답과 같이 지번을 부여한다.
지반 측량 및 지적도와 각종 도부 작성, 토지 사정	화전정리 방침에 따라 화전의 소유권을 인정한다. 이때 경사도 30도 이하의 산지에 존재하는 화전 중으로서 조사 지역으로부터 1리 이상 떨어져 있고, 그 집단 면적이 10,000평 이내인 곳은 조사를 보류하고, 후일 이를 정리하는 것으로 한다. 이런 종류의 토지는 임야조사사업 때에 다시 한번 국유, 사유 여부를 결정한다. 화전은 국유, 사유를 막론하고 경사도 30도 이하의 경우 그 경작이 그대로 용인되었다.

…… 이렇게 되면 지세액이 감소될 우려가 있다"고 언급되어 있다.[19]

도 장관들의 '화전정리안'은 토지조사사업 당시에 진행된 서북선 조사에 의하여 공식화되었다. 이 조사 직후 일제는 경사도 30도 이하의 산지는 가급적 그 소유권을 인정하는 동시에 화전 경작을 용인한다는 입장을 정리했다.

이처럼 일제는 경사도 30도를 기준으로 하여 화전을 '전'이나 '임야'로 분류한다는 원칙을 세웠고, 그 기준에 맞는 땅의 화전 소유자가 그 소유권을 주장할 때에는 이를 인정할 수도 있다고 하는 방침을 택했다.

이 방침은 일필지 조사 과정에서 대체로 지켜진 것 같다. 일필지 조사는 지주 조사, 경계 조사, 지목 조사, 지번 조사, 개황도 작성, 실지조사부 작성의 순서로 진행되었다. 이 과정에서 화전은 아래의 흐름도에 적시한 바와 같이 처리되었다.

조선총독부는 화전으로 인해 "매년 삼림의 소실, 토사 유출, 토지 황폐화 등 그 손해가 막대하다"고 지적하면서 그 정리의 필요성을 누차 언급했다.[20] 이러한 입장에 따른다면 토지조사사업 과정에서 화전을 토지로 인정하지 말아야 했다. 그러나 실제는 그렇지 않았다. 국유, 사유지를 막론하고 경사도 30도 이하의 산야에 있는 화전의 경작은 그대로 용인되었다.[21]

1-2. 1916년 '내훈 제9호'에 따른 화전정리사업

위에서 확인한 바와 같이 일제는 국유림 안에 위치한 화전을 적극적으로 정리하지 않았다. 식민 당국은 1916년 '국유 임야에 속한 화전을 결수연명부에서 삭제하는 건(조선총독부 통첩 112호)'을 발표하기 전까지 국유림 내 화전에 대해 지세를 부과했다. 이처럼 일제는 토지조사사업이 종료되기 전까지 화전에 대해서는 잠정적으로 일괄 징세를 단행했다. 그런데 토지조사사업 이후에도 화전이 소재한 임야의 국유, 사유 여부는 아직도 그 향방이 완전히 결정되지 않았다. 임야의 대부분은 1917년부터 1924년 사이에 실시된 임야조사사업으로 그 소유권이 확정되었기 때문이다. 사실 1924년에 임야조사사업이 완료될 당시에 기존의 국유림이 사유림으로 뒤바뀌는 일이 많았기 때문에 국유림 안에 화전이 있다는 이유로 곧바로 그 경작을 금지하는 것도 무리가 있었다.

화전의 지목을 정하는 문제도 복잡하고, 화전이 소재한 임야의 국유·사유 여부 자체가 결정되지 않은 상황이다 보니 1912년 도장관회의에서 제안된 '화전정리안'을 곧바로 채택하여 실시하는 것은 곤란했다. 그런데 1914년 '삼림법' 제19조 미이행 사유로 국유지가 된 임야를 대상으로 시행된 '구분조사'가 완료되어 '장래에 국유지로 그대로 남겨둘 임야'와 '민간인에게 대부하거나 원래의 소유자에게 돌려줄 임야'가 각각 요존국유림, 불요존국유림으로 구분되었다. 이 조사 결과를 기초로 조선총독부는 요존국유림 안에 위치한 화전을 철거 대상으로 지목하고 정리사업에 착수하기 시작했다.

요존국유림에 대한 화전정리안은 도 장관들이 1912년에 제출한 '화전 정리에 관한 자문답신안'을 근거로 작성되었다. 1916년 4월 25일 조선총독부는 1912년의 도 장관 자문안과 거의 동일한 내용의 '화전정리에 관한 건(조선총독부 내훈 제9호)'을 발령하였다. 이를 소개하면 다음과 같다.[22]

〈화전정리에 관한 건(1916년 4월 25일 내훈 제9호)〉

1. 국유 임야 구분조사 결과 요존국유림에 편입된 구역 및 요존 예정 임야로 인정될 것으로 보이는 임야에서는 화전을 목적으로 한 화입 경작을 금지한다. 단 현재 경작 중인 화전 중에서 도 장관이 이를 금지하기에 어려운 사정이 있다고 인정할 때는 당분간 이를 인정한다.
2. 전항 이외의 국유림은 경사도 35도 이상(화강암지대는 30도)의 토지 및 국토 보안상 기타 특별한 사유가 있는 토지에 있어서는 새로이 화전을 목적으로 한 화입을 금지한다. 35도 미만의 임야에 있어서는 국토 보안 기타 특별한 이유가 없는 한 당분간 종전의 관습을 허용한다.
3. 정리하는 화전의 경작자의 이전을 위해 구분조사 완료 후 적당한 경작지를 선정한다.
4. 영림창은 동창 소관의 임야 조사 때에 화전정리를 위한 경작 이주지를 선정한다.

이 문건에서 알 수 있듯이 1916년부터 단행한 요존국유림 내 화전정리의 대강은 경사도 35도(화강암 지대의 경우 30도) 이상 산지에 소재하는 화전은 완전 금지하고, 그 대신 이주지를 선정하여 화전민들을 옮긴다는 것이었다.

'내훈 9호' 발령 이후 조선총독부는 그 구체적인 시행 방안을 정하여 각 지방장관과 영림창에 연이어 시달했다.[23] 같은 해 5월에는 경찰관으로 하여금 화전민들의 이주를 지원하도록 했고,[24] 7월에는 요존국유림 내 화전을 결수연명부에서 완전 삭제함과 동시에 징세도 중지했다.[25] '내훈 9호'에 의한 화전정리는 다음과 같은 원칙에 따라 진행되었다.

① 요존 예정 임야에 편입된 경우에도 도 장관이 부득이하다고 인정하는 사정이 있을 경우 당분간 이를 용인할 것.

② 집단을 이루고 있는 화전 경작지는 화전조사서를 작성하고, 그에 견취도, 경사도, 경작 연수와 휴경 연수, 1개년 수확과 경작물 종류, 면적, 호수, 인구 등을 기재할 것.

③ 실지 조사의 방법으로 이주지를 물색하고, 적당한 이주지라고 인정되는 곳은 불요존국유림으로 분류할 것.

④ 경작 이주지의 규모는 원래 거주지에서 화전민 1호가 경작하던 화전 면적을 기준으로 비슷한 면적으로 계산할 것.[26]

이러한 일련의 조치로 요존국유림 내 화전의 일부가 실제로 정리되었고, 화전민도 당국이 지정하는 장소로 이동해야 했다. 1918년 8월을 기준으로 했을 때 경기도의 경우에는 1916년에 55호였던 화전민 호수가 1918년까지 모두 정리된 것으로 확인된다. 전라남도에서도 화전민 522호 중에서 341호가 정리된 것으로 나타나 있다.[27] 이 '내훈 9호'에 따른 화전정리 결과 1924년까지 도 관할 요존국유림에 있던 화전 농민호가 48,734호에서 35,313호로 줄어들었고, 화전 면적도 81,702여 정보에서 64,292여 정보로 줄어든 것으로 되어 있다. 그러나 함경남도 관할 요존국유림에서는 화전 농민호가 10,600호에서 13,279호로 늘어났으며, 그 면적도 21,089정보에서 28,969정보로 증가했다.[28]

함경남도 외의 요존국유림에서는 화전민이 줄어든 것으로 통계상 확인되고 있지만 실상은 그렇지 않았던 것 같다. 도 당국에 의해 지정 이주지로 쫓겨난 화전민의 상당수가 원래의 거주지와 경작지로 돌아왔기 때문이다. 통계상으로는 이미 정리가 된 것처럼 보일지 모르지만 언제든지 그 땅이 화전으로 되돌아갈 가능성이 있었고, 실제로도 그러했다. 이와 같이 화전민이 제대로 정착하지 못하고 원래의 거주지와 경작지로 되돌아온 것은 이주지가 경작에 적합한 땅이 아니었기 때문이다.[29]

사정이 이러하기 때문에 조선총독부도 "대정 5년(1916-필자)에 화전 정리 방침을 정하고 지방 장관에 지시하여 정리를 하도록 했어도 매년 수천 내지 수만 정보에 걸친 화전 경작으로 삼림의 황폐는 멈추지 않았고 ……경작 이전지를 공여하고 그 정주를 도모해도 성적이 예기한 바와 달리 극도로 양호하지 않다"라고 하여 화전정리가 어려운 문제임을 자인했다.[30]

화전민들에게 화전을 잃는 것은 생존과 관련된 문제이기 때문에 아무리 경찰과 영림창 직원, 삼림조합이 화전 경작의 불법성을 강조한다고 해도 그 정리가 소정의 성과를 거두기 어려웠다. 조선총독부 당국자는 이와 관련하여 다음과 같이 언급했다.

대정 13년(1924-필자) 8월까지 요존국유임야에서 불과 1만 정보에 불과하고, 새로 경작지를 공여받은 사람들도 다시 산야에 복귀하는 경우가 적지 않다. ……이를 정리한다는 것은 실로 지난한 일이었다. 이는 그 실적을 보면 뚜렷이 알 수 있는데 이렇게 좋지 않은 성적을 초래한 원인은 1. 도청 직원의 수 부족과 대정 8년 '소요 사건(3·1운동을 의미함-필자)'으로 정리가 어려운 것, 2. 심산유곡에서 남모르게 경작하는 까닭에 그 취체가 용이하지 않은 것, 3. 다수의 화전민에 대하여 경솔하게 정리를 행하는 것은 장래에 나쁜 결과를 불러올 수 있어 그 정리 실행에 주저했다는 것 등

에 있다.[31]

요컨대 요존국유림 내 화전정리의 실적은 1만 정보에 이르지만 화전민들이 다시 돌아오는 바람에 기대했던 성과를 거두지 못했다는 것이다. 화전민 정리 실적이 높지 않았던 것은 관련 직원이 부족한 탓이기도 하지만 일제 당국이 3·1운동을 겪으면서 무조건적으로 화전민을 탄압할 경우 심각한 사태가 일어날 수도 있다고 판단했기 때문이기도 하다.

1-3. 조선화전조사위원회의 구성과 북선 지역의 화전정리

1926년에 이르러 조선총독부는 식산국 안에 있던 산림과를 산림부로 승격시키는 동시에, '임정 계획'을 수립하여 본격적으로 국유림 경영에 나섰다.[32] 일제가 1926년에 국유림 경영의 방향을 결정하게 된 것은 1924년에 조선임야조사사업이 일단락되어 국유·민유림의 구분이 확정되어 국유림에 대한 시업안을 마련할 여건이 만들어졌기 때문이다. 이 '임정계획안'은 요존국유림 531만 정보 중에서 불요존림으로 편입시켜 민간에 개방할 곳과 요존국유림으로 그대로 남겨 관리할 임야를 구분하는 작업의 시행, 요존국유림으로 계속 존치될 임야에 대한 벌채 등 시업계획안 작성, 화전정리의 강행 등에 관한 내용을 담고 있었다.
'임정계획안'에 실린 화전정리 방안의 대강은 ① 현재 경작되고 있는 화전 중에서 숙전이 될 수 있는 것은 숙전화하도록 하는 동시에 그 토지에 정착할 수 있는 방안을 모색할 것, ② 그 외에는 모두 이전시키고, 10

개년 안에 요존국유림 안에 있는 6만 호의 화전민에 대해 정리를 완성할 것, ③ 이주지로 이주할 화전민의 생활을 안정시킬 것 등이었다.[33] 이렇게 요존국유림 안에 있는 화전을 정리하겠다는 방침이 만들어진 것은 당시 일제가 북선 개척사업 등을 통해 요존국유림의 적극적인 '개발'을 추진하고 있었기 때문이다. 실제로 이후에 화전정리사업의 주요 대상지가 된 곳은 북선 개척사업 대상지와 겹쳐 있었다.

1930년대의 북선 개척사업은 함경도와 평안북도의 8개 군에 있는 삼림을 개발하고, 목재 운반을 위한 삼림철도를 부설하는 동시에 지하자원을 개발하겠다는 목적을 달성하고자 일제가 추진한 사업이었다.[34] 이 사업 기간 중에 일제는 사업 대상지 안의 요존국유림에 위치한 화전을 없애고, 화전민을 이주시키는 데 주력했다. 또 이를 위해 화전정리안이 담긴 '임정계획안'을 마련했던 것이다.

이 정리사업의 실시방침은 1927년부터 이미 만들어지기 시작했다. 그 해 5월 조선총독은 도지사회의에서 이 문제에 대한 자문을 구하고, 이듬해에는 중추원에도 이에 관한 자문을 받은 후 이를 바탕으로 '화전정리안'을 확정했다.[35] 1927년 5월의 도지사회의에서는 다음 내용을 조선총독에게 제출했다.

〈화전정리 방안〉

1. 화전정리에 관한 특종기관을 설치할 것.

2. 화전의 상황과 개간하기에 적당한 지역을 조사하여 화전민들을 일제히 이에 이전하도록 할 것.

3. 화전에 대한 정밀한 조사를 행하고 정리의 기본이 될 대장을 작성하고

이를 기초로 정리에 착수할 것.

4. 국토 보안 및 삼림 경영상 지장이 없는 구역은 숙전으로 하고 정주하
   도록 할 것.

5. 경사도 30도 이상의 임야는 절대로 경작을 금지하고 다음의 순서에 따
   라 개간 적지로 이전시킬 것.

   1) 경사의 급한 개소를 먼저 정리할 것.

   2) 가족의 수가 적은 자를 먼저 이전시킬 것.

   3) 생활이 부유한 자를 우선 이전시킬 것.

6. 정리의 순서는 순화전민을 먼저 하는 것으로 하고 숙전과 병경하는 자
   는 그다음에 처리할 것.[36]

이 같은 방안과 함께 각도에서는 화전민의 재입산을 막기 위한 대책
의 하나로 이른바 '화전민의 구제 및 생활 안정 대책'이라는 것을 작성
하여 화전정리 방안과 함께 제출했다. 그 주요 내용을 간단히 살피자면
다음과 같다.

1. 국유임야 중 농경 적지를 조사, 개방하고 상당한 액수의 이전료를 지
   급하여 화전민을 수용할 것.

2. 국유임야 이외의 이전하는 방법으로서는 화전민들에게 이전료를 지급
   하고 개간 간척지로 이주시켜 소작시키도록 할 것.

3. 부업을 장려할 것(양잠, 양봉, 축우, 목기 제작, 연초 경작 등).

4. 각종 사업(사방사업, 수리공사)의 노동에 화전민을 사역시킬 것.

5. 이주비, 농경 경비의 일부를 보조할 것.

6. 농경방법에 대해 적절한 지도를 행할 것.[37]

여기서 주목되는 것은 화전민들이 원래의 경작지로 돌아오는 것을 막기 위한 방안으로 '농경방법에 적절한 지도'를 가하겠다는 안이다. 조선총독부는 그 구체적인 방법으로 산농공려조합을 만들어 화전민의 거주지 이전을 단속하고, 새로운 이주지에서 분양받은 땅을 상경농지로 바꿀 수 있도록 '지도'를 행하기로 했다.

한편 조선총독부 임업 당국은 화전민에 대한 철저한 조사, 재입산 방지를 위한 적극적인 대책을 마련하기 위해 1928년 경성제국대학 교수 하시모토 스케조우몬橋本傳左右門을 책임자로 하여 영림창 관할 요존국유림을 대상으로 한 '화전 조사'를 실시했다. 조사를 의뢰받은 하시모토는 몇 개의 조사반을 구성해 1928년 6월에 함남 풍산군을 필두로 비밀리에 조사에 착수했다. 이 조사의 목적은 요존국유림 내 화전민을 강제로 이주시키기에 적당한 '농경 적지'를 물색하는 데 있었다.[38]

당시 화전조사반은 몇 개월에 걸친 화전 현황 및 농경 적지 조사를 통해 ① 국토 보안 및 임야 경영상 필요한 경우에는 화전민으로 하여금 폐경하도록 할 것, ② 농경 적지를 지정하여 화전민에게 폐경할 화전지에 대신해 환지換地를 제공할 것, ③ 화전민이 농경 적지에 정착할 수 있도록 시설을 가할 것 등의 대책을 수립했다.[39] 화전조사반이 내놓은 정리안은 1916년 '내훈 9호'에 따라 시행된 화전정리와 그 방향이 다르지 않았다. 다만 기존 정리안에 화전민이 이주지에 정착할 대안을 마련하도록 한다는 제안을 추가했을 뿐이었다.

조선총독부는 이 조사 결과를 바탕으로 1929년 1월에 정무총감, 산림

부장, 경성제대국대학 교수 하시모토 등을 위원으로 한 조선화전조사위원회를 소집하고, 고지대 거주 화전민의 농법 개선방법, 화전 모경지의 폐경 및 개간 적지 이주 방안 등을 마련하겠다고 선언했다.[40] 조선화전조사위원회는 영구히 경작을 용인해도 될 정도로 숙전화된 화전을 '제1종 화전', 기간을 정하여 두고 점차 폐경을 유도할 화전을 '제2종 화전', 곧바로 폐경할 화전을 '제3종 화전'으로 분류했다. '제3종 화전'으로 분류되는 화전은 ① 경사도 30도 이상의 요존국유림에 소재하는 화전, ② 토사 붕괴가 현저히 진행되고 있는 곳에 위치한 화전, ③ '공익'을 위해 정리해야 할 필요가 있는 화전이었다.[41]

화전조사위원회는 요존국유림 내 화전에 대한 전수 조사를 거쳐 '제3종 화전'을 가려내기로 하는 한편 무려 31개조로 이루어진 구체적 정리안을 결정했다. 그 주요 내용을 소개하면 다음과 같다.

〈화전 모경자의 이주 방침〉

1. 제1종 및 제2종 화전 경작자는 그 경지와 택지가 위치하는 요존국유림을 대부하여 계속 사용하도록 하고, 그 화전이 숙전이 될 때에는 그 경지를 무상으로 양여한다.

2. 제2종 및 3종 화전의 경작자로 화전을 폐경함에 따라 생계의 길을 잃은 자는 체지를 공여하거나 다른 농경 적지로 이전하도록 한다.

3. 제1종 화전의 경작자에 대하여는 목초지 및 기타 부락이 공동으로 사용하는 공유지를 적당히 정하고, 그 사용을 허용한다.

4. 대부지에 대해서는 대부료를 철저히 징수한다(대부료는 1단보당 10전 이내).

5. 다음 각 호의 하나에 해당될 때 대부지 반환을 명령한다.

   1) 차수인이 국유 임야에 관한 범죄를 범할 경우

   2) 차수인이 화전정리에 관한 법령 혹은 대부조건을 위반할 때

   3) 공익을 위해 반환이 필요한 경우……

〈경작자의 지도에 관한 사항〉

1. 농경 적지로 이주한 경작자에게 농법 개선에 관한 지도를 행한다.

2. 개량 농법에 사용할 농구 및 비료, 기타 설비 비료의 구입에 필요한 자금은 농회, 축산조합, 금융조합, 공려조합 등으로부터 융통하도록 한다.

3. 경작자에 대한 주부업의 지도에 임하기 위해 모범농가를 지정한다(경작자 500호 내외를 대체 1지도구로서 각 구에 지도원(기수 조수 각 1명)을 배치, 새로이 농경 적지에 이전하는 경작자는 가급적 30호 이상의 집단 수용을 하여 1지도구의 완성은 3년 이내로 이를 완료할 것).

4. 농경 적지의 이주 부락 및 제1종 화전의 경작자가 사는 부락에 공려조합을 설치한다.[42]

'제1종 화전'에 대해서는 대부료를 징수하는 조건으로 그 경작지를 용인하고, '제2종' 및 '제3종 화전'은 15개년 이내에 모두 이전하도록 하되 두 경우의 화전민들 모두 공려조합에 강제 가입하도록 한다는 것이 정리안의 요지이다.

화전조사위원회는 이외에도 신규 화전의 모경을 방지하기 위해 화전민 정리와 함께 시행할 추가 조치로 영림서 내 보호구 증설, 삼림주사

충원, 벌금형 강화 등의 필요성을 제기했다. 한편 일제는 민유림의 경우에도 위 화전정리안에 준하여 처리하도록 하고, 보호취체원의 증치, 화전민에 대한 영농 지도 강화 등에 주력하도록 했다.[43]

화전조사위원회는 1920년대 후반 가뭄으로 이재민이 된 사람들이 요존국유림으로 이주하여 화전 경작을 함에 따라 화전 면적이 지속적으로 증가하고 있다고 판단했다.[44] 실제로 1928년에는 수년간 지속된 수해로 농토를 잃은 농민들이 북부 지방 산간지대에 대규모로 이주하여 화입을 시도하는 일이 잦아졌다.[45] 이에 조선총독부는 신규 화입을 방지하기 위한 순시 강화를 요존국유림 관리기관인 영림서에 지시하고, 영림서 내 보호구 단위로 관할 지역에 거주하는 화전민들을 조사한 후 '화전대장'을 만들도록 했다.[46]

화전대장에는 세대주의 씨명, 생년월일, 원적 및 전 주소, 세대주의 전 직업, 화전 경작을 하게 된 경위, 경작지 면적 등이 기재되어 있었다. 세대주가 어디에서 이주했고, 화전을 경작하게 된 이유와 경작지의 위치 등을 기록하여 일일이 관리함으로써 일단 해당 화전민이 다른 곳으로 옮겨가지 못하도록 한 다음 향후에 이를 정리한다는 것이 기본적인 구상이었던 것이다.

이처럼 강력히 화전정리를 추진하는 과정에서 '농롱곡 화전민 사건(갑산 화전민 사건)'이 발생해 전국적인 관심을 끌기도 했다. '농롱곡 화전민 사건'은 1929년 화전 기본조사를 완료한 함경남도 갑산군 보혜면 대평리 농롱곡이라는 마을의 화전민들에게 이전 명령이 내려지자 지역 주민들이 반발하여 경찰이 강경 진압을 시도한 사건이다. 이 사건은 1929년 봄에 영림서 직원들이 갑산군 보혜면 농롱곡 일대에 찾아와서 기본조사를 하는 도중에 발생했다.

전해지는 자료에 따르면 당국이 기본조사 직후 지정한 이전지는 식수도 없고, 너무나 급격한 경사지여서 경작할 수 없는 곳이었다고 한다. 또 이전을 강제하는 과정에서 경찰관들이 방화와 구타를 일삼는 바람에 인적·물적 피해가 발생했다고 전해진다. 경찰들이 화전민을 구타하고, 그 집에 방화하였다는 사실은 곧 언론을 통해 전국에 알려졌고, 신간회도 이 사건과 관련하여 항의서를 제출하는 등 전국적인 이목이 집중되기에 이르렀다.[47]

이 사건에서 짐작할 수 있듯이 화전조사위원회가 내세운 화전정리 방안에 따른 강제 이전 정책은 실제로는 화전민들의 입장을 고려하지 않아 많은 문제점을 안고 있었다. 일제가 지정한 이전지는 농사에 적합하지 않은 곳이었고, 식수도 확보할 수 없는 격절지였던 것이다. 식민 당국은 이와 같은 격절지에 이주시켜놓은 화전 농민들의 이탈을 막기 위해 산농공려조합을 만들고 새 땅을 꾸준히 경작하도록 감독했다. 이러한 식으로 화전민들의 기경지를 빼앗고 농사가 힘든 지역으로 이주시키는 정책은 화전민들의 반발을 불러일으킬 수 있었고, 이 때문에 영림서 직원이나 경찰들은 무장을 갖추고 정리 작업에 임하게 되었다.

요컨대 조선총독부는 1920년대 내내 화전정리에 소극적인 자세로 일관하다가 북선 개척사업을 앞두고 북선 일부 지역에서만 화전민을 이주시키는 조치에 들어갔다. 북선 개척과 같은 특별한 사업에 화전과 화전민이 걸림돌로 작용한다고 판단될 때에만 제한적으로 화전정리사업을 펼쳤다.

2. 사방사업의 추진과 그 한계

2-1. 풍치 조성 사방공사

산림 자원이 고갈된 산은 산사태가 우려되는 곳이다. 짧은 시간에 많은 비가 내리게 되면 이러한 산지에서는 토사가 평지와 하천으로 쏟아져 내려오고 심한 경우에는 사태도 발생한다. 오늘날에는 이러한 위험성이 있는 곳을 적극적으로 관리하기 위해 사방공사를 시행하도록 되어 있다.

국립산림과학원이 발간한 《숲가꾸기 표준 교재》에 의하면 '사방공사'란 지표 혹은 지하에 구조물을 설치하거나 지표가 노출된 산에 풀 혹은 나무를 심는 작업이다.[48] 사방공사는 산지 재해가 발생할 가능성이 큰 곳에 사방댐을 조성하기, 비탈 다듬기,[49] 선떼 붙이기,[50] 계류보전공사[51] 등 다양한 분야로 구성되어 있다.

한반도는 장마철과 여름에 호우가 집중되고, 하천 수량도 이 기간에 대폭 늘어난다. 산림의 상태가 좋지 못한 경우에는 그 기간에 토사가 밀려 내려와 주거지나 경작지에 피해를 입히는 일이 잦다. 조선 후기에도 그런 일이 적지 않는데, 일례로 철종 때 영의정을 지낸 김좌근은 국왕에게 "매번 장마를 거치고 나면 저수지가 토사가 뒤덮이고 물길이 막혀서 수시로 터주어야 하는 일이 반복된다"고 그 심각성을 논한 적이 있다.[52]

조선 정부는 이러한 피해를 줄이기 위해 토사 유출로 산지 지형이 변형된 곳에 흙을 보태 원래 지형을 복원하는 보토補土 작업이라는 것을 실시했다. '보토'는 토사 유출로 지형이 변동된 곳에 흙을 쌓아 원래의 모습으로 복원하고, 그 위에 떼[莎草]를 입혀 복원 지형을 보호하는 작업이다.

조선왕조는 산지 재해 가능성이 있는 모든 곳에 보토공사를 한 것이 아니라 주로 왕실 능원이나 풍수지리적으로 도성의 주맥을 형성하는 산지에 시공했다. 이 작업은 총융청이나 훈련도감 등의 군영이 나누어 맡았는데, 정조 때부터 총융청 안에 도성래맥보토소都城來脈補土所를 설치하고 그로 하여금 전담하게 하는 식으로 바뀌었다. 도성래맥보토소는 다음과 같은 내용의 절목에 따라 업무를 보아야 했다.

총융신영摠戎新營에 입직하는 당상 및 교련관과 참군參軍이 매달 살피고 문제가 발생할 우려가 있는 곳을 상세하게 기록하여 총융사에게 보고하고, 해청에서는 4맹삭孟朔[53]에 비국에 보고하라. 매년 장마 뒤에 준천당상 및 총융사는 나가서 탈이 났는지 유무를 살펴보고 그 전말을 상세히 적어야 한다. 또 산마루 중요한 지점에 탈이 생길 것 같으면 택일하여 수보하고 그 밖에 탈이 있다고 판단되는 곳은 다음 해 3, 4월에 일제히 수축해야 한다.[54]

보토 작업을 할 때에는 복원 지형이 제자리를 잡도록 한다는 취지에서 나무를 적당히 둘러쳐서 흙막이를 하고, 가마니에 흙을 넣어 차곡차곡 쌓는 방식을 취했다.[55] 경우에 따라서는 보다 견고한 석축을 쌓기도 했는데, 이때 무거운 돌을 많이 옮겨야 하는 관계로 인력을 대규모로 동원할 필요가 있었다. 조선왕조는 으레 공사 예정지 인근 주민들에게 부역을 부과하는 식으로 일을 처리했는데, 그 까닭에 공사가 꼼꼼하게 마무리되지 못했고 보토한 곳이 다시 무너지는 일이 반복되었다.[56]

일제는 1905년에 실시한 '한국토목사업조사'를 통해 한반도 여러 지역에서 토사 유출로 인해 많은 문제가 발생하고 있다는 것을 파악하고 있었다. 조선총독부는 이러한 조사 결과를 바탕으로 사방공사를 일찍부터 시행하고자 했다. 그러나 1910년대 일제 당국의 사방공사는 시행 개소가 경성 인근의 산지 등에 국한되었고, 방식도 조선 후기의 보토공사와 크게 다르지 않았다.

1910년대 식민 당국은 경성 주변의 산이 황폐해진 결과 토사가 지나치게 많이 유출되고 있다면서 이러한 현상을 완화하기 위해 적극적으로 조림사업을 전개하겠다고 밝혔다.

> 한성의 각 산록은 세구독적歲久禿赤하여 혹여 폭우가 지至하면 사석沙石이 붕괴하여 성내 각 천구川溝가 전색塡塞 범람하므로 인가의 피해가 적지 않을 뿐 아니라 이를 준도浚導하고자 할진대 종종 거대한 힘을 소모하더니 근래 조림한 이후로 …… 하중夏中 2차의 폭우에도 사석 붕괴의 우려가 없으니 이로 인해 조림의 효과를 가지可知할지라.[57]

일제강점 직후에 식민 당국이 식림을 과연 적극적으로 장려했는가 하는 문제에 대해서는 긍정적으로 보기 어려운 점이 있다. 일제는 통감부 시절 대한제국 정부에 〈한국 시정개선에 관한 사항〉을 제시하였는데, 이에서 "한국의 산림은 극도로 황폐해져 있으므로 명년도(1907)부터 경성,

평양, 대구 부근에 2,230정보 규모의 모범조림을 한다"며 조림 대상 면적과 그 개소를 밝혔다.[58] 그러나 경성 등 모범조림 예정지의 조림사업은 1910년 강점 직전까지 제대로 이루어지지 않았고 그저 계획만 세워졌을 뿐이었다.[59] 모범조림 예정지 인근에 사방공사를 시행한다는 계획도 수립되어 있었다. 그러나 강점 직후 그 관할 주체가 농상공부에서 도청으로 갑자기 이관되었고, 사업비 조달이나 인력 동원 문제에 관한 사항이 정리되지 않아 1911년까지 제대로 된 사업이 실시된 적이 없었다.[60]

사방공사를 시행하겠다고 계획한 구역의 면적은 효과를 나타내기에 미흡할 정도로 적었다. 《매일신보》 1913년 9월 24일 자 기사에 의하면 경기도 사방공사 예정지는 삼각산 일대 26정보, 수마동[61] 5정보에 불과했다.[62] 그런데 이 지역은 조선 후기 도성래맥보토소가 보토공사를 맡아 시행하던 곳들이었다. 정조 8년(1784) 11월에 발표된 〈도성래맥보토소절목都城來脈補土所節目〉에 따르면 도성의 주맥에 해당하는 삼각산 보현봉(현재의 서울 구기동, 평창동 북쪽 봉우리)으로부터 북악산 곡성[63]까지 이어지는 산이 보토소가 관할하는 곳인데,[64] 수마동 일대가 바로 그 권역 안에 위치해 있었던 것이다. 삼각산 일대를 대상으로 한 일제의 사방공사라는 것도 조선시대의 보토공사와 크게 다르지 않거나, 비탈을 다듬는 작업 없이 단순히 나무만 식재하는 데 그쳤다.

대정 8년(1919) 동경제국대학 교수 모로토 기타오諸戸北郎 박사를 초빙하여 수원 함양 조림사업의 시공법에 대해 의견을 구하였는데, 산복山腹 공사를 조밀하게 하고, 계간溪間 공사도 병행할 필요가 있음을 역설했다. 대정 10년(1921) 사업방침을 결정할 때, 이를 참작하여 산복·계간 공사를 병용하는 것으로 되었다. …… 독나지禿地에 대한 보통 식재는 거의 대부분 실패로 돌아가서 대정 11년(1922) 이후의 국비 계속 사방사업에 있어서는 점차 그 그림자가 사라지게 되었다.[65]

일본의 사방사업 전문가 모로토 기타오는 1919년 조선에 건너와서 사방공사 지역을 둘러본 후 산복공사와 계간공사를 하지 않았다는 사실을 발견하고, 당국자들에게 이 공사들을 동시에 시행해야 토사 유출을 제대로 막을 수 있다고 조언했다. 조선총독부는 이 지적을 받아들여 1922년부터 그동안 고수하던 '보통 식재'를 일체 포기하고 비로소 산복·계간 공사 중심으로 사방공사를 추진하기에 이르렀다.

오늘날의 산지 사방공사는 기초공사와 녹화공사로 구성된다. 기초공사란 산사태 혹은 토사 유출이 예상되는 산지의 비탈을 다듬는 작업이다. 이 공사에는 산비탈을 다듬고 단을 만드는 단끊기, 산비탈에 수로를 내어 강수를 유출하는 통로를 만드는 작업, 돌과 통나무, 콘크리트 등으로 흙막이를 하는 작업, 강우 및 유수에 의한 비탈 침식으로 발생되는 누구涙溝의 침식을 막기 위해 시설물을 그 누구의 횡단면에 쌓아올리는 누구막이, 흙이 무너지거나 흘러내리는 현상을 막기 위해 공작물을 설치하는 흙막이 공사 등 여러 가지 공정이 있다. 기초공사는 산복에 시공하는 산복공사와 계간에 시공하는 계간공사로 구분되기도 한다.

녹화공사는 산복 지점에 조성된 비탈단 위에 떼를 심어 지표를 안정시키는 선떼 붙이기, 짚 등으로 비탈면을 덮어 보호하는 비탈 덮기, 단위에 나무를 심어 식생을 회복시키는 식재 작업 등으로 구성되어 있다.[66] 이처럼 사방공사는 산지 재해를 방지하기 위한 복잡한 시설물을 다양하게 설치하는 일련의 작업인데, 1910년대 일제는 이 시공법들 가운데 민둥산의 비탈을 다듬어 지면을 계단식으로 평활하게 하는 비탈 다듬기, 다듬어진 면에 떼를 세워 붙여 토사를 고정하는 선떼 붙이기 공사에 집중했다.

경기도에서는 …… 조림지근造林地根 사방식재砂防植栽를 연습할 수 있도록 만들기 위하여 관내 부천군 외 11군으로부터 실습원 약 30명을 모집해 노량진 도유림 내에서 사방공사의 절지切芝, 채취, 수평선근부水平線筋付,[67] 계단 절부切附[68] 등의 제법諸法에 관한 실습을 행한다 하더라.[69]

위에서 보는 바와 같이 일제 당국은 산복공사 중에서도 떼붙이기 작업만을 시행하는 식으로 공사를 실시했다. 어떤 경우에는 나무만 심는 '보통 식재' 작업에 그치기도 했다.

1910년대 일제 당국의 사방공사는 이처럼 그 시행 면적과 공법에 있어 조선 후기 도성 인근에서 시행된 보토 작업과 같았고, 효과도 크지 않았다. 그렇기 때문에 임정 당국도 다음과 같이 이때의 사방공사가 실은 '풍치 조성'을 목적으로 한 것이었고, 재해 방지 효과가 그다지 없는 사업이었다고 자인했던 것이다.

사방사업은 명치 40년(1907-필자) 한국 정부 시대에 이토 통감의 명에 의하여 경성 부근의 풍치 증진을 위하여 먼저 창의문 내 백운동(현재의 청운동)에 식림사업을 시행하고자 적묘공積苗工[70]을 시행한 것이 시초이다. 본 사업은 명치 43년(1910-필자)에 총독부 성립과 함께 경기도에 이관되었

다. …… 이 사업은 주로 풍치 증진을 위해 경성 부근 국유림에 시행하는 것이었다.[71]

요컨대 1910년대에 일제는 '산림녹화가 제대로 이루어지고 있다'는 이미지를 심기 위한 시각적 장치 마련에 주력했을 뿐 임업 공익을 확보하기 위한 실효적 조치를 취하지 못했다. 사방사업이라는 이름으로 몇 군데에 나무를 심기는 했으나 어디까지나 '풍치'를 조성하기 위한 목적에 그친 것이었다.

2-2. 국비 사방사업의 실시와 조선사방사업령의 제정

1910년대 일제의 사방사업은 홍수 시 토사 유출을 방지하는 데에는 큰 효과를 발휘하지 못했다. 실제로 1916년, 1918년, 1919년 등 여러 차례에 걸쳐 장마철 집중호우로 큰 피해가 발생했는데, 참고로 당시의 피해 상황을 수치로 표현하자면 [표 17]과 같다.

[표 17]에 나타난 바와 같이 1916년에 토사 매몰 면적이 전년에 비해 7배 이상 많아진 것으로 나타난다. 실제로 이 해는 "예전에 없던 큰 변"이라고 할 정도로 호우가 많이 내린 탓에 수해를 크게 입었다.[72] 이러한 가운데 조선총독부 토목과장으로 있던 오카 게사오岡今朝雄라는 인물은 "원래 조선은 수해가 많이 발생하는 곳이기 때문에 그 피해를 근절하기 위해서는 장기간의 재정 투입과 공사가 필요하다"면서 앞으로 제대로 사방사업을 추진해나가겠다고 언급했다.[73]

조선총독부는 사방사업에 관한 계획을 수립하기에 앞서 공사가 필요한 곳을 확인하기로 하고, 1915년부터 시행하고 있던 조선하천조사사업을 통해 1919년부터 한강, 금강, 동진강, 섬진강, 영산강, 낙동강, 대동강, 성천강 유역 중 사방사업 필요 개소를 조사하는 작업을 했다.[74] 그 결과 이 하천 유역 면적 가운데 약 117,000정보에 사방사업을 급히 실시해야 한다는 결론에 도달했다.[76]

일제는 이 결과를 바탕으로 1922년부터 국비를 투입, '국비 계속 사방사업'이라는 명칭으로 대대적인 사업을 실시하기로 계획을 짰다. 하지만 국비 계속 사방사업은 그 추진 단계에서부터 난항을 거듭했다. 먼저 일제는 1922년도 국비 지원을 받기 위해 1921년 하반기 무렵 일본 척식국과 대장성에 조선총독부특별예산 개산안槪算案을 제출하였는데 여기에 사방공사비 100만 원을 계상했다.[77] 또 사방사업 대상 지역에 대해 10개년사업으로 모두 1,300만 원을 투입할 필요가 있다고 예상했다.[78] 그러나 일본 제국의회를 통과하는 과정에서 이 계획은 30개년사업으로 기간이 조정되었고 투입 예산도 일부 삭감되었다.[79]

[표 17] 1915~1920년 수해로 인한 피해 규모[75]

연도	토사로 매몰된 하천의 용적(단위: 입방미터)	결궤된 하천제방의 길이 (단위: 間, 1간=1.818182m)	수해로 인한 피해액 총계 (단위: 원)
1915	2,108	117,261	1,374,249
1916	15,819	301,491	1,519,428
1917	2,805	192,068	965,393
1918	36,145	282,823	1,677,237
1919	84,104	164,391	2,684,737
1920	13,804	354,248	8,668,409

이러한 상황에 대해 조선 언론은 "총독부의 소위 산미증수계획은 그네들의 자랑거리로 삼는 사업인데 일면 증수된 쌀이 일조의 대홍수에 밀치어 낭패되는 결과를 生하는 것을 보면 총독부가 치수공사에 힘을 試하지 아니하는 것은 정책의 모순"이라면서 사방사업이나 치수사업을 동반하지 않은 산미증식계획의 문제점을 지적한 적이 있다.[80] 이처럼 처음의 계획에 차질이 발생하자 조선총독부는 "사업 시행상 불리불편이 적지 않음으로써 사방공사를 요하는 황폐 면적이 넓은 구역에 한정"해 우선적으로 사업을 실시하기로 결정했다.[81]

실제로 당국은 1923년부터 12개 군에서 모두 18개 면을 선정하고, 그 지역 내 임야 156정보를 골라 공사에 들어갔다.[82] 당시 공사는 산복 기초공사의 경우 국비로 시행하되, 기초공사 완료 후의 식재를 지방비 혹은 해당 사업 대상 임야의 소유자가 담당하는 방식으로 전개되었다.[83]

이와 같이 국비 계속 사방사업은 재정 부족으로 난항을 겪었고, 그 영향으로 사업 착수 시기가 당초의 계획보다 2년 늦어지게 되었다. 사업비도 1개년에 최대 20만 원으로 조정되었다.[84] 그나마 1924년에 조선총독부가 작성해 제출한 사방사업비도 간토대지진 복구사업에 밀려 4만 원으로 대폭 감소되었다.[85] 재정 투입의 여력이 적어지자 일제는 사업 대상 면적을 8,200정보로 대폭 줄이고 30년 동안 국비 7,396만 4천 원을 투입하는 것으로 계획을 조정했다.[86] 그러나 이것도 여의치 않아서 일본 대장성과의 협의를 통해 책정된 초년도 사업비가 40만 원에 지나지 않았고 향후의 증액 여부도 불투명했다.

이러한 가운데 1925년에 '을축년 대홍수'가 발생해 농작물 피해 집계액만 24,130,000여 원에 달할 정도로 막대한 피해가 발생했다.[87] 이 홍수는 1925년 7월 7일부터 9월 초까지 4개의 연이은 태풍과 집중호우로 한강, 금강, 만경강, 낙동강 등이 넘쳐 수많은 인명 피해를 불러일으킨 재해였다. 그해 7월 18일 한강 수위는 현재 인도교가 있는 곳이 11.66미터, 구용산 12.74미터로 사상 최고치를 기록했다. 참고로 오늘날 서울 잠수교 수위가 5.5미터 이상으로 올라가면 보행자 통행을 막고, 6.2미터 이상이면 차량통행을 막는다고 한다. 이 수위를 예전의 그 수위와 비교해 보면 참으로 큰 홍수였음을 알 수 있다. 이처럼 큰 홍수가 닥치자 조선 신문들은 "총독부는 시정의 중심을 산업발달에 이移한다고 표방하면서도 산업 시설의 기초적 시설이 되는 치수공사·하천공사에 대해서는 한갓 선전으로 할 뿐"이라고 비난하는 동시에 사방사업 관련 "시설 정도와 예산은 빈약하기 짝이 없다"고 성토했다.[88]

을축년 대홍수를 계기로 식민 당국을 향한 비난이 고조되자 조선총독부는 다음 인용문과 같이 국비 계속 사방사업 수정안을 또다시 개정하여 중남부 지방을 중심으로 사방사업을 시행하기로 했다.

이 계획에 따라 사업을 실시해도 황폐 면적에 비해 사업예산은 적어 사업이 진척되지 않았다. …… 해를 이어 홍수 피해는 현저하게 증대하고 있어서 적어도 사방사업을 수리시설 보급사업과 함께 병진해야 한다는 필요성이 인정되어 8만 정보를 소화 4년(1929) 이후 20개년에 완료하기로 방침을 고치고 그에 따라 의회의 협찬을 경유하였는데 …… 곧 재정 긴축의 영향을 받아 소화 4, 5, 6년도의 사업비는 삭감되었고 또 계획을 변경해 소화 7년 이후는 경기도 이남의 7개 도에만 실시하는 것으로 되었다. 이상과 같이 본 사업은 여러 번 변천을 거듭해 소화 10년(1935)에 종료되

었다.[89]

인용문처럼 일제는 대홍수를 계기로 1920년대 후반에 또 계획을 변경하였으나 이마저도 예산 확보에 실패해 사업 규모를 축소해야 했다.

국비 계속 사방사업의 공정은 대부분 하나의 계곡을 흘러내려오는 계류와 그에 접속하는 물줄기를 공사 대상으로 하는데, 계획 단계에서는 각 계류마다 바닥막이와 골막이 공사를 모두 시행하는 것으로 되어 있었다. 골막이 공사는 산비탈 붕괴지와 이에 접속된 계류의 상류부에 소규모의 사방용 댐을 축설하는 작업이며, 바닥막이 공사는 황폐한 계천 바닥에 퇴적한 불안정한 토사와 자갈의 유실을 방지하기 위해 계류를 횡단하여 사방 공작물을 설치하는 작업이다.

실제 산복공사를 시행하는 모습은 [사진 1]과 같다. 한편 [사진 2]는 충청남도 대전군 외남면 사방공사 구역 계획도의 일부이다. 여기에 A라고 표시된 부분 바로 좌측에 검게 표시된 구조물이 바닥막이 공사 예정지이고, B로 표시된 부분의 윗부분에 표시된 구조물이 골막이용 소규모 사방댐이다.[90] 계획도에 따르면 국비 계속 사방공사를 시행할 예정 구역에 골막이와 바닥막이 구조물이 설치될 예정이었던 것이다.

이 두 공사는 모두 계간공사에 속하는 것으로서 콘크리트를 이용해 공작물을 만드는 경우가 많고 투입되는 재료의 양도 많은 편이다. 그런데 예산이 확보되지 않아 이러한 계획은 그야말로 구상에 그치고 실제로는 산복공사와 나무 식재만 이루어진 것으로 이해된다.

《동아일보》 1924년 4월 13일 자 기사에 따르면 그때까지 사방공사를 실제로 시행한 곳은 10개 군 10개 면에 지나지 않았고, 사업 대상 면적

[사진 1] 산복공사(비탈다듬기)

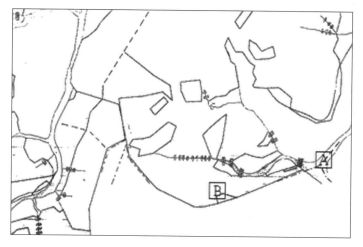

[사진 2] 충남 대전군 외남면 사방공사 계획도
출처- 국가기록원 소장 문서 CJA0010809

1,296정보 가운데 산복공사를 제대로 실시한 곳이 168정보에 미치지 않았다.[91] 사업 대상 구역에서 계간공사가 거의 실시되지 않았고, 비탈면에 나무만 식재하는 '보통 식재'가 주로 이루어진 것이다.

이렇게 우여곡절을 거쳐 1935년에 종료된 국비 계속 사방사업의 시공 완료 면적은 1919년에 조선총독부가 조사한 사방사업 필요 지역 면적 117,000정보의 10퍼센트 정도에 지나지 않은 13,400여 정보였다.[92] 이 공사도 계획과 달리 산복공사에 그치는 정도였기 때문에 근본적인 치수 대책이 되기는 어려웠다. 한편 이 공사에 투입된 사업비 총액은 860여만 원이었으며, 이 역시 당초 계획에 비해 훨씬 적은 것이었다.

한편 이 사업비 중에서도 국비 비율은 상당히 낮았다. 조선총독부가 국비 계속 사방사업에 투입한 금액의 일정 부분을 민간에서 조달하는 것으로 정책을 바꾸었기 때문이다. 당시 조선총독부는 국비 계속 사방사업뿐만 아니라 한강, 낙동강, 대동강 등의 주요 하천 연안에 5,300만 원가량의 국비를 투입해 제방을 쌓는 국비 지판하천개수공사를 실시하고 있었다. 이 두 사업은 수해 방지에 목적을 둔 것이어서 일반인들의 관심이 집중되었지만, 계획대로 진척되지 못했다. 이처럼 예산 문제로 곤란을 겪던 조선총독부는 조선사방사업령을 제정하여 사업 시행 지역 주민들이 그 사업비를 부담하도록 하는 방침을 취했다.

일제가 〈조선사방사업령〉을 제정하기로 하고 구체안을 마련하기 시작한 것은 1927년의 일이었다. 하지만 일본 대장성 등에서 사방사업을 추진할 것인지의 문제를 두고 논의가 거듭되었던 탓에 사업령 제정이 지연되다가 1933년 8월에 되어서야 겨우 공포될 수 있었다. 이 사업령의 주요 조항을 제시하면 다음과 같다.

제3조. 사방사업은 '국國'이 이를 시행함. 공공단체는 조선총독의 면허를 받아 사방사업을 시행할 수 있음. 이에 따라 공공단체가 사방사업을 시행할 때에는 그에 요하는 비용은 당해 공공단체가 부담함.

제5조. 제2조의 규정에 따라 조선총독이 지정하는 토지의 소유자 혹은 관계인은 그 토지에서 국 혹은 공공단체가 사방사업을 시행하거나 사방시설 관리를 할 때에는 이를 거부할 수 없음.

제11조. 국 또는 공공단체는 조선총독이 정하는 바에 의하여 사방사업이 실시될 경우 현저하게 이익을 받을 자에 대해서 그 이익의 한도 안에서 사방사업 비용의 전부 혹은 일부를 부담시키거나 사방사업 시행을 위해 필요한 노동력 또는 물건 제공을 하도록 할 수 있음.[93]

〈조선사방사업령〉을 제정한 이유에 대해 당국은 "사방사업 시행구역 안의 민유지에 소유자의 허락없이 국이 관련 시설물을 설치할 수 있도록 강제하는 것이 주된 목적"이라고 설명했다.[94]

일반적인 시각에서 볼 때 이런 설명은 어느 정도 설득력이 있어 보인다. 하지만 당시 언론에서 가장 중시했던 문제는 이 법령으로 사업비의 전부 혹은 일부가 부·면 지역 주민에게 전가된다는 점이었다. 이 법령이 제정되기 전에는 앞에서 언급한 바와 같이 사방기초공사 관련 비용을 국비로 투입하고 기초공사 후에 시행하는 식재는 소유자가 담당하는 것으로 되어 있었다.

국비 투입에 대해서는 일본 대장성과 척무성 등의 사전 동의가 있어야 했는데, 일본 내 사정으로 식민지 조선의 사방사업에 대한 재정 지원이 제대로 이루어지지 않았다. 조선총독부는 바로 이 사방사업 비용 문제를 〈조선사방사업령〉을 통해 일부 해결하고자 했던 것이다. 실제로 이 법령 제정 이후에 일제는 산복기초공사 혹은 계간공사뿐만 아니라 원래 소유자가 부담하던 식목비용을 사방사업의 수익자에 해당하는 지역 주민에게 부과했다. 일제 당국도 이러한 조치로 "임야 소유자의 식재 비용 부담이 경감되었다"라고 자평한 적이 있다.[95]

2-3. 사방사업의 확대와 모순의 심화

1930년대에 접어들어 식민지 조선 곳곳에서 국비 계속 사방사업이 전개되고 있는 와중에 조선총독부는 그와 별도로 추가 사방사업을 실시하기로 했다. 일제 당국자는 1930년대 이후 추가로 사방사업을 시행하는 이유에 대해 다음과 같이 언급했다.

재계의 불황과 가뭄으로 농산촌은 극도로 피폐해지고 생계를 유지하기도 곤란해져 향리를 버리고 이주하는 자가 속출했다. 이에 산이 방치되었고, 그로 인한 사회 문제 발생 우려가 높아졌다. 총독부는 이러한 점을 감안해 사방사업을 일으켜 노은勞銀을 살포할 필요성이 있다고 인정했다. 사방사업은 그 목적이 치산에 있지만, 공사비 대부분은 노은으로 사용되고 있다. 또 황폐 임야가 여러 곳에 분포하고 있는 특성상 노동자 응모가 쉬워서 궁민을 구제하는 데 좋은 사업이다.[96]

요컨대, 불황으로 농민 생계가 어려워진 점을 감안해 여러 토목사업

[표 18] 1931년 이후 시행하거나 시행 계획이 수립된 사방사업 일람[97]

사업명	사업(예정) 기간	사업내용
제1차 궁민구제 사방사업	1931~1934	1931년부터 3개년 동안(1934년사업은 전년도사업이 이월된 것임). 7,496,366원을 투입하여 17,249맥陌에 사방공사 시공 완료
제2차 궁민구제 사방사업	1934~1935	1934년부터 2개년 동안 2,701,062원을 투입하여 6,620맥[98]에 사방공사 완료
시국응급시설 국비 사방사업	1932~1934	1932년도부터 3개년 동안 국비 1,971,365원을 투입, 4,126맥에 사방공사 완료. 이 사업의 경우 국비공사인 관계로 〈조선사방사업령〉의 적용을 받아 사업비의 일부분은 지역 주민에게 할당함
수해이재민구제 사방사업	1934	1933년에 발생한 낙동강 대홍수로 피해를 입은 이재민들을 투입해 낙동강 연안에 사방공사를 시행. 649,353원을 투입해 12,952맥에 시공 완료
한해이재민구제 사방사업	1935	1935년에 전라도 지역을 중심으로 발생한 가뭄으로 인한 이재민 지원대책으로 그해 16,849원을 투입하여 1,187맥에 시공 완료
제2기 국비계속 사방사업	1935~1949	1932년에 실시된 황폐지 현황조사의 결과를 통해 확인된 긴급 사방사업 필요 대상 구역 196,000정보 중에서 127,180정보를 사업 지역으로 선정하여 1949년까지 58,006,200원을 투입
도비사방사업	1935~1949	제2기 국비 계속 사방사업에서 누락된 사방사업 필요 대상 구역 중 42,000정보를 선정해 도비로 사방공사를 시행
낙동강 유역 사방사업	1935~1945	1933년과 1934년에 연속적으로 발생한 낙동강 대홍수의 사후 대책으로 입안된 사방사업으로서 경상남북도 지역에서 사방공사가 필요한 개소 58,680정보를 선정하여 도비 27,286,000여 원을 투입, 공사 시행
냉해한해자구제시설 지반보호 사방공사	1936	함경남도 일대의 냉해, 한해 피해자 구해를 명분으로 82,000원을 투입하여 장진군, 갑산군 일대 산지 350정보에 사방공사 실시
강원도 동해안 철도노선 보전 사방공사	1937~1945	동해안철도 가설 예정지 인근 산지 중 21,600정보를 선정하여 사방공사 실시
재해임지복구 사방사업	1937~1939	1935년 발생한 수해로 무너진 산지 4,000정보를 복구하기 위해 실시. 총 541,000원 투입

중에서 노임 살포 비율이 높은 사방사업을 실시해 민생을 구제하겠다는 것이다. 일제는 이 명분을 내세워 1931년부터 1933년까지 도 지방비사업으로 제1차 궁민구제 사방사업을 시행했다. 또 이 사업에 이어 시국응급시설 국비 사방사업, 수해이재민구제 사방사업 등 여러 명목으로 사방사업을 시행하였는데, 그 내용을 표로 정리하면 [표 18]과 같다.

[표 18]에서 확인할 수 있듯이 1931년 이후 일제는 여러 차례에 걸쳐 사방사업 실시 계획을 입안해 실행에 옮겼다. 이 시기의 사방사업은 국비사업인 경우도 있었지만, 도 지방비사업으로 시행된 것이 많았다. 사업 주체가 도로 지정된 사방공사, 다시 말해 도 지방비로 시행되는 사업의 경우에는 5년 거치 15개년 연부균등상환 조건으로 기채起債해 사업비를 마련하게 되어 있었다. 또 그 연부상환금의 8할을 국비에서 보조하되매년 일정한 액수를 연부 지급한다는 지침이 내려져 있었다. 그러나 〈조선사방사업령〉 공포 이전처럼 사업 시행구역 안의 나무 식재에 관한 비용은 일체 그 임야 소유자가 떠안는 방식을 취했다.

사방사업 관련 비용을 지방비에서 염출하는 것은 1920년대에도 흔히 있는 일이었다. 앞에서 말한 바와 같이 일제는 당시 국비 계속 사방사업을 실시했는데, 그 사업 과정에서 산복기초공사 후에 그곳에 나무를 심는 비용을 임야 소유자에게 부담시켰다. 이때 도에 따라서는 식재 명령을 받은 임야 소유자에게 일정액의 식목 지원금을 지출할 수도 있었다. 요컨대 국비 계속 사방사업으로 시행되는 공사에는 다액의 도 지방비예산이 투입되었던 것이다.

일제는 〈조선사방사업령〉 공포 후에 사업비의 전부 혹은 일부는 공사시행 지역 면에 전가하기도 했다. 하지만 사업비의 전부를 면으로 하여금 내게 하는 것은 현실적으로 어려운 일이었다. 면 재정이 그 정도로 충분하지 않았기 때문이다. 이에 일제는 면 주민들로부터 징수하는 면 부과금의 일종인 특별호별할을 주민들에게 부과해 받아냈다. 호별할이 란 면이 특별한 사업을 하고자 주민들에게 부과하는 일종의 지방세로 서, 일제강점기에는 특정 행정구역 안에 거주하는 호戶를 담세력擔稅力 에 따라 몇 개 등급으로 나누어 누진적으로 부과하는 것이 일반적이었 다. 당시 경성부의 경우, 지주인 사람은 토지 수입을 그 과세표준으로 하고, 월급생활자는 급여를 과세표준으로 삼았다. 1921년에 처음 이 제 도가 실시될 때에는 부과 대상을 그 담세력에 따라 모두 38등급으로 나 누었는데, 이후 부과액에 대한 불만이 폭증함에 따라 부과 등급은 50등 급, 70등급으로 점차 세분화되었다. 면에서 호별할을 거두고자 할 때에 는 자기 지역 사정에 비추어 적당히 호의 등급을 나누고, 면협의회의 '자문'을 거쳐 부과하는 것이 상례였다. 특별호별할을 부과하고도 사업 비를 충당하기 어려울 경우에는 별도로 부역을 부과하기도 했다.[99]

일제강점기 당시에 부역을 통보받은 주민들은 지정된 일자에 현장에 나와 직접 노동을 하기도 했지만, 대개는 현장에 나오지 않고 부역 노동 력을 돈으로 환산한 부역환산금을 냈다. 부역이 부과되는 때가 농번기 인 경우가 많았기 때문이다.[100]

1930년대 이후 시행된 도 지방비 사방사업은 도가 면으로 하여금 부 담금을 내게 하고, 그렇게 확보한 금액을 조선총독부 특별회계가 아닌 도 지방비로 귀속시켜 도가 사업을 주관하도록 하는 방식이었다. 사실 상 지역 주민들의 입장에서 볼 때에는 사업 추진 방식이 크게 다르지 않았던 셈이다. 도 지방비 사방사업은 이전의 국비 계속 사방사업 때

사업구역으로 편입되지 않은 곳 중에서 사방사업을 실시해야 한다고 판단되는 곳을 골라 도가 사업을 이끌게 한 것이었다. 사업의 주관 단체가 달라졌을 뿐이었다. 1931년 이후 입안된 사방사업에 투입된 도합 110,000,000여 원을 상회하는 규모로서, 제1기 국비 계속 사방사업에 투입된 8,600,000여 원에 비해 훨씬 많았다.

한편 이 시기의 사방공사 시공법은 이전에 비해 진일보한 측면이 있다. 도道가 사업 주체가 되어 실시한 사방공사의 경우에는 산복공사에서 선떼붙이기 등의 기본적인 작업 외에 땅속 흙막이 공사가 시행된 것으로 확인되며, 계간공사의 일종인 바닥막이, 골막이 공사도 대개 시행되었다.[101] 이렇게 해서 예전보다 많은 비용이 투입되고 시공된 구조물도 많아졌지만, 그로 인해 과연 토사 유출 피해가 줄어들었는지는 의문이다. [표 19], [표 20]은 1930년부터 1938년까지 발생한 수해로 매몰 혹은 파괴된 하천과 도로, 제방의 규모를 나타낸 것이다.

이 표에 나타난 바와 같이 사방사업이 확대 실시되었다고는 하지만 매년 피해는 반복되었고, 1936년과 같이 그 규모가 큰 때도 있었다. 통계상으로는 1932년이나 1935년에 피해가 적게 발생한 것으로 되어 있어 사방사업 확대 실시의 효과가 나타난 것으로 보일 수 있지만, 이는 당해 연도에 강수량이 적었기 때문에 나타난 일시적 현상이다.

당시에는 장마가 끝날 즈음에 발생하는 집중 호우와 태풍의 영향으로 8월에 수해가 많았다. 소우기에 해당하는 대구 지방의 1931년 8월 강수량이 313밀리미터에 달했지만 다음 해 같은 지방의 강수량은 188밀리미터에 지나지 않았다. 피해가 유난히 적었던 것으로 나타나는 1935년은 8월 강수량이 불과 53밀리미터에 그쳤다.[102]

요컨대 사방사업이 확대 실시되기는 했지만, 수해로 인한 토사 매몰이나 제방 결궤 피해가 현저히 줄어들었다고 볼 수 없다. 당국의 발표에 따르면 1916년도 홍수 피해 집계액이 12,875,256원에 달했는데 1934년에는 34,310,191원으로 크게 늘어났다. 그 사이에 일제가 국비 계속 사방사업을 실시하고, 궁민구제 사방사업을 시행했지만 수해로 인한 재산 피해가 오히려 증가한 것이다.[103]

공사 시행구역 내 주민들에게 재정 부담을 부과하면서까지 대대적으로 시행한 사방사업이 큰 효과를 거두지 못한 데에는 몇 가지 이유가 있었다. 먼저 1930년대 사방사업 시공 면적이 1920년대 일제가 반드시 사방사업이 필요하다고 판단한 개소의 총 면적에 비해 지나치게 적었다.

[표 19] 1930~1932년 홍수로 인한 하천의 피해 상황과 피해 총액[104]

연도	토사로 매몰된 하천의 용적 (단위: 입방미터)	결궤된 하천제방의 길이 (단위: 미터)	피해액 총계 (단위: 원)
1930	12,422	508,120	12,353,929
1931	9,707	246,645	4,368,862
1932	35	423	714,480

[표 20] 1933~1938년 토사로 인한 도로 파괴와 하천제방 결궤 상황[105]

연도	토사로 매몰, 파괴된 도로의 길이(단위: 미터)	결궤된 하천제방의 길이 (단위: 미터)	피해액 총계 (단위: 원)
1933	121,893	253,279	10,149,576
1934	197,107	326,932	11,041,688
1935	56,726	47,252	6,237,324
1936	341,964	735,636	33,282,730
1937	79,786	87,781	5,816,958
1938	82,756	95,286	7,959,130

앞에서 언급한 것과 같이 일제는 117,000정보의 임야에 반드시 사방사업을 해야 한다고 파악하고 있었는데, [표 18]에 나열된 사업을 통해 사방사업이 시행된 개소의 면적은 58,000정보에 머물렀다.[106] 또 여러 지역에서 사방사업이 산발적으로 전개되다보니 토사 유출 방지 효과도 제한적이지 않을 수 없었다. 한 곳에 사방 시설물을 하면 바로 그 옆 지역에서 산사태가 나거나 토사가 흘러내리는 피해가 났기 때문에 하천 중하류 지역에서는 피해가 크게 감소되었다고 체감하기 어려웠다.

이렇게 사방사업이 성과를 내지 못한 이유를 이해하기 위해서는 산지 재해의 특징을 잘 이해해야 한다. 산사태나 토사 유출과 같은 산지 재해는 발생 면적이 넓기 때문에 일부 개소에만 시설물을 설치할 경우에는 효과를 보기 어렵다. 사업구역을 일정한 계곡과 하천 유역을 모두 망라할 정도로 넓힌 상태에서 상부에서 하부에 이르기까지 체계적으로 시설물을 배치해야 하고, 그 시설물로 흘러들어오는 토사와 우수의 양을 줄이기 위해 떼를 붙이거나 나무를 심는 작업도 병행해야 한다.

일제강점기의 사방사업은 예산 문제 등으로 인해 사업구역을 넓혀 체계적으로 시행되기 어려운 환경에 있었고, 산으로부터 흘러내려오는 토사와 우수의 양에 비해 그 시설물의 규모도 작은 편이었다. 그런 까닭에 지속적으로 사방사업의 중요성이 언급되고 사업도 진행되었음에도 불구하고 재해가 근절되지 못했던 것이다.

결국 1930년대 사방사업은 그 규모와 횟수가 확대되었지만, 수해 피해를 줄이는 데에는 큰 역할을 하지 못했다. 그럼에도 일제 당국은 1930년대에 들어 대규모 홍수가 날 때마다 언제나 새로운 명칭을 내건 사방사업을 실시하겠다고 천명했다.[107] 이처럼 일제가 사방사업을 실시하겠다는 방침을 세운 것은 수해 방지라는 측면에서는 타당하게 보이기도 한다. 그러나 일정 구역 전체에 대해 전면적으로 공사가 시행되는 것이 아니라 선별적으로 시공되는 식이어서 효과가 크지 않았다. 사방사업의 효과가 생각보다 적음에도 불구하고 일제가 사방사업을 지속적으로 시행하겠다고 한 이유는 무엇일까?

앞에서 소개한 것과 같이 조선총독부는 1931~1934년 사이에 제1차 궁민구제 사방사업을 실시했는데, 당시 일제는 불황으로 궁민窮民들의 생활이 더욱 힘들게 되었다면서 이를 구제하기 위해 무엇보다 먼저 사방사업을 실시하는 것이 좋다고 했다. 또 사방사업은 여타의 토목사업에 비해 고도의 기술력이 필요한 것이 아니라 인력 투입이 중시되는 사업이기 때문에 "노은勞銀 살포의 효과"가 크다고 했다.[108] 실제로 공식 자료에 따르면 이 사업에 투입된 사업비는 총 7,496,000여 원으로서 그중에서 노은으로 사용된 금액은 약 5,089,000원에 달했다. 또 동원된 노동자의 연인원은 11,000,000여 명에 이르렀는데, 살포된 노은을 연인원으로 나눈 투입 연인원 1인당 하루 노임은 약 46전이었다.[109]

1930년대에는 사방사업뿐만 아니라 하천 개수(제방축조), 도로 건설 등의 토목사업도 '궁민 구제사업'이라는 이름으로 실시되었다. 일제 당국은 1930년 12월에 '궁민구제 토목사업'이라는 명칭을 내걸고 사방사업을 비롯해 다양한 토목사업을 벌여 가난한 조선인 '궁민'을 구제하겠다고 공개적으로 밝혔다.[110] 궁민구제 토목사업 중에서 가장 많은 비용이 투입된 것은 지방 하천에 대한 국부局部 개수사업이었지만,[111] 사방사업도 5~6차에 걸쳐 실시될 정도로 자주 시행되었다.

궁민구제 사방사업은 그 명칭만으로 볼 때에는, 경제적으로 어려운 사람들에게 노임을 주어 구제하겠다는 취지를 지닌 것으로 보인다. 또 그동안 지지부진하던 사방사업을 확대 실시할 수 있는 계기가 될 수도 있다는 점에서 일석이조의 성격을 띤 것으로 보이기도 한다. 그러나 이 사업에 대한 대중의 시선은 그다지 곱지 않았다. 오히려 이 사업의 이면에 많은 문제점이 숨어 있다는 비판이 거셌다.

> 경북도에서 빈민구제의 사업으로 하는 영일군 달전면 사방공사에서는 매일 평균 11시간 노동에 그 임금은 겨우 17전밖에 안 된다고 한다. 세계의 문명국은 거의 다 8시간 노동제를 실시하고 있는 금일에 11시간 노동이라는 것도 가혹한 사실이거니와 하루 노임이 겨우 17전이라는 것은 언어도단의 사실이다. …… 이렇게 가혹한 착취방법은 오직 영일군 달전면의 사방공사에만 예외로 있는 것이 아니오 그와 유사한 교묘 가혹한 착취방법이 거의 모든 공사장에서 공공연하게 행하고 있는 바이다.[112]

이와 같은 논란이 발생하게 된 데에 대해 《동아일보》는 "그 도급 맡은 자(청부업자)들이 관공서의 일을 맡아서 하는 것을 터무니없는 일종의 자세藉勢 거리로 삼아가지고 노동자를 비상히 학대하며 …… 구빈사업으로 한다는 것은 허명이고 실제로는 도급 맡은 자의 증부增富 보조에 지나지 못한다"라고 지적했다.[113] 그 무렵 사방공사, 하천개수공사 등 궁민구제를 명분으로 내건 사업들에 대한 비판의 논점은 다음과 같은 것이었다.

궁민구제 사업비 6,500만 원 중 도로 개수비는 2,600만 원, 어항 수축 시구개정 상하수도 설비비 950만 원, 치수비 2,200만 원, 사방비 750만 원 등이라고 한다. 공사에 사용되는 인원도 매년 8만 인의 노동자가 8개월씩 3년간 사용되므로 연인원 576만에 달하고, 사무원 기술자, 고원雇員까지 약 1,000명이 채용된다고 한다. 어디로 보나 상당한 구제사업이다. 그러나 실제로 노동자에게 가는 임금이 얼마나 되는가? …… 이 노임이 다 노동자에게 오면 다행이다. 그런데 공사의 청부제도는 이것을 실현하지 못하게 한다. 청부제도는 2중, 3중의 중복적 청부제도여서 중간의 착취가 심하다.[114]

이처럼 청부업자들이 사방공사를 도급으로 따낸 다음 노동자에게 지급할 임금을 줄이고 자신들이 가져가는 금액의 비율을 높이는 방식이 만연한 탓에 구제가 제대로 이루어지지 못한다는 목소리가 높았다. 어떤 논자는 1930년대 토목사업이 확대된다고 해도 ① 민간 부담의 증가, ② 실제 공사 추진 방식이 부적합하다는 문제점 등이 여전히 남아 있다면서 일침을 놓기도 했다.[115] 또 어떤 논자는 이 사업들이 "청부업자와 같은 중간계급의 이익을 증가시켰을 뿐"이라고도 했다.[116]

사방사업을 실제로 맡아보던 일본인 청부업자들로서는 이 사업으로 얻을 수 있는 이윤이 다른 사업에 비해 컸다. 하천 개수나 항구 수축 등의 공사에서는 총 사업비 중에서 노임으로 지출하는 액수가 40퍼센트 정도를 차지했다고 하는데,[117] 앞에서 본 바와 같이 사방사업은 약 70퍼센트 정도였다. 총 사업비에서 노임으로 지출하는 금액의 비중이 높다는 사실은 청부업자들로서는 반가운 일이었다. 당시 청부업자들은 노임을 어느 정도 지불할 것인지 마음대로 정할 수 있는 입장이었다.

조선총독부나 도 당국이 사방사업을 실시할 때, 대개 계획서를 작성하고 그 안에 노임으로 지불할 금액을 사전에 산정에 기입하는데, 그 노임 지불 예정액 중에는 노동자를 동원하고 관리하는 자에게 돌아갈 비용까지 합산되어 있었다. 따라서 청부업자들이 노무자 관리비 등을 많이 책정하게 될 경우 실제 노동자에게 돌아가는 돈은 예상보다 훨씬 적을 수 있었다.

　이러한 지출구조에 대해 조선총독부나 도가 어떠한 개입도 하지 않았다는 것은 사방사업을 통해 일본인 토목업자가 부당이익을 추구할 수 있도록 방관했다는 의미가 된다. 당시 조선인 지식인들이 사방사업을 비롯한 궁민구제사업에 대해 평하기를 "3중, 4중의 청부와 중간착취"를 위한 것일 뿐이라고 비판한 것도 그러한 분위기를 잘 알고 있었기 때문이다.[118]

3. 조선총독부 공익 임업 정책에 나타난 문제점

어떠한 정책이 성공하기 위해서 가장 중요한 것은 적절한 제도적 기반이 마련되었는지 여부이다. 임업 정책의 경우, 공익과 사익이 서로 충돌할 여지가 많으므로 제도적 장치가 더욱 잘 정비되어 있어야 한다. 또 산림 자원 보육으로 인해 산주가 피해를 입거나 일상생활을 영위하는데 심한 불이익을 받게 된다면, 그에 대해 적절한 지원책도 마련되어야 한다. 나아가 임업의 공익성을 확보하기 위해 정부 차원의 적극적인 개입과 지원이 있어야 한다. 일제강점기의 임업 당국이 효과적인 정책을 마련해 '임업의 근대적 발전'에 필요한 기반을 마련했는가 하는 점을 제대로 평가하기 위해서는 이러한 점에 주목할 필요가 있다.

앞서 살핀 것과 같이 일제는 산림 자원의 회복을 위한 조림사업을 전국적으로 실시한다면서 철저한 금벌주의 정책을 고수했다. 강력한 규제 일변도로 정책이 만들어지고, 하향식으로 각 군 삼림조합에 하달되다보니 각 지역 경찰과 관리는 주민들의 입산을 거의 무조건적으로 막거나 체벌을 강화하는 데 주력할 뿐이었다.

조림의 의무가 조선인 일반 대중에게 일방적으로 전가되고, 입산이 금지되는 조치만 취해졌기 때문에 아무래도 임업 정책에 대한 호응도가 낮은 수준에 머무를 수 밖에 없었다. 한편 조선총독부 당국은 화전정리와 사방사업과 같은 대규모 사업을 본격적으로 추진하겠다고 말하기는 했지만, 화전정리에 관한 적극적이고 효과적인 조치가 취해진 적이 없었고 사방사업도 간헐적으로 시행되는 데 머물렀다.

산림 자원의 회복과 공익성의 제고를 위해서는 당연히 적절한 규제가 필요하다. 무분별한 화전 개간이나 남벌로 산의 우수 억지력이 현저히 저하되면 결국 그 피해가 전체 국민에게 돌아오기 때문에 정부는 반드시 산림 자원을 남벌하지 못하도록 적절히 규제해야 하는 것이다. 그런데 산림은 단지 보호하는 대상에만 머물러서는 안 된다. 그 자원을 사회 구성원이 필요로 하는 만큼 효율적으로 이용해야 한다. 산림도 인간생활에 유용한 자원이기 때문에 그 효율성을 극대화할 필요가 있다.

자원의 효율적 이용과 관리를 위해서는 산림 규제의 방안도 정교해져야 한다. 오늘날 각국 정부는 임업이 지니는 이러한 미묘한 특징을 감안해 산림 규제 정책을 만들 때 '보호를 위한 규제'와 '이용에 대한 규제'로 나누어 접근하고 있다. '보호를 위한 규제'는 산림의 무분별한 이용으로 인한 훼손을 방지하는 데 중점을 둔 것이며, '이용에 대한 규제'는 일정한 목적이나 계획에 따라 산림을 효율적으로 활용하기 위한 것이다.[119]

산림 공익 증진을 위해서는 주도면밀하게 규제책을 마련하는 것도 중요하지만 국민의 자발적인 참여를 이끌어내는 것도 핵심적인 요소다. 광대한 면적의 산림에 나무를 심고, 가꾸는 치산녹화사업은 시민들의 적극적 참여가 없이는 불가능한 큰 사업이다. 명령과 지시, 규제와 제국주의적 폭력으로는 산림녹화에 관한 제반 정책이 성공을 거두기 어렵다. 오늘날 산림녹화와 화전정리에 성공한 나라의 사례를 살펴보면 시민을 대상으로 한 적극적인 홍보와 정보 제공, 연료 대체재의 적극적인 공급, 조림사업 참여자에 대한 인센티브 제공, 사방사업에 대한 적극적 재정 투입 등 적절한 조치가 병행되었음을 알 수 있다.[120]

일제의 공익 임업 정책은 오늘날의 그것에 비해 구조적으로 많은 문제점을 안고 있었다. 기술적으로도 미숙했고 '수익자 부담 원칙'의 무분별한 적용으로 사업 시행 지역 주민들이 사방사업이나 식목사업을 꺼리는 현상까지 나타났다. 사방사업은 산지 재해를 방지하는 데 중요한 역할을 하므로 홍수 피해가 빈발하는 곳에는 되도록 빨리 시행하는 것이 좋다. 그런데 이 공사를 할 때 아무런 사전 계획과 준비 없이 계곡을 사방댐으로 막고 흙막이를 해서는 그 효과를 전혀 거둘 수 없다.

공사가 효과를 거두기 위해서는 사전에 장기 측량을 실시하여 계획홍수유량과 계획토사량을 산출한 후 사방시설물이 감당할 토사 용적까지 계산해야 한다. 또 그에 맞게 계간에 설치할 시설물의 크기와 재질을 결정해야 하는 것이다. 일제는 이러한 사전 준비 작업을 하지 못하거나, 이미 세워둔 계획도 예산상의 문제로 여러 차례 변경하는 등 임기응변식으로 사업을 추진했다. 심지어 1910년대에는 '보여주기' 용도로 식재 위주의 사방사업을 강행하기도 했다.

재정적 측면에서도 식민 당국은 미숙했다. 그들은 물론 일제의 공익 임업 정책은 일본 정부와 제국의회의 비협조적인 태도로 제대로 시행하기 어려운 처지에 놓여 있었고, 어쩌면 그것이 식민지 조선의 공익 임업 발전에 걸림돌이 되었다고도 할 수 있다. 하지만 사방사업 실행 예산의 70퍼센트가량을 토목업자들이 차지할 수 있도록 한 사업비 지출구조를 일제가 고집한 것으로 보아 과연 식민 당국이 공정한 정책 집행 의지와 능력을 가지고 있었는지 의문을 갖지 않을 수 없다.

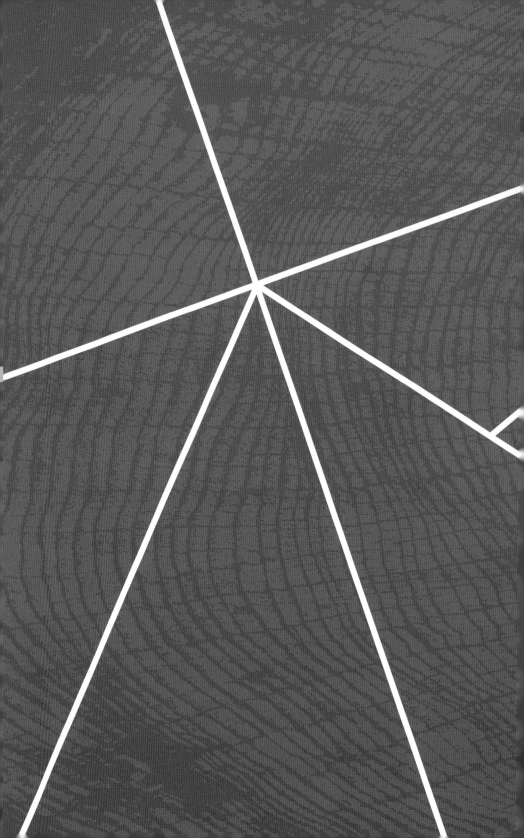

VI

전시 체제기의 임산물 증산과
임업 생산기반의 약화

1. 증벌 정책으로의 전환

일제는 1930년대에 대륙 침략전쟁을 확대해나가면서 기존 방침과 달리 국유림, 사유림을 막론하고 과벌, 증벌을 장려하겠다는 방침을 노골적으로 드러냈다. 이전 시기에 일제는 사유림의 산주들로 하여금 금벌 정책을 준수하고, 당국이 요구하는 식목 의무를 이행하라고 강요했다. 그런데 1930년대 전쟁의 확대와 더불어 일제는 표면적으로나마 유지해오던 사유림 조림 정책을 순식간에 폐기하고, 산림 자원 벌채를 장려하는 쪽으로 나아갔다.

1930년대 후반에 중일전쟁이 터지면서 목재, 목탄 등과 같은 산림 자원에 대한 수요가 급증했다. 일제는 그 수요에 대응해 어떻게든 임산물의 공급을 늘려야 한다고 판단했으며 이를 위해 국유림의 관행작벌량을 늘리더니 그 이후에는 기업림 증벌을 촉구하고, 마지막으로 사유림에서도 무조건적으로 나무를 베어 공급하라는 지침을 내렸다. 형식적으로라도 '산림 보호'를 외치던 데에서 산림 자원 생산에 모든 인적 자원을 투입하는 방향으로 전환한 것이다.

산림 자원은 사실 중요한 전시물자의 하나였다. 전선이 확대될수록 군인들이 머무를 병사 건축이 급해졌고, 또 그에 필요한 목재도 해가 갈수록 그 수량이 늘어났다. 목탄도 중요한 군수물자라는 점에서는 예외가 아니었다. 석유가 부족했던 일제는 목탄차를 만들어 수송용 차량으로 썼다. 그에 따라 수송용으로 쓰이는 목탄의 양도 해가 갈수록 급증했다. 상황이 이러했기 때문에 조선총독부는 목재, 목탄 등과 같은 임산 자원 공급을 되도록 늘리는 것이 가장 긴급한 임업 현안이라고 규정했던 것이다.[1]

조선총독부 당국자는 보속 수확의 환경을 조성하기 위해 금벌주의 정책을 고수한다고 여러 차례 말하곤 했으나, 그러한 정책 방향은 일본 군국주의의 확장 앞에서 순식간에 폐기될 수 있는 그야말로 '공론'에 지나지 않았다.

1-1. 도유림에서의 증벌

일제는 전쟁 발발 이후 기존의 삼림에서 용재 생산을 강화했다. 조선총독부는 1938년 〈민유림 지도방침 대강〉을 변경하여 용재림의 적극적인 증산을 임업 정책의 최우선적 고려 사항으로 내세웠고, 그와 함께 군수용 목재에 쓸 만한 나무를 심어 관리해야 한다는 명분을 내세워 조선임업개발회사를 설립했다.

일제는 1937년 중일전쟁 도발 직후 급속한 용재림 및 숯의 수요에 응하고자 임시방편으로서 대규모 벌채를 단행하기 시작했다. 당시의 벌채는 주로 국유림 혹은 도유림을 대상으로 행해졌다. [표 21]에서 확인할 수 있는 바와 같이 1931년도 583,787입방미터 정도였던 영림서의 관행 작벌량은 1939년도에 1,282,895입방미터로 급증했다.

임산물 수요가 늘어남에 따라 조선총독부는 영림서 관할 국유림에서 매년 수행하던 관행작벌의 규모를 늘려 잡았다. 이러한 '비상조치'로 국유림 1정보당 입목 축적이 1934년의 30.91입방미터에서 1938년에는 24.55입방미터로 대폭 줄어들었다.[2]

영림서 관할 국유림에서의 증벌은 1926년 일제가 '조선임정계획서'를 발표하면서부터 이미 표방된 지침이기도 하다. 당시 일제는 재정 확충을 위하여 매년 영림창이 관리하는 요존국유림에서 벌채를 강화하기로 하고, 우선 1926년도에 487,640입방미터 정도를 벌채한 다음 이를 매년 늘려 1937년에는 941,880입방미터를 벌목하기로 한 바 있었다.[3] 그러나 1930년대 초부터 만주사변으로 임산물에 대한 수요가 눈에 띄게 늘어났고, [표 21]에서 볼 수 있는 바와 같이 1937년에는 벌채량이 1,090,986입방미터에 이를 정도가 되었다. 당초의 계획을 초과달성했던 것이다.[4]

이렇게 관행작벌량이 급속히 증가했지만 조선총독부는 중일전쟁이 발발한 이듬해부터 "군수재, 철도 용재와 종이 기근의 완화를 위한 펄프 자원 획득을 위해 벌채량을 훨씬 증가하기"로 결정했다.[5] 국유림에서 이전보다 더욱 과감한 증벌을 단행하기로 한 것이다.

한편 조선총독부는 이렇게 증벌 방침 시행으로 나무가 사라지게 될 벌채적지의 사후 관리 방안 역시 입안하지 않을 수 없는 입장이었다. 그런데 영림서 관할 국유림에 대한 조림은 일제가 그다지 관심을 두지 않았던 문제였다. 일제는 강제 합방 이전부터 영림창을 설치하고 두만강, 압록강 유역 삼림지대의 나무를 대량 벌채하는 데에 관심을 기울였지만 1925년도까지 해당 관할 국유림 내에서 조림을 행한 면적이 겨우

17,289정보에 불과할 정도로 국유림 벌채적지는 그대로 방치하다시피 했다. 1926년 영림서 관할 국유림의 증벌을 결정한 '조선임정계획서'의 발표와 함께 일제는 미입목지 17,000정보에 대하여 10개년간 조림을 시행하고 벌채적지에 대해서도 조림을 시행하겠다고 했지만, "조림비의 절약을 기도함은 임업 경영상 최긴요한 일"이라면서 자연회복력에 기대는 '천연갱신'을 조림의 주요 방침으로 채택했다.[7]

조선총독부는 1935년에 이르러 벌채적지 40,000정보, 유령림幼齡林 404,000정보에 대해 조림을 시행할 필요가 있다고 언급하기도 했지만, 역시 "가급적 천연갱신을 위주로 삼겠다"는 방침을 고수했다. 이렇듯 소극적 조림 정책에 변함이 없었기 때문에 중일전쟁이 발발하자 식민 당국은 언젠가 조선에서 목재를 필요한 만큼 가져다 쓸 수 없게 될 것이라고 판단했다. 또 당국자들 사이에서는 "국유림 조림사업의 실시는 …… 극히 소규모의 것으로 볼 만한 것이 없었고 …… 1926년의 임정 계획 수립에 따라 사업의 면목을 다시 하게 되었지만 재정 관계상 소기의 성과를 거둘 수 없었다"는 논란이 일었다.

다급해진 조선총독부는 1937년도 하반기부터 국유림 벌채적지에 대규모 조림을 시행해 장래의 목재 공급에 대비하는 한편 도유림에서 대량으로 목재를 벌목하거나 각종 용재 수목의 조림을 시행하겠다는 대책을 내놓았다. 도유림을 중심으로 한 대규모 조림 계획은 1937년 11월

[표 21] 1930년대 영림서 관행작벌 수량(단위: m³)[6]

연도	1931	1932	1933	1934	1935	1936	1937	1938	1939
벌목량	583,787	821,721	899,041	967,755	921,823	999,414	1,090,986	1,199,120	1,282,895

개최된 경기도산업조사위원회에서 처음 언급된 내용이다.

용재用材의 수요가 증진함에 반하여 현재의 생산은 이 정세에 수반하지 않을 뿐 아니라 장래에는 현저한 부족을 초래할 것이 명확하므로 국책적으로 이 대책에 부심 중이며 경기도로서는 추세에 호응하고자 용재림의 조성을 촉성하고 국책 수행에 자원을 제공할 필요가 긴절하게 되었다. …… 이러한 시국에 대하여 일층 농산촌의 경제력을 강화하고 국력의 증진을 도모하고자 삼림 자원의 개발과 용재림의 촉성을 시도할 필요가 있다.[8]

다시 말해 용재림의 조성이 당면한 중요 임업 대책이라는 것이다. 이러한 발언과 궤를 같이해 "이제부터는 조림을 장려할 것이 아니라 임산물을 이용하는 데 주력해야 한다"는 주장이 나오기 시작했다.

경기도에서는 본도의 임업 발전에 관한 구체적 안을 신중 연구하여 먼 장래에 대비하고자 종래의 조림 및 삼림 보호 정책을 청산하고 신新 방침으로 속성 식림 계획으로의 방향을 전향케 되었다. 이것은 현하 전시체제하에 있어서 공업자원에 대한 자급자족이라는 대국적 견지와 자력갱생운동에 동 정책을 결탁시켜서 비로소 산림의 갱생을 계획하고자 하는 의미에서 이 정책을 취한 것이다.[9]

이 인용문에서 볼 수 있는 바와 같이 식민 당국은 전쟁의 확산과 함께 임업에 관한 신방침을 마련한다면서 속성조림, 공업용 임산물의 자급자

족을 중시하겠다고 언급했다. 이미 언급한 바와 같이 일제는 조선인 임야 소유자에게 조림비용을 부담하도록 했다. 그러한 시도는 성과를 내지 못하였고 조선인들의 저항만 불러 일으킨 바 있다. 그런데 '신방침' 발표 당시에 당국은 '대국적 견지'에서 도유림에 한해 국비를 일부 투입해 조림을 시행하기도 했다.[10]

도유림에 대규모의 용재림을 조성한다는 계획은 1939년도에 접어들어 각 도에 연달아 적용되었다. 그러나 당연히 조림이 시작되었다고 해서 곧바로 목재로 쓸 만한 나무가 생산되는 것이 아니다. 시시각각으로 변하는 전황과 신속히 공급되어야 하는 물자 상황에 비추어 볼 때 일제 당국으로서는 조림 행정에 인력을 동원하기 어려웠다. 따라서 도유림을 대상으로 한 조림은 사실상 크게 진전되지 못했다. 일제는 그 대신 산림 자원 고갈로 임산 생산력이 사실상 바닥나 있던 사유림(대부분 기업림)에 속성조림을 '장려'하고, 도유림이나 국유림은 당장 필요했던 물자 생산을 맡은 구역으로 분류했다.

[표 22]는 도유림의 용재림 조성사업이 본격화된 1939년과 1940년의 전체 '민유림' 조림 실적을 표시한 것이다. 이에서 알 수 있듯이 전시체제기 조림은 도유림보다는 사유림에서 압도적으로, 그리고 활발히 실시되었다. 이 사유림의 상당수는 임업회사 소유지에 해당되는 것으로 판단된다.

요컨대 조선총독부는 도유림에서 벌채를 확대하고자 했다. 그런데 문제는 도유림의 상당수가 철도나 도로에서 멀리 떨어져 운송이 어려운 곳에 있었다는 것이다. 일제는 이 운송 문제를 해결하기 위해 일단 임도를 많이 개설해 오지 삼림에 대한 접근성을 개선하고자 했다. 당시 임업 당국은 임도를 만들어 나무를 더 많이 베어내게 되면 토지 가격도 올라가고 목재 생산도 늘어나 대략 1개 사업 구역에서 30만 원 이상의 수익이 발생할 것으로 추산했다. 이와 같은 계산에서 일제는 1938년에 '임도건설계획요강'을 발표하고 본격적으로 임도 건설사업에 뛰어들었다.

식민 당국이 1938년도에 발표한 '임도건설계획요강'에 의하면 1938년도부터 1945년까지 총 108개 노선 1,370킬로미터의 임도를 건설할 계획이었다. 주목되는 것은 이 도유림에서 생산되는 임산물은 대개 목탄이었다는 사실이다. 임도 개설로 목재 운반도 편해지지만, 목탄 생산에 필요한 자재 운반, 목탄의 운송 환경도 개선되었던 것이다.[12] 임도 건설 이외에도 일제는 비교적 임상이 좋은 사유림을 매수해 도유림으로 편입했다. 당연히 이렇게 확보한 임야에서도 목탄과 용재가 생산되었다. 이런 정책의 결과로 도유림에서는 1930년대 중반부터 상당량의 목탄이 생산되고, 그 수입도 늘었다.

[표 23]은 《조선총독부통계연보》의 통계자료를 이용해 면유림과 도유림에서 생산된 목탄과 용재의 수량을 나타낸 것이다. 목탄, 용재 모두 1938년도에 일시적인 생산 부진 현상을 보였으나 1939년 말에는 중일전쟁 이전의 생산량을 뛰어넘는 경향을 보였다.[13] 목탄의 경우 그 생산

[표 22] 1939~1940년 민유림 조림 상황[11]

연도	도유림		면유림		학교림		사유림		합계	
	면적 (정보)	식재 수량 (千本)	면적	식재 수량	면적	식재 수량	면적	식재 수량	면적	식재 수량
1939	1,927	4,152	5,303	13,628	830	2,098	80,130	208,413	88,190	228,291
1940	1,733	3,831	6,201	15,125	1,510	3,591	88,109	228,270	97,553	250,817

량의 증가세는 완만했으나 수요 폭증과 그 가격 폭등으로 판매수입이 거의 2배 가까이 늘어난 사실도 [표 23]에서 확인할 수 있다.

1-2. 조선임업개발회사의 설립과 기업림 증벌

앞서 언급한 바와 같이 일제는 전시 수요의 증가에 맞추어 영림서 관할 국유림에서 용재를 증산하기로 했다. 그 결과 영림서 관할 임야 안에 갑작스럽게 벌채적지가 많아지게 되었다. 이렇게 관행작벌이 완료된 임야는 원래 천연조림구역이라고 하여 그대로 방치하도록 한다는 것이 식민 당국의 방침이었다. 그런데 일제는 자연적으로 숲이 복구되기를 기다리는 것보다 조금 더 적극적으로 식림사업을 추진하는 것이 바람직하다고 보기에 이르렀다. 시간이 많이 걸리는 천연조림보다 속성조림으로 재빨리 용재림을 만드는 것이 필요하다고 판단한 것이다.

이러한 판단과 함께 일제는 국유림 벌채적지 가운데 매년 2만여 정보를 선정해 속성조림을 서두르기로 했다. 하지만 그 당시까지 일제는 국유림의 경우, 되도록 조림비를 절감한다는 방향을 고수하고 있었다. 이

[표 23] 1936~1939 공유림의 용재 및 목탄 생산 추이

연도	1936	1937	1938	1939
목탄생산(貫)	24,271,396	26,488,753	24,851,490	27,272,554
목탄판매수입(圓)	2,807,886	3,580,728	3,860,061	5,816,503
용재벌채량(m³)	37,195.6	61,957.7	43,614.4	65,591.6

는 전시 체제기에도 달라지지 않았다. 조선총독부는 국비를 투입해 영림서 관할 국유림 벌채적지에 조림하는 방안을 택하지 않고, 그 조림을 민간기업에 맡기겠다는 결정을 내렸다.

기업에 국유림 조림을 맡기게 되면 일제로서는 그다지 많은 비용을 들이지 않게 되고, 또 전시 동원에 투입해야 할 인적 자원도 절약할 수 있게 된다. 그런데 아무리 이런 방침을 취한다고 해도 민간기업이 응하지 않으면 안 된다. 따라서 일제는 국유림 조림을 맡겠다고 나서는 기업에 인센티브를 부여하지 않을 수 없었다. 조선총독부는 이와 같이 복잡한 계산 끝에 1937년에 조선임업개발회사를 설립하고, 여러 기업이 컨소시엄 형태로 참여하도록 했다.

조선임업개발회사는 명목상으로 국유림 벌채적지에 대한 조림을 전담하는 기업이었다. 이 회사가 설립될 당시 당국자는 다음과 같이 그 설립 취지를 밝힌 바 있다.

재정 관계상 부득이한 사정도 있어 아직 조선 내 국유, 민유 임야에 대하야 전면적 조림 계획의 실현을 보지 못한 것은 심히 유감이다. 용재림 조성을 위한 조림에 있어서는 이미 주지하는 바와 같이 장기에 걸친 자금 고정, 삼림 금융제도의 불비 등에 따른 경영의 불안, 기타 모든 조건이 중소 규모의 조림 경영에 자못 불리하게 되어 있다. …… 이제 대규모 조림 기관의 출현을 희구 비망하는 것이 절실하다. …… 이 국책적 대사업은 사업의 성질상 개개의 영림회사의 경영에 맡기는 것보다 공공성을 가지는 특수회사를 설립하고 정부의 보호감독하에 경영시키는 것이 타당한데, 이것이 금회 조선임업개발주식회사령의 공포를 보게 된 이유이다.[14]

용재림 조성을 위해서는 상당한 액수의 자금을 장기간 투자하지 않을 수 없기 때문에 '대규모 조림기관'이 필요하다는 것이다. 불요존국유림을 조림대부의 방법을 통해 불하받은 기업이 적지 않다고 소개한 바 있는데, 이 기업들은 대부받은 임야에서 수익이 발생할 시기가 생각보다 가깝지 않다는 데 불만을 품고 있었다. 이러한 상황에서 조선임업개발회사가 만들어지고, 그 경영 목표도 '조림사업'으로 제시되기에 이르자 임업 관련 회사들 사이에서는 우려가 퍼지게 되었다.[15]

동 회사 창립 당시 일제가 발표한 설립 이유 및 경영방침을 살펴보면 다음과 같다.

① 자본금을 2천만 원으로 하고 그 대부분을 민간회사로부터 조달할 것.[16]
② 기업 설립기간은 100년으로 할 것.
③ 국유림 50만 정보를 불하한 후 그 임야 안에서 조림사업을 경영하게 할 것.
④ 15년간 조림에만 전념하게 하고 그동안 국고에서 보조금을 지출한다.
⑤ 제21영업연도까지 주주배당금이 불입금액에 대하여 연 5푼에 미치지 않을 경우 그 차액을 조선총독부가 지급한다.[17]

기업들로부터 자본금을 염출해 조선임업개발회사를 설립하고, 그 회사로 하여금 조림 업무를 맡도록 하되 각 기업이 내놓은 자본금에 대해 연 5퍼센트의 배당금을 지급할 수 있도록 조선총독부가 보장하겠다는 것이었다.

배당금 및 보조금 지급을 통한 유인책과 당국의 압력에 따라 동양척식회사, 왕자제지, 미쓰비시제철, 미쓰이농림, 노구치, 조선화재해상보험, 북선제지, 조선신탁 등이 조선임업개발회사에 자본을 투자하고, 인력도 지원하기로 했다.[18] 조선임업개발회사가 만들어진 직후 일제는 실제로 경상북도 영주, 예천, 강원도 영월 등지의 국유림 25,000정보를 이회사에 넘겨주고, 1938년에도 강원도 울진, 함경남도 홍원, 북청, 고원, 문천에 있는 국유림을 조림대부 형식으로 이양했다. 이러한 방식으로 1939년까지 총 22만 정보에 달하는 임야가 조선임업개발회사로 넘어가게 되었다.

일제는 이렇게 넘긴 임야를 조림하는 데 약 20년이 걸릴 것이며, 그 비용은 4,800만 원에 달할 것으로 보았다. 식민 당국은 그 액수의 3분의 1 정도를 국고에서 보조하고 나머지는 조선임업개발회사가 사채社債를 발행해 충당하게 했다.[19] 그러나 사채는 임업개발회사에 자본을 투자한 주주가 상환해야 할 자금이기 때문에 무한정 발행하기는 어려웠다. 또 대부 받은 국유림 중 함경남도 신흥군 등에 있는 임야는 원래 영림서에서 관할하던 요존국유림으로서, 북선 개척사업의 대상지였다. 이 사업 구역 안에 있는 화전민들은 강제 이주가 원칙이었는데, 만일 조선임업개발회사가 이 땅을 넘겨받게 될 경우 화전민 정리와 관련된 제반 사항을 처리하는 것도 복잡한 문제가 되지 않을 수 없었다.[20]

사실 조선임업개발회사에 참여한 회사들은 거의 강제로 끌려들어온 것이나 마찬가지였고, 조림에 그다지 적극적이지도 않았다. 상황이 이러하다 보니 조선임업개발회사 경영진은 설립된 지 얼마 지나지 않아 조선총독부로부터 넘겨받은 임야에 조림을 하기보다는 그나마 남아 있는 나무를 베어내 팔아치우자는 생각을 품기에 이르렀다.

마침 당시는 전시 수요로 인하여 목재 가격이 폭등한 시기였다. 나무를 벌채해 얻을 수 있는 이익이 평시보다 높았던 것이다.[21] 다시 말해 조선임업개발회사는 당초의 설립 목적과 다르게 운영되었다. 조선총독부는 이 회사에 벌채적지만을 양여 혹은 대부해준 것이 아니라 추가 조림이 필요한 임야도 골라 넘겨주었기 때문에 그와 같은 벌목사업이 가능했다.

이처럼 당초 목적과 다르게 회사가 운영된 결과 1940년 한 해에만 조선임업개발회사가 올린 당기순익이 80,000여 원에 이르렀다. 이 회사는 목재 판매이익뿐만 아니라 정부보조금 75,000여 원도 받아 합계 155,000여 원의 수익을 올렸다.[22] 그런데 조선총독부는 이런 상황을 방임, 인정했다. 일제는 이 회사가 채집해내는 임산물로 목탄을 만들 수 있다면서 그 역할이 적지 않다고 평하기도 했다.[23]

일제 당국이 이렇게 태도를 바꾼 데에는 그만한 이유가 있었다. 전시 물자로서 수요가 늘어나고 있던 목탄의 공급을 늘릴 방안이 딱히 없었던 것이다. 일제는 원래 목탄 생산량을 늘리기 위해 관영 제탄소를 만들어 운영하고자 했는데, 아무래도 그 생산량에 한계가 있기 때문에 조선임업개발회사로 하여금 목탄 생산을 허용하는 것이 불가피하다고 보았다.[24] 당국의 입장이 바뀌어감에 따라 이 회사 설립에 참여하지 않던 기업들도 그 소유 임야 안에서 목탄이나 용재를 생산할 수 있도록 해달라고 요구하기 시작했다.

당시 임업과 관련된 기업 활동을 하던 회사들은 민유림갱생회라는 단체를 구성하고 있었는데, 이 갱생회가 1938년 6월 조선총독부에 이른바 '협의 사항'이라는 것을 전달한 적이 있다. 이 문건에 "국유림의 증벌에 따른 임산 자원의 급감에 대비해 기업 소유림 안에 자발적으로 조림을 강화하겠다"는 결의가 담겨 있었다. 또 할 것임을 언급했다.[25] 그러나 이후에 전개된 상황은 전혀 이와 달랐다.

민유림갱생회는 원래부터 줄기차게 조림비 보조와 목탄 생산 확대를 요구해왔다. 이 단체는 1936년 조선총독부에 '기업림진흥방안'이라는 것을 제안했는데, 여기에는 ① 조선인들의 도벌행위를 엄단할 것, ② 용재와 목탄의 규격을 정하고 판매에 어려움이 없도록 할 것, ③ 금융조합 등을 통하여 임업 관계의 금융을 제공할 것, ④ 조림비를 보조해줄 것 등의 요구 사항이 담겨 있었다.[26] 동척, 가타쿠라식산, 노무라임업, 왕자제지 등 이 단체의 회원 기업들은 "임업은 채산성이 맞지 않고 조림 대상지의 산림 상태는 날로 황폐해지고 있다. 이는 기업의 입장에서는 곤란한 현상이다"[27]라면서 벌목 지원책을 입안해달라고 집요하게 요청했다.

이러한 요구를 받아들여 조선총독부는 1937년 10월부터 기업 소유림 내에서의 벌목량 증가를 용인하고, 운송을 보다 편리하게 해주고자 임도까지 만들어주기 시작했다. 당시 임업 관계 관료 및 자본가 등으로 구성된 조선산림회가 조사한 바에 의하면 1939년 상반기에 목재 가격은 전시 이전에 비하여 140퍼센트 상승하였고 목탄 가격도 300퍼센트가량 상승한 것으로 나타난다. 이런 상태에서 기업들로 하여금 목탄, 용재 생산을 늘리도록 허용하는 것은, 기업의 입장에서 볼 때 그야말로 "바람직한 기업 지원 정책"이었던 셈이다.

조선총독부의 적극적인 지원책 마련 방침은 기업의 수익 향상에 큰 도움이 되었다. 스미토모임업은 "당초 10여 년간 경영상 고심은 적지 않았지만 만난을 이겨내고 초기의 뜻을 가지고 수행한 결과 창업 20년

(1935-필자) 이후 조금씩 성과가 나타났고 최근에는 더욱 현저해졌다"고 언급한 적이 있다.[28] 동척도 1938년 현재 연간 총 순익이 133,325.44원에 이를 정도로 삼림 수입의 증가세가 뚜렷해졌다고 그 성과를 집계했다.[29]

[표 24]는 1937년부터 1939년 사이에 건설된 임도의 소재지와 해당 지역의 주요 산주를 표시한 것이다. 이에서 알 수 있듯이 일제가 임도를 건설한 지역의 상당수는 각 도 소유 임야 혹은 가타쿠라, 동척, 스미토모 등이 소유한 임야가 있는 곳이었다. 이처럼 일제는 일본인 회사의 생산 활동과 운송 작업이 보다 활성화될 수 있도록 지원책을 마련해 집행했다.

1-3. 임산물 공출의 실시

1930년대 말과 1940년대 초에 일제는 침략전쟁을 확대하면서 더욱 강력한 통제경제 체제를 만들었다. 전세가 불리하게 돌아가고 군수물자도 제대로 수급되지 않자 조선인에 대한 경제 수탈은 그 강도가 심해졌다. 사실 중일전쟁이 터진 직후에 목탄의 상당 부분이 군수공장이나 일본군으로 흘러들어가 시중에서 구하기 어려워졌고, 장작마저 목탄 생산용 원료로 전용되어 조선인들의 생활에 상당한 장애가 되었다.

이러한 분위기 속에서 일제는 조선인들이 소유한 사유림에 대해서도 본격적인 임산 자원 생산 명령을 내리고, 그동안 고수하던 금벌주의를 순식간에 폐기해버렸다. 또 사유림 벌채에 관한 제반 절차를 간소화하

[표 24] 1937~39년 임도 건설 지역과 해당 지역 내 주요 산주[30]

연도	임도 건설 지역	연장(km)	해당 지역 주요 산주
1937	경기 포천군 이동면	6.23	다키 구메지로多木久米次郎, 야마네 다케스케山根武亮
	충북 단양군 단양면	10.00	
	전남 보성군 율어면	10.00	조선농업주식회사
	경북 영일군 죽장면	7.00	―
	경남 산청군 시천면	10.00	규슈제국대학九州帝國大學
	평북 태천군 강서면	12.00	평안북도
	강원 원주군 소초면	6.00	원주군면조림조합
	경기 양평군 서종면	9.00	
	전북 무주군 설천면	8.00	한다 젠시로半田善四郎(半田農林合名會社)
	황해 장연군 해안면	9.00	
	평남 개천군 북면	9.00	평안북도
1938	평북 의주군 옥상면(백운산)	8.60	평안북도
	강원 춘천군 사내면	9.00	―
	함남 함주군 하기천면(산장령)	5.00	함경남도
	함북 명천군 상우북면	9.00	궁성식림주식회사, 동양척식회사
	경기 가평군 하면	9.00	경기도
	충북 충주군 동량면	6.00	
	충북 괴산군 칠성면	3.00	
1939	전북 완주군 고산, 동상면	6.00	전라북도
	전남 곡성군 죽곡면	8.00	
	경북 영일군 청하, 죽장면	9.00	경상북도
	경남 산청군 실천면	6.00	경상남도
	경남 양산군 완동면	4.00	경상남도
	황해 장연군 덕안면	5.00	―
	평남 덕천군 잠상면	9.00	갑자부동산주식회사
	평북 의주군 옥상면	4.00	평안북도
	평북 삭주군 수풍면	6.00	평안북도
	강원 홍천군 남면	8.00	갑자부동산주식회사
	함남 영흥군 장흥, 선흥면	8.00	주우합자회사
	함북 경성군 주북면	9.00	주우합자회사

는 등 더 이상 산림 자원 벌채를 제한하지 않겠다는 의지를 명확히 드러 냈다.[31] 조선총독부 당국자는 "종래의 조선 임업 정책이 치산제일주의 에 연원하고 있는 만큼 내지(일본—필자)는 물론 선진 지역에 비교해도 극 히 진보적"이라고 말하면서 더 이상 '치산제일주의'를 내세우지 않아도 될 만큼 산림 자원이 늘어나 "이제는 증벌의 여력이 있다고 명백히 인정 된다"라고 했다. 나아가 사유림에서 나무를 베어내 펄프 원료로 사용하 는 것이 좋겠다고 말하기도 했다.[32]

이 당국자의 발언에는 믿기 어려운 내용이 담겨 있다. 조선총독부가 이른바 치산제일주의를 지킨 결과 '과연 획기적으로 임상이 개선되었는 가' 하는 문제부터 의문의 여지가 있다. 1920~30년대 한반도 임야의 산림 상태가 급격히 좋아졌다거나, 아니면 조금이라도 개선되었다는 사 실을 수치상으로 확인하기 어렵기 때문이다. 당시 일제는 "개인 소유 임 야를 국유림과 마찬가지로 인식해야 한다"고 하면서 '국익을 위해서는 사적 이익을 희생해야 한다'고 역설했다. 사유림에서 어떻게든 임산물 생산을 늘려 군수물자 공급에 차질이 없도록 협조하라는 의미에 다름 아니었다.[33]

실제로 일제는 1942년 물자동원계획위원회를 통해 '벌채증재계획'이 라는 것을 만들고, 지역마다 의무 벌채량을 지정했다. 산림에도 '공출' 제도를 도입했던 것이다.[34] 일제는 1942년에 목탄 자재와 기타 용재의 생산 수량을 확대하고 그 생산을 감독하기 위해 원목 생산자를 조합원으 로 한 원목생산출자조합까지 만들어 의무 생산량을 할당했다.[35] 또 1943 년도부터는 국민총력조선연맹을 통하여 각 농촌마을에 벌채 할당량을 부과하고, 마을 인근 산에 들어가 할당량만큼 벌채하도록 강요했다.[36]

국민총력조선연맹은 조선산림회와 보조를 취해 매년 8월 1일부터 한 달간을 '벌출 촉진기간'으로 지정했다. 또 9월 한 달을 '수송 촉진기간'으로 정하고, 철도 화차를 우선적으로 투입했다.[37] 여기서 잠깐 전시하 벌채 공출을 통하여 생산된 주요 임산물이 어떠한 것들이었는지 《조선총독부통계연보》에 실린 통계를 통해 살펴보면 [표 25]와 같다. 이 표에 의하면 전면적 강제 공출이 실시된 1940년도 이후 목탄의 생산이 늘어나고 장작은 줄어드는 상황이었음을 알 수 있다.

사실 목재 공출의 가장 중요한 목표는 바로 목탄 확보에 있었다고 해도 과언이 아니다. 목탄은 제철, 고철 재생공업, 가솔린 대용의 자동차 연료, 가스 원료 등으로서 이른바 '시국 관련 공업'의 운용에 있어서 필수자원이었다. 때문에 전쟁 발발과 함께 전시 수요가 급격히 늘어나게 되었는데 전시 초기에는 그 공급이 상당히 부족한 형편이어서 시세가 급등했다.

목탄 가격의 급격한 상승은 군수물자 생산에 악영향을 미칠 수 있었다. 목탄을 수매하는 비용이 늘어나 부담이 될 수 있었기 때문이다. 이에 일제는 목탄 가격을 통제하기로 하고, 1938년 10월 "조선총독이 지정하는 물품을 판매하는 자는 조선총독이 지정하는 연월일의 판매 가격을 초과하여 판매할 수 없다"는 조항이 담긴 〈조선물품 판매 가격 취체

[표 25] 1938~1942년 장작과 목탄의 생산량 추이(단위: 관)

	1938	1939	1940	1941	1942
장작	1,256,006,741	1,245,815,257	1,137,835,951	1,091,115,394	1,008,053,018
목탄	27,021,047	31,269,979	38,239,969	47,306,926	53,286,352

규칙〉을 공포한 후 목탄을 그 대상 품목으로 지정했다.[38] 조선총독부는 그 실행 방안으로 '목탄 가격 등귀 억제 응급대책'을 발표하고, 목탄 최고가격 표준을 제시했다.

이 대책에 따라 일체의 목탄 값은 '최고가격'을 넘을 수 없게 제한되었다. 그런데 당시에 일제는 장작 가격을 통제하지 않았다. 장작은 목탄과 같은 군수물자로 볼 수 없었기 때문에 당장 최고가격제를 실시하지 않아도 된다고 보았던 것이다. 이런 분위기 속에서 장작 가격도 오르자 업자들은 목탄 제조를 위해 모은 자재를 장작으로 출하해 더 많은 이윤을 얻고자 했다.[39]

이처럼 뜻하지 않게 '풍선 효과'가 발생하자 조선총독부는 다시 장작의 가격을 '협정 가격'이라는 이름으로 통제하고, 장작 형태로 출하되는 벌목재를 목탄으로 출하하도록 '독려'했다. 업자들은 이런 당국의 '독려'에 응하는 듯했지만, 이면에서는 목탄 생산을 늘리지 않고 장작을 최고가격 이상으로 팔아넘기는 암거래에 주력했다.

목탄 증산에 생산업자들이 호응하지 않는다고 판단한 일제는 1940년 7월 "도지사는 도내의 목탄 생산자, 대량 소비자 등에 대하여 배급통제에 필요한 명령을 발할 수 있다"는 내용이 담긴 '조선 목탄 배급통제 규칙'을 발표하고, 이를 계기로 목탄 생산명령제를 실시하기 시작했다. [표 25]에서 확인할 수 있는 바와 같이 1940년부터 목탄 생산이 눈에 띄게 늘어난 데에는 이러한 사정이 있었다.[40]

목탄 이외에 다른 임산물에 대한 수요도 무척 큰 편이었다. 우선 용재는 광산용 침목으로 수요가 늘어났으며, 대나무도 철제를 대신하여 각종 물품의 제조 원료로 사용되는 상황이어서 그 수요가 늘어났다. 도료와 방수포 등에 사용되는 송지松脂도 중요 물자로 취급되었다.

[표 26]은 1934년 이후 용재, 송지 등의 생산량 추이를 적시한 것이다. [표 26]에서 알 수 있듯이 송지의 경우 전시 체제 돌입과 동시에 생산량이 급격히 증가해 1941년의 생산량이 1934년 생산량의 약 490배에 달했다. 용재의 경우도 마찬가지로 늘어나 전시 체제에 접어들어 2.5배가량의 증가세를 보였다. 그러나 이와 같은 생산량 증가에도 불구하고 일제는 목탄, 용재 생산이 더욱 늘어나야 한다고 보았다. 전쟁이 장기화될수록 그 수요가 더욱 늘어났던 것이다. 이에 따라 조선에 할당된 공출량도 기하급수적으로 증가하는 실정이었다. 1943년 조선총독부는 전년에 비해 2배 이상의 공출량을 제시하기까지 했다.[42]

공출량의 급격한 증가는 산림의 황폐화로 이어졌다. 일제의 계산에 따르면 전시하 장작의 수요가 매년 10억 관에 달하고 목탄은 5,000만 관에 이르는데 그 수요를 감당하기 위하여 장작 용도로 약 6,972,900입방미터, 목탄 용도로 약 1,610,500입방미터, 합계 약 8,583,400본 정도

[표 26] 1934~1941년도 용재, 송지의 생산량 추이[41]

연도	용재(m³)	송지(松脂, 단위-貫)
1934	1,298,822	498
1935	2,265,246	476
1936	2,269,061	349
1937	2,436,214	564
1938	2,649,447	18,107
1939	2,781,597	126,422
1940	3,364,434	176,798
1941	3,181,729	245,553

의 나무를 베어낼 필요가 있었다.[43] 이와 같은 벌채량은 각각 당시 민유림 축적량의 6.2퍼센트와 1.4퍼센트를 차지하는 것으로서 이 두 품목의 공급을 위해서 매년 민유림 나무 축적량의 7.6퍼센트를 베어내야 하는 실정이었다. 만일 이러한 상황이 지속된다면 10년 내에 전 민유림 축적의 80퍼센트 정도가 사라지게 될 형편이었다.

일제도 이와 같은 상황의 심각성을 잘 알고 있었다. 일제의 계산에 의하면 1941년도 기준 민유림 1정보당 입목 축적이 13.4입방미터에 불과하고 나무의 생장량을 감안하더라도 매년 축적 증가량이 1.3입방미터에 지나지 않았다. 이 때문에 일제 스스로도 연간 적정 벌채량은 5,833,978 입방미터라고 파악했다. 그러나 실제로 일제는 매년 8,583,466입방미터 정도의 나무를 벌채하고 있었다. 조선 내의 임야가 견뎌낼 수 있는 적정 벌채량의 150퍼센트를 베어냈던 것이다.

일제에 의하여 이루어진 벌채의 총량은 1937년도 생산량에 비하여 2 배나 되는 것이었다. 이는 중일전쟁이 시작된 후에 일제가 그만큼 많은 나무를 베어냈다는 것을 명확히 보여준다. 그런데 전쟁 장기화에 따라 이 벌채량도 초과해 더 많은 나무가 사라질 가능성이 있었다. 조선총독부가 앞으로 산림 자원의 생산을 더욱 늘리겠다고 했기 때문이다. 조선 총독부의 임업 관련 당국자는 1941년 일본 제국의회에 나가 "임산물 생산이 여전히 부족하고 수요자에 대한 배급이 제때 이루어지지 않아 각종 광공업의 진전을 저해한다"고 하면서 식민지 조선에서 앞으로 더 많은 나무를 베어내겠다고 말했다.[44]

2. 임업 생산기반의 약화

1930년대 후반부터 식민 당국은 임목 축적이 줄어들고 있다는 사실을 명확히 인지하고 있었지만, 여전히 다음과 같은 입장을 내세웠다.

목재는 전투력을 증강하는 데 없어서는 안 될 뿐 아니라 군수공장은 물론 산업 시설을 세우는 데 대단히 중요한 자원이다. 여기에 소용되는 목재를 많이 내놓는 것은 대동아전쟁을 이겨나가기 위하여 절대로 필요한 것이다. 어려운 일이 있더라도 이것을 공출하지 않으면 안 된다.[45]

이런 입장을 고수한 일제는 1942년도와 43년도에 전년도에 비해 각각 20퍼센트가 늘어난 벌채량을 각 도에 할당했다.[46] 또 1943년부터는 "공출량을 달성하자"는 슬로건을 내세우고 '목재증산운동'을 추진했다.[47]

그 무렵 임산물을 더욱더 많이 생산해내기 위한 식민 당국의 행태는 그 도가 지나쳤다. 조선총독부는 전통 신앙의 대상이던 '신목神木'이나 사찰 주변의 임야까지도 무차별적으로 베어내도록 강요하고, 일반인들에게는 산림 공출량을 할당했다. 해가 갈수록, 그리고 전쟁에서 패배할 것이 점차 명확해질수록 일제의 물자 수탈 정책은 더욱 강화되었다. 일제는 이제 장작으로 이용될 수 있는 산림 자원마저 목탄 생산용 재료로 전용하기 위해 장작 소비 감소를 표어로 내걸고 '연료 사용 합리화운동'까지 벌였다. 조선인이 스스로 연료 사용을 자제하라는 것이었다.[48]

이러한 분위기 속에서 생산된 목재의 유통에 관한 통제도 강화되었다. 일제는 1940년 7월에 공포된 〈조선 목탄 배급통제 규칙〉을 근거로 목탄 생산자에게 공급할 자재를 일반인이 마련해 관에 납부하는 제도를 만들었다.[49] 또 1941년에는 목탄을 일반 조선인들이 연료용으로 구입하지 못하도록 하기 위해 조선목탄협회를 통해 각 지역에 배급조합을 설치하는 한편 최소한의 물량을 제외하고는 모두 군수용품으로 전용하게 했다.[50]

일제는 목탄 외에 용재 생산에도 통제를 가했다. 임산물 가운데 목탄과 함께 군수물자로서 가장 중요시되던 용재는 광산 및 철도용 침목 및 건축용 등의 용도로 수요가 격증하고 있었지만 1942년까지 그 생산량이 크게 늘어나지 않고 있었다. 당시 국유림 생산 목재의 76퍼센트 정도가 건축 및 철도용재로 사용되고 있었고, 사유림 생산 원목의 경우에는 14퍼센트만이 용재로 사용되고 있었다.[51] 사유림의 경우, 아무래도 우량한 목재가 적은 편이어서 용재로 전용할 만한 것이 그리 많지 않았다.

이런 상태에서는 아무리 공출량을 늘려도 용재 공급이 늘어나기 어려웠다. 이에 일제는 급한 대로 '중점주의'를 채용해 "가장 유효하게 활용하여 집약적·능률적 생산을 행하고 이로써 전력을 다하여 국가로서 가장 소망하는 용도에 확실하게 필요한 수량의 목재를 배급하겠다"는 방침을 세웠다.[52] 또 이를 실행하고자 1942년 10월 〈조선목재통제령〉을 발표하고 일체의 용재는 조선목재주식회사가 매입하도록 했다. 아울러 조선목재주식회사가 민간용 용재를 제한된 수량만큼 목재배급조합에 넘겨 시중에 풀고, 나머지는 모두 군수용품으로 전용하게 했다. 일제는 이와 같은 일련의 유통 통제 조치를 "목재 처분의 자유방임을 금지하기 위한 것"이라고 설명했는데,[53] 이는 결국 임업 생산을 국책, 즉 국가적 비상 상태에 대응하기 위한 총력전 체제에 맞게 재편했다는 의미였다.

1930년대 후반부터 패망에 이르기까지 일제는 국유림과 기업림, 사유림을 막론하고 산림 자원의 증산을 강요하고, 유통 과정에도 강력히 개입했다. 식민지 조선의 임업 정책은 이와 같이 식민 당국에 의해 금벌주의로부터 산림 자원의 보속 기반마저 와해될 정도로 심각한 증벌 정책으로 전환되었다.

임업 당국은 조선인들이 그동안 임업 보속성의 원칙에 무관심했다고 지적하면서 일제권력이 그와 같은 '미개한 임업'을 일신해 '문명적 임업'으로 뒤바꿀 능력을 가졌다고 자신했다. 임업은 분명 보속성의 원칙이 확립되었을 때 그 발전가능성이 커지고, 사적·공적 효용이 커진다. 이러한 점에서 일제가 보속성을 지향한 것은 명분상으로나마 바람직하다고 할 만하다. 그러나 문제는 '식민권력이 과연 임업의 기반을 제대로 닦을 정책 수단을 가지고 있었는가?', 그리고 '재정 투입 의지를 가지고 있었는가?' 하는 점이다. 필자는 일제 식민 당국이 그러한 능력과 의지가 부족했다고 본다.

필자가 보기에 일제는 상황 변화에 따라 임업 경영의 우선 원칙을 '보속성 확보'에서 '국책에 응하기 위한 무조건적인 증벌'로 갈아치우는 등 정책적 일관성을 갖추지 못했다. 식민권력에게 중요한 것은 '보속 원칙'을 지키는 정책이 아니라 침략전쟁이나 식민지배의 기반 강화를 위해 식민지 조선의 임업을 이용하는 데 있었다.

이상 살펴본 바와 같이 일제는 1930년대 후반 침략전쟁을 확대하면서 조림을 독려하던 방침에서 벌채를 독려하는 방향으로 정책을 바꾸었다. 그 바람에 [그래프 4]에서 볼 수 있는 바와 같이 일제강점기 초기에 비해 단위면적당 임목 축적은 더 줄어들고 생산기반도 악화되었다.

이 그래프에서 보듯 한국의 단위면적당 임목 축적은 1970년대 이후에 접어들어서야 회복세를 보였다. 또 그와 같은 변화는 한국 정부에 의해 치산녹화사업이 추진된 것과 궤를 같이했다. 오늘날 밝혀진 바에 의하면 1970년대 당시에는 연탄, 석유 등 화석연료가 땔감을 대체하기 시작

[그래프 4] 단위면적(헥타르) 당 임목 축적량의 변화 추이(15세기 초~2010)

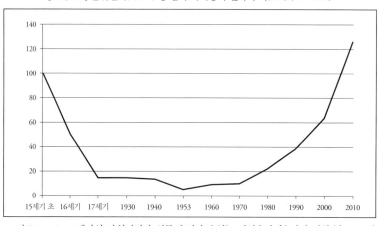

※ 비고 1: 15~17세기의 단위면적당 임목 축적량 수치는 전영우가 《송광사 사찰숲》(2019)에 서 제시한 추정치를 따른 것임.
※ 비고 2: 이 그림은 1930년 이후부터 10년 단위로 통계 수치를 제시한 것으로서 1950년의 수치의 경우는 전쟁으로 정확한 수치가 확인되지 않았으므로 그에 대신해 1953년 정부 발표 수치를 제시함. 아울러 1930~1940년의 수치는 한반도 전체 산림의 단위면적당 임목 축적량이며, 1953년 이후의 수치는 남한의 단위면적당 임목 축적량임.

했으며 이것이 임상 회복에 긍정적인 영향을 미쳤다고 한다. 또 당시 정부가 강력한 행정력을 동원해 대규모 조림사업을 관철하고 식목에 동원된 산림 인근 주민들에게 노임을 제공하는 등 주민 참여를 유도했다는 지적도 있어 주목된다.

이 그래프는 환경 문제를 분석할 때 자주 인용되고 있는 환경쿠즈네츠 곡선을 적용한 산림 변천 추이 그래프와 유사하다. 일반적으로 인구가 증가하고 땔감을 비롯한 임산물의 시장거래가 활발해지면 산림을 둘러싼 환경이 악화되며, 그 결과 산림의 임목 축적은 감소한다. 환경쿠즈네츠 곡선이론에서는 어느 정도 경제성장이 이루어져 연료 및 건축용 목재의 대체재 사용이 확산되고, 주민 참여가 제도적으로 장려되기 시작하면서 산림이 회복되는 경향이 뚜렷해진다고 한다. 임업 소유권이 확립되었다고 해서 이와 같은 변화가 곧바로 나타난다고 볼 수 없다는 것이다.

이와 같은 이론적 논의를 돌아보면서 근대 임업의 형성을 논할 때 기존의 시각을 바꿀 필요가 있음을 새삼 느끼게 된다. 또 이른바 근대 임업이 형성되었다는 일제강점기가 과연 지속가능한 임업 생산기반이 확충되었던 때였는가 하는 문제를 비판적으로 돌아볼 필요도 느끼게 된다. 식민권력은 피지배민에게 자신의 정당성을 어필하기 위해 '근대 산업'을 만들어내고 발전시키기 위해 정책을 입안·추진하고 있다고 주장했다. 하지만 임업 분야에서만큼은 오늘날 대다수 연구자들이 중시하는 지속가능한 생산기반이 갖추어지지 못했으며, 오히려 해가 갈수록 생산기반은 악화되었다.

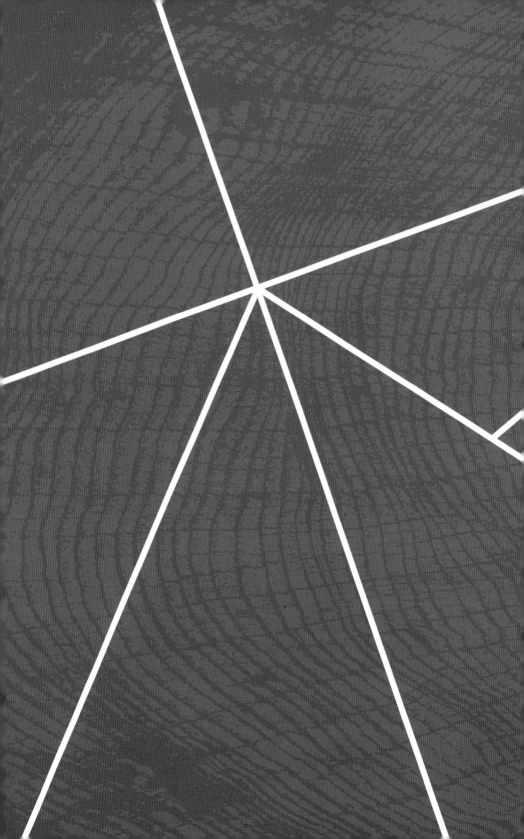

VII

맺음말

조선 후기에는 연료재와 가옥 건축용 목재, 소금 생산용 땔감의 수요가 늘어났다. 농촌의 주민들은 임산 연료를 채취하기 위해 숲을 훼손했고, 궁방이나 관청도 소금 생산 및 선박 건조를 위해 나무를 마구잡이로 벌목했다. 이렇게 임산 자원에 대한 소비 욕구가 높아지면서 산림 자원은 급속도로 줄어들었고 산은 황폐해졌다. 이처럼 자원이 희소해지고, 그를 둘러싼 경쟁이 격심해지자 궁방이나 일부 군영은 절수라는 방식을 통해 산림 자원을 독점했다. 자원 확보에 있어 일종의 기득권을 누렸던 것이다. 자원 감소로 국용 목재 공급마저 힘들어지자 정부도 주요 임산물 산지를 봉산으로 지정해 독점하는 조치를 취하기 시작했다.

한편 민간인들은 대개 목상을 통해 목재를 확보했는데, 산림 자원이 희소해지자 목상을 통한 임산물 유통에 문제가 발생할 가능성이 커졌다. 이러한 분위기에 따라 시장에서 거래되는 임산물의 가치는 날로 상승하게 되었다. 이렇게 되자 목상들은 국용 목재 공급지인 봉산에서 나는 목재를 민간 시장으로 빼돌려 공급하는 것이 낫다는 판단을 내리게 되었고, 결과적으로 봉산 금령은 제대로 지켜지지 않게 되었다.

목상들은 대동법 확대 적용 조치와 더불어 공인이 되어 국용 임산물 공급자 자격을 얻게 되었다. 그들은 국용 목재를 공급한다면서 봉산 입장 허가를 득한 후 과벌을 통해 확보한 목재를 민간 시장에 내다팔았다. 이러한 사실은 누구나 알 정도로 널리 알려졌으나, 국왕조차 "단속을 하게 되면 민간의 임산물 수요를 충족시킬 수 없게 된다"면서 반대할 정도로 더 이상 억제할 수 없는 '현실'이 되었다.

한편 조선왕조는 국용 목재 확보에는 적극적이었으나, 전국적 단위에서 조림을 장려할 수 있는 적절한 정책 수단을 갖고 있지 못했다. 국왕이 신료들과 아무리 식목의 중요성을 논의한다고 해도 산림녹화에 효과를 발휘할 수 있는 적절한 방책을 수립하지 못했다. 이렇게 상황이 전개됨에 따라 봉산을 비롯한 전국 산지의 임상은 조금씩 나빠졌고, 1910년대에는 무입목지와 치수만 존재하는 임야가 한반도 전체 산지의 67.7퍼센트를 차지할 정도가 되었다.

임업은 인간의 생활 편의를 위해 필요한 양만큼의 임산물을 안정적으로 생산하는 것을 목적으로 삼고 있으며, 이를 위해 지속가능한 생산기반을 구축해야 한다. 그러나 전근대 권력은 이와 같은 기본적 조건을 충족하지 못했다. 궁방과 아문은 각자의 이익을 위해 산림에서 특권을 바탕으로 한 채취행위를 확대해나갔고, 국용 임산물 공급지인 봉산에서는 목상이 과벌을 감행했다. 전근대 임업이 이와 같이 문제점을 품고 있었다면, 근대 임업은 산림 자원의 생산력을 확충할 수 있는 효과적인 구조 위에서 임산물 수요자들이 느끼는 효용을 제고하는 방향으로 발전해야 했다.

혹자는 산림 훼손 문제를 근원적으로 개선하기 위해서는 산림 소유권 제도를 우선적으로 확립해야 한다고 주장한다. 이는 어느 정도 적절한 지적이라고 할 수 있으나, 임야 소유권제도가 제대로 확정되어 있었다고 해서 문제가 발생하지 않았을 것 같지는 않다. 당시 전국적으로 임야를 사점하는 관행이 널리 정착되어 있었고, '점유'는 사실상 근대적 의미의 '소유'에 가까운 모습을 띠기도 했다. 그러나 임야를 '소유'하는 관행이 아무리 확산되어 있었다고 해도 산림 황폐화를 근원적으로 방지하지 못했다.

'산림 황폐화'는 결국 임업 생산기반을 와해하는 중요한 원인으로 작용한다. 이러한 문제가 발생하지 않도록 만들기 위해서는 보속성, 경제성, 공공성 등의 임업 경영 원칙이 확립되어 있어야 한다는 것이 오늘날 임업 주체들의 보편적 인식이다.

잘 알려진 바와 같이 '임업'은 자연적으로 생성된 숲에서 목재를 인간 활동에 사용하기 위해 벌채, 반출하여 시장에 팔아 수익을 올리는 행위이다. 그런데 산림 자원을 숲에서 채취하고 사후 관리를 하지 않게 되면 그 생산기반은 몇 세대 지나지 않아 붕괴되기 마련이다. 산림 관리가 병행되지 않고 자원 채취만을 중시하는 임업을 '채취 임업'이라고 할 수 있으며, 이는 전근대 임업의 전형적인 성격이자 문제점이다.

'근대 임업'은 바로 이와 같은 문제점을 극복하기 위해 산림을 조성·관리하고, 산림에서 매년 수확을 균등하고도 영구히 유지할 수 있도록 하는 기반을 닦는 데에서 발전할 수 있다. 임지가 건강하게 항상성을 유지하도록 하는 경영 원칙을 '목재 생산의 보속 원칙'이라고 부르며, 산림에서 매년 거의 같은 양의 자원을 수확하는 것을 '목재 공급의 보속 원칙'이라고 한다. 이 두 가지 원칙이 제대로 지켜지기 위해서는 임업 당국의 적극적인 정책의지와 투자가 필요하다. '근대 임업'이 어떻게 자리 잡고 발전했는가 하는 문제를 살펴보려 할 때, 우리는 바로 이러한 사항을 유념해 살펴보지 않을 수 없다.

일제는 '문명적 임업'이라는 슬로건과 보속성을 확보한다는 명분을 내걸고 여러 가지 조치를 취했다. 그런데 그 조치라는 것은 정책 결정자의 부적절한 판단이 개입된 것이었을 뿐만 아니라 정책 수혜자의 입장을 고려하지 않은 것이었다. 일제는 산주들이 임업 경영의 이익을 얻지 못하게 하는 규제 일변도의 정책으로 일관했으며, 산림녹화에 투입해야 할 비용도 산주가 부담하도록 하는 방향으로 정책을 세워나갔다. 조림을 일종의 의무처럼 부과하여 개인 산주의 희생을 강요했던 것이다.

민유림에 대한 정책이 이와 같았지만, 국유림 정책은 상당히 달랐다. 일제는 임산물 생산으로 발생하는 이익을 독점하고자 영림서를 중심으로 관행작벌량을 늘려나갔고, 일본인 지정상인들이 이윤을 쉽게 획득할 수 있도록 여러 가지 편의를 제공했다. 이처럼 일제의 임업 정책은 근대 임업의 발전에 필요한 원칙을 표방하면서도 그에 걸맞은 효과적인 정책 수단과 투자를 동반하지 못하는 기형적인 모습을 띠었다.

한편 일제는 '국책'이라는 명분을 내걸고 오랫동안 고수하던 '보속 수확 원칙'을 폐기하거나 통계를 제멋대로 해석해 과벌을 정당화하기도 했다. 이러한 모습은 조선총독부가 1930년대 후반 침략전쟁을 일으킨 이후 국유림뿐만 아니라 사유림에서도 임산 자원을 무차별적으로 벌채하도록 강요했다는 사실에서 확인할 수 있다.

조선총독부는 산림 자원의 보속 수확을 위한 기반을 마련하고자 노력해왔다고 자평했지만, 일제강점기 산림 정책이 임업의 보속성을 확보할 수 있을 정도로 효과적이었다는 데에는 동의하기 어렵다. 일제 식민주의자들은 그와 같은 목표에 도달할 수 있는 역량을 갖지 못했다. 일제는 산림녹화에 필요한 자원을 조선인 산주와 산지 인근 주민들로부터 징발해 사용한다는 방침을 시종일관 밀어붙였고, 산지로부터 생산된 자원의 유통 과정에 조선인들이 참여하지 못하게 막았다.

임산물의 생산과 유통에 참여하는 주체 중 어느 하나가 일방적으로 이익을 얻고 다른 참여자들의 희생을 강요하면 곤란하다. 식민 당국의 임업 정책은 이처럼 문제가 많았기 때문에 조선인들의 신뢰를 얻지 못했다. 일제 당국의 권력자들이 추진한 임업 정책은 표면적으로 보았을 때 '바른 말'처럼 보였지만 그 실행방법은 미숙했고, 시장 참여자들의 신뢰도 얻기 어려운 것이었다.

임업을 통해 목재와 난방재 등을 확보하고 홍수와 가뭄 발생의 가능성을 줄여나가는 것은 조선인들 모두가 가진 관심사였다. 일제는 조선인 사회 전체가 누려야 할 임업의 효용을 일부의 기득권 세력에게만 허용했다. 또 산림녹화 및 산림 자원 확충에 필요한 비용을 일반인들에게 전가하고, 이른바 산림 보호의 의무만을 강요함으로써 조선인들의 자발적 참여를 이끌어낼 수 없었다.

해방 후 우리나라는 일제 당국이 만들어놓은 뒤틀린 임업 정책을 폐기하고, 보다 적실성 있는 임업 정책을 추구해야 하는 입장에 서게 되었다. 그러나 1950~60년대 공포된 산림 보호 임시조치법이나 산림법은 일제 시기의 산림 관련 법령과 비해 그 내용이 크게 다르지 않았다. 규제 일변도의 정책, 국민에게 녹화비용을 전가하는 하향식 정책에서 벗어나지 못했던 것이다. 정부가 일제강점기의 임업 정책이 갖고 있던 문제점에서 조금씩 벗어나기 시작한 것은 1970년대에 치산녹화계획을 수립하면서부터였다. 이때부터 식목사업 대상 지역 인근 주민들을 중심으로 하는 마을 양묘사업 등이 실시됨에 따라 주민들의 자발적인 참여를 이끌어낼 수 있게 되었고, 정부 정책도 산주와 주민들에 대한 지원을 병행하는 것으로 바뀌기 시작했다.

어느 정책이 실효를 거두기 위해서는 국민으로 하여금 그로 인한 이익이 자신에게 직접 돌아올 수 있다는 확신을 갖게 하는 것이 중요하다. 어느 한 계층만이 이득을 얻고 나머지 사람은 자신의 이익을 희생해야 한다고 한다면, 그 정책에 대한 호응도는 떨어질 것이다. 산림녹화가 제대로 이루어지기 위해서는 오랜 시간이 필요하다. 전 국민적 관심을 바탕으로 많은 사회적 자원이 투입되어야 한다. 또 많은 사람이 적극적으로 협조할 수 있도록 시스템이 보완되어야 하고, 정부도 가용할 수 있는 자원을 투입할 수 있도록 지원을 아끼지 말아야 한다.

오늘날 한국이 산림녹화에 어느 정도 성공했다는 평가를 듣는 것은 단순한 기술 발전이나 관계 당국의 행정지도 강화 덕분이라고만 할 수 없다. 몇 백 년 동안 지속된 행정적 모순이 제거되고 담당 공직자의 직무 전문성이 크게 개선되었다는 것, 그리고 국민 참여의 길이 확대되고 대체연료가 충분히 공급되었다는 것 등이 종합적으로 작용한 결과라고 할 것이다. 정부 시책이 국민 개개인에게 이익이 될 것이라는 확신이 서게 된다면 산림녹화와 같은 지난한 사업도 그 결실을 맺기 쉽다는 사실을 오늘날 우리는 충분히 인식할 필요가 있다.

일제의 임업 정책은 큰 문제점을 안고 있었지만, 그 당국자들이 내세운 임업의 방향만큼은 의미가 없지 않았다. 산림 자원을 어떻게 해서든지 보호, 육성하고 보속적으로 관리해야 한다는 조선총독부의 방침은 표면적인 구호와 언설에 그쳤다. 하지만 일제강점기를 거치면서 임업 종사자들은 산림을 어떻게 관리해야 보속성과 경제성을 확보할 수 있는가 하는 문제를 보다 심도있게 고민할 수 있었고, 국민들 사이에서도 실효성 있는 임업 대책을 요구하는 목소리가 커졌다. 일제강점기의 이른바 근대 임업은 많은 모순을 안고 있었으나 미래 지향적인 임업과 산림 자원 시스템 구축을 위해 어떤 노력을 기울여야 하는가 하는 고민거리를 남겨놓았던 것이다.

참고문헌

1. 자료

《구례 유씨가의 생활일기-紀語》

《經濟月報》

《동아일보》

《대한자강회월보》

《東洋拓殖株式會社二十年誌》

《매일신보》

《北鮮開拓事業執務提要(開拓會 編)》

《備邊司謄錄》

生産調査會, 《生産調査會錄事(1910)》

《承政院日記》

《朝鮮》

《朝鮮山林の冤罪に就いて》

《朝鮮山林會報》

《朝鮮林野分布圖》

《조선일보》

《朝鮮王朝實錄》

《조선총독부관보》

《조선총독부보사월보》

《朝鮮通信》

조선총독부농림부,《民有林統計》

조선총독부영림창,《營林廠案內》

조선총독부중추원,〈雲峰山及鐵馬山における入會〉,《東萊密陽兩郡における入會調査書》

조선총독부,《朝鮮森部落調査報告》

조선총독부,《朝鮮に於ける公設市場》

高橋猛,《朝鮮年鑑》

조선총독부,《朝鮮森林山野所有權ニ關スル指針》

조선임학회,《朝鮮に於ける林産燃料對策》

조선총독부,《朝鮮の林政と林業》

조선산림회,《朝鮮林業逸志》

조선총독부,《朝鮮林野調査事業報告》

조선총독부,《朝鮮人の商業》

조선총독부,《조선총독부통계연보》

조선총독부 臨時土地調査局,《朝鮮土地調査事業報告書》

조선총독부 官方文書課,《火田の現象》

〈其他內需司立案〉(규장각 문서번호 522758)

〈其他平安道觀察使兼巡察使書目〉(규장각 문서번호 522702)

〈市弊〉(奎 15085)

〈閔商勳單子(山訟)〉(규장각 문서번호 194025)

〈朴奎欽等等狀(山訟)〉(규장각 문서번호 194080)

〈楊根西終西次南洞副有司牒呈〉(규장각 문서번호 66027)

〈延齡君房·內需司〉(규장각 문서번호 76005, 76007)

〈延齡君房·內需司〉(규장각 문서번호 76034, 76035)

〈恩津江景雇民等議送(田結稅)〉(규장각 문서번호 66311)

〈李進士宅奴春尹白活(규장각 문서번호 224122)〉

〈諸道松禁事目〉(규 957)

〈全羅左道水軍節度使李褒貶(同議)單子〉(규장각 문서번호 229926)

〈靑山東面板藪尊位牒呈〉(규장각 문서번호 178122)

〈懷德郡守傳令(규장각 문서번호 137687)〉

국가기록원 기록물철 관리번호 CJA0003944, '稅第1983號 火田取扱方に關する
　件'

국가기록원 소장 문서, 관리번호 CJA0004876-0027159294 '財團法人朝鮮佛教
　中央教務院 寄附行爲 變更認可 申請の件'

국가기록원 소장 문서, 관리번호 CJA0004876-0027159294 '財團法人朝鮮佛教
　中央教務院 寄附行爲 變更認可 申請の

국가기록원 기록물철 관리번호 CJA0010651, '火田整理に關する件(大正5年4月
　25日內訓第9號)'

국가기록원 기록물철 관리번호 CJA0010969-火田調査書類, '火田調査に關する
　件'

국가기록원 기록물철 관리번호 CJA0011051-국유임야양여기타서류, '國有林野
　內火田整理實施に關する件'

국가기록원 기록물철 관리번호 CJA0011225-예규철, '火田の侵犁防止及整理に

關する件'

국가기록원 기록물철 관리번호 CJA0011404—농롱곡화전민정리, '甲山郡普惠面
　　松哥洞及瀧龍谷火田事件實況'

국가기록원 기록물철 관리번호 CJA0011556—제78회제국의회설명자료, '火田の
　　禁制'

국가기록원 기록물철 관리번호 CJA0011189—북선개척사업 및 산농 지도에 관한
　　서류, '北鮮開拓事業の實行に關する件'

2. 단행본 및 논문

강판권, 《조선을 구한 신목, 소나무》, 문학동네, 2016.

고동환, 《한국 전근대 교통사》, 2016.

김경숙, 《조선의 묘지 소송》, 문학동네, 2014.

김동진, 《조선의 생태 환경사》, 푸른역사, 2017.

김은경, 《정조, 나무를 심다》, 북촌, 2016.

배재수 외, 《조선 후기 산림 정책사》, 임업연구원, 2002.

배재수 외, 《한국의 근·현대 산림소유권 변천사》, 2001.

송영근·박경석·배재수, 《주요국의 산림계획제도》, 2003.

이종봉, 《한국도량형사》, 소명출판, 2017.

장정룡·이한길, 《인제 뗏목과 뗏꾼들》, 2005.

전영우, 《송광사 사찰숲》, 모과나무, 2019.

전영우, 《우리 소나무》, 현암사, 2005.

조영준(역), 《시폐—조선 후기 서울 상인의 소통과 변통》, 2013.

지용하, 《한국임정사》, 1964.

강영심, 〈일제의 한국삼림 수탈과 한국인의 저항〉, 이화여자대학교 박사학위논문, 1998.

강정원, 〈일제의 山林法과 林野調査 연구: 경남지역 사례〉, 부산대학교 박사학위논문, 2014.

권순구, 〈조선 후기 봉산 정책의 분석〉, 《한국 정책과학학회보》 11-1, 2007.

김경동, 〈동아시아 근대화와 자본주의 형성 및 전개〉, 《아시아리뷰》 5-2, 2016.

김대길, 〈조선 후기 장시 발달과 사회문화 생활 변화〉, 《정신문화연구》 35(4), 2012.

김동진, 〈15~19세기 한반도 산림의 민간 개방과 숲의 변화〉, 《역사와 현실》103, 2017.

김동욱, 〈조선 후기 건축공사에 있어서의 목재공급체제-수원성곽공사를 중심으로〉, 《건축》 28-2, 1984.

김무진, 〈조선 후기 식목 활동에 관한 연구〉, 《한국학논집》 43, 2011.

김선경, 〈조선 후기 산송과 산림 소유권의 실태〉, 《동방학지》 77·78·79 합집, 1993.

김일권, 〈승정원일기(1623~1910)의 조선 후기 서리 기상기록 연구〉, 《조선시대사학보》 87, 2018

김재호, 〈조선 후기 한국 농업의 특징과 기후생태학적 배경〉, 《비교민속학》41, 2010

김호종, 〈조선 후기의 산림 보호 정책〉, 《(안동대학교)인문과학연구》 1권, 1999.

박종채, 〈조선 후기 禁松契 연구〉, 중앙대학교 박사학위논문, 2000.

배재수, 〈삼림법(1908)의 地籍申告制度가 日帝의 林地 정책에 미친 影響에 관한 연구〉, 《한국임학회지》 90-3, 2001

배재수, 〈일제강점기 조선에서의 식민지 산림 정책과 일본자본의 침투 과정〉, 《산림경제연구》 2-1, 1994.

배재수, 〈임적조사사업(1910)에 관한 연구〉, 《한국임학회지》 89-2, 2000.

배재수, 〈조선 후기 봉산의 위치 및 기능에 관한 연구—만기요람과 동여도를 중심으로〉, 《산림경제연구》 3-1, 1995.

배재수, 〈조선 후기 송정의 체계와 변천 과정〉, 《산림경제연구》 10-2, 2002.

배재수, 〈1926년부터 1936년까지의 일제의 한국 국유림 정책에 관한 연구—조선임정계획서(1926) 중 요존국유림 관련 계획을 중심으로〉, 《한국임학회지》 85, 1996.

서일수, 〈1930년대 '北鮮開拓事業'과 城津의 도시 공간 변동〉, 《도시연구》 22, 2019.

석현덕·장철수·민경택·박소희, 〈주요 임업국의 산림 자원관리 전략: 일본, 미국, 독일, 인도네시아〉, 한국농촌경제연구원 연구자료, 2012.

오성, 〈조선 후기 목재상인에 대한 일 연구〉, 《동아연구》 3, 1983.

유진채·김미옥·공기서·유병일, 〈한국 산림의 공익적 가치 추정〉, 《농촌경제》 33-4, 2010.

윤여창·이돈구, 〈지속가능한 개발(ESSD)를 위한 산림 자원의 관리〉, 《환경행정》 1-1, 1993.

윤여창 외, 〈임업의 공익적 기능 평가방법 개발 및 내부화 방안 연구(농림부 정책연구보고서)〉, 2003.

이경식, 〈조선 후기의 화전농업과 수세 문제〉, 《한국문화》 10, 1989.

이권영, 〈조선 후기 관영건축공사의 목부재木部材 생산과 물량 산정에 관한 연구〉, 《건축역사연구》 10-1, 2001.

이만우, 〈이조시대의 임지 제도에 관한 연구〉, 《한국임학회지》 22, 1974.

이미경, 〈일제하 신의주 목재업계의 변동과 목재상조합의 활동(1910~1936)〉, 서울대학교 석사학위논문, 2016.

이우연, 〈조선시대~식민지기 산림소유제도와 임상변화에 관한 연구〉, 성균관대학교 박사학위논문, 2006.

이종서, 〈고려~조선 전기 상류 주택의 방한 설비와 취사 도구〉, 《역사민속학》 24, 2007.

이종열, 〈산림행정 패러다임의 역사적 변천 과정에 대한 평가〉, 《한국 정책연구》 13-3, 2013.

이태진, 〈小氷期(1500~1750) 천변재이 연구와 朝鮮王朝實錄: global history의 한 章〉, 《역사학보》 164, 1999.

장우환·장철수, 〈사유림 경영주체 육성방향에 관한 연구〉, 《농촌경제》 21-4, 1998.

전제훈, 〈조선 소빙기 해양인식과 위민사상 연구-강릉·삼척 동해안을 중심으로〉, 《한국도서연구》 29-3, 2017.

조재곤, 〈브리네르 삼림이권과 일본의 대응〉, 《역사와 현실》 88, 2013.

주린원 외, 〈산림부문의 추세 및 장기 전망〉, 국립산림과학원연구보고서 07-19, 2007.

최병택, 〈일제하 사찰 소유 임야 관리의 실태〉, 《사학연구》 114, 2014.

최병택, 〈1910~20년대 식민지 조선에서 개최된 공진회와 박람회의 성격〉, 《전북사학》 53, 2018.

최병택, 〈1920년대 초~1930년대 전반기의 하천개수사업과 토목청부업 비리〉, 《사학연구》 118, 2015.

최원규, 〈대한제국기 양전과 관계발급사업〉, 《대한제국의 토지조사사업》, 1995.

홍금수, 〈18~19세기 줄포만의 자염〉, 《대한지리학회지》 29-1, 1994.

주

Ⅰ. 서론

1 　김덕영, 《환원근대: 한국 근대화와 근대성의 사회학적 보편성을 위하여》, 2014. 72 쪽.

2 　강내희, 〈한국 근대성의 문제와 탈근대화〉, 《문화과학》 22, 2000.

3 　최근 필자와 같은 문제의식에서 가치교육을 역사교육에 도입하는 것이 필요하다는 주장이 일고 있어 주목을 끈다. 이에 대해서는 황현정, 〈가치교육을 위한 역사 수업〉, 《2015년도 한국사회교과교육학회 하계학술대회 발표자료집》, 2015 참조.

4 　김영주, 《국정 국사교과서에 나타난 지배이데올로기 분석》, 이화여자대학교 석사학위논문, 1995.

5 　김은경, 《정조, 나무를 심다》, 북촌, 2016.

6 　김무진, 〈조선 후기 식목 활동에 관한 연구〉, 《한국학논집》 43, 2011.

7 　김선경, 〈조선 후기 산송과 산림 소유권의 실태〉, 《동방학지》 77·78·79 합집, 1993.

9 　권순구, 〈조선 후기 봉산 정책의 분석〉, 《한국 정책과학학회보》 11-1, 2007.

10 　앞의 논문.

11 　신용하, 〈'식민지근대화론' 재정립 시도에 대한 비판〉, 《창작과 비평》, 1997년도 겨울호; 강영심, 〈일제의 한국 삼림 수탈과 한국인의 저항〉, 이화여자대학교 박사학위논문, 1998.

12 　이와 관련하여 참고할 수 있는 연구 성과로는 강정원, 〈일제의 山林法과 林野調査 연구: 경남지역 사례〉, 부산대학교 박사학위논문, 2014; 최병택, 《일제하 조선임야 조사사업과 산림 정책》, 2009 등이 있다.

13 이에 대해서는 본론에서 간단히 언급할 예정이다.

14 이와 관련하여 참고할 수 있는 연구 성과로는 이우연, 〈조선시대~식민지기 산림소
유제도와 임상변화에 관한 연구〉, 성균관대학교 박사학위논문, 2006 등이 있다.

15 강판권, 《조선을 구한 신목, 소나무》, 문학동네, 2016.

16 배재수 외, 《조선 후기 산림 정책사》, 임업연구원, 2002.

17 김동진, 《조선의 생태환경사》, 푸른역사, 2017.

18 문교부 편, 《(고등학교) 국사-하》, 1988.

19 강영심, 앞의 논문.

20 배재수, 〈일제강점기 조선에서의 식민지 산림 정책과 일본자본의 침투 과정〉, 《산림
경제연구》 2-1, 1994.

21 보속적 경영이란 일정한 산림 자산을 축적해두고 거기에서 나오는 한 해의 생산량
범위 내에서 임산물을 이용할 수 있도록 한다는 의미이다. 혹자는 일정한 원금을 은
행에 저축해둔 다음 거기에서 나오는 이자로 필요한 생활을 영위하는 것에 빗대어
보속 경영의 의미를 설명하기도 한다. 이 원칙은 숲 훼손을 되도록 줄이면서도 필요
한 임산물을 획득하는 방향을 지향하는 것으로서, 오늘날에는 항속림(산림이 포용하
고 있는 생명체가 조화롭게 결합되어 건전한 숲을 이루며 성장하도록 하는 상태) 개념으
로 발전했다. 전영우, 《나무와 숲이 있었네》, 학고재, 1999.

23 산림청 편(한국임정연구회 지), 《임업 및 임학 사전》, 2001, 439쪽.

Ⅱ. 근대 임업 형성의 배경과 특징을 이해하는 시각

1 석현덕·장철수·민경택·박소희, 〈주요 임업국의 산림 자원관리 전략: 일본, 미국,
독일, 인도네시아〉, 한국농촌경제연구원 연구자료, 2012.

2 유진채·김미옥·공기서·유병일, 〈한국 산림의 공익적 가치 추정〉, 《농촌경제》 33-
4, 2010.

3 조선총독부, 《朝鮮河川調査書》, 1929, 327쪽.

4 이경식, 〈朝鮮後期의 火田農業과 收稅問題〉, 《한국문화》 10, 1989.

5 《승정원일기》 266책, 숙종 4년 10월 24일 신묘.

　김동진은 임진, 병자 양란을 겪는 동안 국가의 통제는 느슨해졌으며, 이러한 분위기
속에서 중앙의 통제에서 벗어난 지방 부호들이 화전을 통하여 부의 축적을 꾀했다고
지적했다. 또 그로 인하여 조선의 산림 경관과 수변 경관은 급격한 변화를 가져 왔다
고 파악했다. 김동진, 앞의 책.

6 대표적인 연구 성과로는 김재호, 〈조선 후기 한국 농업의 특징과 기후생태학적 배
경〉, 《비교민속학》 41, 2010; 김일권, 〈승정원일기(1623~1910)의 조선 후기 서리 기
상기록 연구〉, 《조선시대사학보》 87, 2018 등이 있다.

7 이종서, 〈고려~조선 전기 상류 주택의 방한 설비와 취사 도구〉, 《역사민속학》 24,
2007.

8 《비변사등록》 36책, 숙종 8년 5월 17일.

9 앞의 기사.

10 《비변사등록》 147책, 영조 41년 4월 13일.

11 홍금수, 〈18~19세기 줄포만의 자염〉, 《대한지리학회지》 29-1, 1994.

12 전영우, 《우리 소나무》, 현암사, 2005, ·135~144쪽.

13 《비변사등록》 168책, 정조 10년 4월 2일.

14 김동진은 헥타르 당 임목 축적을 나타내는 단위로 "m²/ha"를 사용했는데, 임목 축
적을 나타낼 때에는 'm²'가 아니라 'm³'로 표시해야 한다. 'm²/ha'라는 단위는 표
현의 오기로 보인다. 따라서 이 글에서는 그의 주장을 인용할 때 'm²'라는 단위를
'm³'로 바꾸어 표시하도록 하겠다.

15 김동진이 파악한 임목 축적의 변화 추이는 다음 그래프와 같다(출처: 김동진, 《조선의
생태환경사》, 푸른역사, 146쪽.)

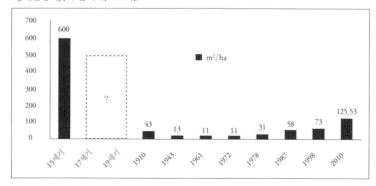

16 　전영우, 《송광사 사찰숲》, 모과나무, 2019, 45쪽.

17 　《비변사등록》 168책, 정조 10년 4월 2일.

18 　이를 '보속 수확sustained yield'의 원칙이라고 부른다.

19 　오랫동안 근대 임업의 핵심적인 원칙으로 자리 잡은 보속 수확 개념은 1960년대에 들어와 목재 및 단기 소득임산물의 생산, 야외휴양 기회의 제공, 환경보호를 동시에 고려하는 다목적 경영multiple use management이라는 개념으로 변화되었다. 1990년 대에는 '산림 자원 및 임지는 현재 및 미래 세대의 사회적, 경제적, 생태적, 문화 및 정신적 필요needs를 지속가능하게 충족시킬 수 있도록 경영되어야 한다'는 이른바 'SFM 개념'이 대두했다. 이처럼 보속 수확 개념은 그 적용 대상과 내용이 다양해지고 있다. 주린원 외, 〈산림 부문의 추세 및 장기 전망〉, 국립산림과학원연구보고서 07-19, 2007, 17~18쪽.

20 　구창덕, 《임업용어사전》, 2010, 550쪽.

21 　김대길, 〈조선 후기 장시 발달과 사회문화 생활 변화〉, 《정신문화연구》 35(4), 2012.

22 　《비변사등록》 99책, 영조 12년 6월 6일.

23 　얼음을 뜰 때 쓰는 판재를 의미함.

24 　마구간 바닥에 까는 널을 의미함.

25 　《비변사등록》 117책, 영조 23년 5월 19일.

26 　오성, 〈조선 후기 목재 상인에 대한 일 연구〉, 《동아연구》 3, 1983.

27 　권순구, 앞의 논문.

28 　이권영, 〈조선 후기 관영건축공사의 목부재木部材 생산과 물량 산정에 관한 연구〉, 《건축역사연구》 10-1, 2001.

29 　배재수, 〈조선 후기 송정의 체계와 변천 과정〉, 《산림경제연구》 10-2, 2002.

30 　이 글에서 일제강점기를 근대 임업의 '형성' 시기라고 하여 형성이라는 용어에 따옴 표를 붙이는 것은 식민 임정 당국의 정책이 겉으로 볼 때 보속성의 원칙을 지향한 것처럼 보이지만, 그 명과 실이 합치하지 않았다는 필자의 견해를 담기 위함이다. 이하에서는 필자의 견해를 부각시킬 필요가 있다고 판단되는 부분에서 "근대 임업의 '형성'"이라고 하여 따옴표를 편의에 따라 사용하기로 하겠다.

31 　齋藤音作, 〈朝鮮の山林に就て〉, 《朝鮮》, 朝鮮雜誌社, 1911년 2월.

32 침엽수나 활엽수, 대나무 등 어떤 나무도 수관점유율이 75퍼센트를 넘지 못하는 숲을 의미한다.

33 박지향, 《제국의 품격》, 북21, 2018.

34 우종춘, 〈독일 임업의 발전사〉, 《산림경영》 49, 1990.

35 석현덕·장철수·민경택·박소희, 〈주요 임업국의 산림 자원 관리 전략〉, 한국농촌경제연구원 연구보고서(R664-2), 2012.

36 권순구, 앞의 논문.

37 Sian Atkinson and Mike Townsend, The State of the UK's Forests, Woods and Trees-Perspectives from the sector, The Woodland Trust(London, 2011), pp. 12~13.

38 산림청 엮음, 《숲 가꾸기 표준 교재-임업경제 정책-》, 국립산림과학원 연구신서 제12호, 2007, 157쪽.

39 윤여창·이돈구, 〈지속가능한 개발(ESSD)를 위한 산림 자원의 관리〉, 《환경행정》 1-1, 1993.

40 이러한 경향은 1992년 6월 브라질 리우데자네이루에서 개최된 유엔 환경개발회의 UNCED에서 ESSD(Environmentally Sound and Sustainable Development)라는 개념으로 정리된 바 있다.

41 송영근·박경석·배재수, 《주요국의 산림계획제도》, 2003, 4~14쪽.

42 김선경, 〈조선 후기 山訟과 山林 所有權의 실태〉, 《동방학지》 77·78·79, 1993.

43 박종채, 〈조선 후기 禁松契 연구〉, 중앙대학교 박사학위논문, 2000.

44 이우연, 〈조선시대~식민지기 산림소유제도와 임상변화에 관한 연구〉, 성균관대학교 박사학위논문, 2006.

45 배재수, 〈식민지기 조선의 목재 수급 추이 및 특성〉, 《경제사학》 38, 2005.

46 강영심, 〈일제의 한국삼림 수탈과 한국인의 저항〉, 이화여대 박사학위논문, 1998.

47 최병택, 〈1908~1945년 일제의 임야 소유권 정리와 민유림 운영〉, 서울대학교 박사학위논문, 2008; 강정원, 〈일제의 山林法과 林野調査 연구: 경남지역 사례〉, 부산대학교 박사학위논문, 2014 등 참조.

48 하기노의 저서는 배재수가 《韓國近代林政史》라는 제목으로 번역해 출간한 바 있다.

49 〈朝鮮の山林に就て〉, 《朝鮮》(朝鮮雜誌社) 1911년 2월.

[50] 齋藤音作, 〈施政前後に於ける治山創始時の追憶(3)〉, 《朝鮮山林會報》 130, 1936.

[51] 齋藤音作, 《朝鮮林業投資の有望》, 1930, 2~3쪽.

[52] 김영식, 〈한반도에 포플러와 아카시아를 심은 일본인〉, 《그와 나 사이를 걷다. 망우리 사잇길에서 읽는 인문학》, 2015, 57쪽.

[53] 이우연, 〈식민지기 임업의 근대화: 채취임업에서 육성 임업으로〉, 《경제사학》 38, 2005, 119~156쪽.

[54] 강영심, 〈일제의 한국삼림 수탈과 한국인의 저항〉, 이화여대 박사학위논문, 1998.

[55] 이우연, 앞의 논문.

[56] 산림청 편, 《숲 가꾸기 표준 교재-임업경제 정책-》, 국립산림과학원 연구신서 제12호, 2007, 81쪽.

[57] 이에 대해서는 다음 장에서 간단히 소개할 예정이다.

[58] 강정원, 〈한말 일제 초기 산림 정책과 소유권 정리〉, 《지역과 역사》 16, 2005; 최병택, 〈일제하 임야조사사업의 시행목적과 성격〉, 《한국문화》 37, 2006.

[59] 입목도는 이상적인 임분의 재적 또는 흉고단면적에 대한 실제 임분의 재적 또는 흉고단면적 비율을 의미한다. 보통은 재적보다는 흉고단면적의 파악이 쉽기 때문에 흉고단면적을 입목도 산정의 기준으로 활용하는 경우가 많다. 현재 우리나라는 각 수종의 이상적인 흉고단면적을 계산해 제시하고 있다. 보통 입목도 10분의 3은 산생지散生地로서 수목이 밀집해 식생하지 않고 띄엄띄엄 자라고 있는 상태에 해당한다.

[60] 이 제도에 대한 구체적인 내용은 강정원, 〈일제의 山林法과 林野調査 연구: 경남지역 사례〉, 부산대학교 박사학위논문, 2014 등에 자세히 언급되어 있다.

[61] 배재수·윤여창, 〈일제강점기 조선에서의 식민지 산림 정책과 일본자본의 침투 과정〉, 《산림경제연구》 2-1, 1994.

[62] 주린원 외, 앞의 보고서, 17쪽.

[63] 권순구, 앞의 논문.

[64] 배재수, 〈조선 후기 봉산의 위치 및 기능에 관한 연구-만기요람과 동여도를 중심으로〉, 《산림경제연구》 3-1, 1995.

[65] 《비변사등록》 141, 영조 38년 4월 2일.

[66] 김동진, 〈15~19세기 한반도 산림의 민간 개방과 숲의 변화〉, 《역사와 현실》 103,

2017.

67 荻野敏雄, 《朝鮮‧滿洲‧臺灣林業發達史論》, 1965, 56~57쪽.

68 고태우, 〈개발과 이윤 추구에 갇힌 산림 보호−식민지 임업가 사이토 오토사쿠를 중심으로〉, 《역사와 현실》 103, 2017.

69 장우환‧장철수, 〈사유림 경영주체 육성방향에 관한 연구〉, 《농촌경제》 21−4, 1998.

Ⅲ. 조선 후기 임업 생산기반의 위기

1 이우연, 앞의 논문.

2 Hardin, Garrett, *The Tragedy of the Commons*, 1968, pp. 1243~1248.

3 이와 같은 인식은 최근에 와서 많은 비판에 직면해 있다. 국가권력이 개입하기만 하면 공공재에서 발생하는 문제점이 제거될 수 있는가 하는 근본적인 물음에서부터 정부가 개입해 오히려 혼란만 부추기는 '정부 실패'의 사례까지 다양하게 보고되고 있다. 이에 대해서는 사공영호, 〈공공재와 정부실패−경제학적 접근의 인식론적 한계〉, 《행정논총》 55−2, 2017 참조.

4 김선경, 〈조선 후기 산림천택 사점에 관한 연구〉, 경희대 박사학위논문, 1999.

5 《연산군일기》 41권, 7년 10월 2일 정미.

6 《연산군일기》 42권, 8년 1월 3일 병자.

7 조선 전기에는 이러한 규정에 따라 품계에 따라 차등있게 금양권을 인정했다. 예를 들어 종실 1품의 경우 4면 각각 100보, 2품은 90보, 3품은 80보 등을 금양할 수 있었으며 문무관의 경우에도 1품은 90보, 2품은 80보 등을 금양할 수 있었다(《태종실록》 35권, 18년 5월 21일 경오). 그러나 조선 후기에 이르러 이러한 분묘금양은 품계가 있는 자뿐 아니라 생원, 진사 등에게도 허용되었고, 그 금양의 범위도 넓어졌다. 분묘 금양의 보수가 확대되는 경향에 대해서는 김경숙, 〈조선 후기 山訟과 사회갈등 연구〉, 서울대학교 박사학위논문, 2002, 62~68쪽 참조.

8 《비변사등록》 185책, 정조 21년 2월 22일.

9 《비변사등록》 173책, 정조 12년 9월 8일.

10 산전山田 및 화전의 확대 경향에 대해서는 이경식, 앞의 논문 참조.

11 이태진, 〈小氷期(1500~1750) 천변재이 연구와 朝鮮王朝實錄: global history의 한 章〉, 《역사학보》 164, 1999.

12 전제훈, 〈조선 소빙기 해양인식과 위민사상 연구—강릉·삼척 동해안을 중심으로〉, 《한국도서연구》 29-3, 2017.

13 《비변사등록》 78책, 영조 1년 11월 19일.

14 《비변사등록》 123책, 영조 27년 11월 27일.

15 《비변사등록》 8책, 인조 22년 8월 23일.

16 《비변사등록》 143책, 영조 39년 2월 2일.

17 《숙종실록》 47권, 숙종 35년 1월 26일 무술.

18 《순조실록》 5권, 순조 3년 2월 16일 임자.

19 김동진, 《조선의 생태 환경사》, 푸른역사, 2017, 146~149쪽.

20 전영우, 《송광사 사찰숲》, 45쪽.

21 《숙종실록》 12권, 숙종 7년 9월 5일 갑인.

22 이종서, 〈고려~조선 전기 상류 주택의 防寒 설비와 炊事 도구〉, 《역사민속학》 24, 2007.

23 《정조실록》 41권, 정조 18년 12월 25일 무인.

24 이종봉, 《한국도량형사》, 소명출판, 2017, 189쪽.

25 《세종실록》 106권, 세종 26년 11월 13일 무자.

26 《정조실록》 41권, 정조 18년 12월 25일 무인.

27 《정조실록》, 앞의 기사.

28 이종봉, 앞의 책, 222쪽.

29 산림청, 《2012임업경영실태조사보고Ⅱ》, 2013, 21~23쪽.

30 서영보가 남긴 기록에 따르면 숯을 굽는 데 사용하는 재료는 참나무의 일종인 가시나무로서 완도에는 지금도 가시나무가 다수 식생하고 있는 실정이다. 그런데 가시나무는 단단하고 질긴 재료여서 재목으로 쓰기 적당했는데, 자라는 속도가 느려서 이를 숯으로 사용하게 되면 다시 확보하기가 곤란하다는 지적이 많았다.

31 《비변사등록》 220책, 순조 32년 6월 20일.

32 배재수, 〈조선 후기 봉산의 위치 및 기능에 관한 연구 – 만기요람과 동여도를 중심으로〉, 《산림경제연구》 3-1, 1995.

33 《승정원일기》 70책, 인조 17년 7월 20일.

34 《비변사등록》 184책, 정조 20년 11월 3일.

35 《비변사등록》 272책, 고종 28년 8월 25일.

36 조선임야분포도는 국립산림과학원 연구원 배재수가 일본 홋카이도대학에서 입수한 것으로 2018년 필자가 공동연구원으로 참여한 '우리나라 산림 정책의 변천 과정'의 세부 과제 '조선 후기 송정과 산림의 변화 연구' 팀에서 좌표 등록, 라인 추출 및 정제작업을 거쳐 가공했다. [그림 1]과 [그림 2]는 2018년 10월 19일에 개최된 '조선 후기 송정과 산림 세미나' 발표문에서 인용한 것임을 밝힌다.

37 《비변사등록》 171책, 정조 11년 10월 5일. 참고로 1동同은 50필에 해당한다.

38 규장각 문서번호 규 18109-2 《倭人支給柴炭節目》.

39 앞의 자료.

40 전영우, 《우리 소나무》, 현암사, 2004, 46쪽.

41 《비변사등록》 36책, 숙종 8년 5월 17일.

42 《비변사등록》 159책, 정조 2년 5월 23일.

43 전해지는 기록에 의하면 16개의 조운선이 속한 어느 조창에서 매년 1~2척의 배를 폐기하고 새로 만들었다고 한다. 이에서 조운선의 사용 기한이 10~15년이었음을 짐작할 수 있다. 《비변사등록》 52책, 숙종 28년 3월 20일.

44 앞의 자료.

45 《비변사등록》 90책, 영조 7년 12월 27일.

46 《비변사등록》 36책, 숙종 8년 5월 17일.

47 앞의 자료에는 "배를 만들 때 재목이 300~400주가 사용된다"는 진술이 등장하는데 이 재목이 어떤 종류의 것인지에 대해서는 특별한 언급이 없다. 참고로 《화성성역의궤》에 따르면 당시에는 재목을 크기를 기준으로 다음과 같이 분류하였다.

대부등大不等: 길이 30척, 밑동지름 2척 2촌
중부등中不等: 길이 27척, 밑동지름 2척

소부등小不等: 길이 25척, 밑동지름 1척 8촌

말단목末端木: 길이 8~12척, 밑동지름 1척

괴잡목槐雜木: 길이 15척, 밑동지름 2척 5푼

궁재宮材: 길이 20척, 밑동지름 1척 3촌

원체목圓體木: 길이 18척, 밑동지름 1척 2촌

벽련목劈鍊木: 길이 9척, 모서리 7촌

장송판長松板: 길이 10척 5촌, 너비 1척, 두께 1척 7푼

큰서까래나무[大椽木]: 길이 20척, 밑동지름 8촌

중서까래나무[中椽木]: 길이 25척, 밑동지름 4촌

작은서까래나무[小椽木]: 길이 15척, 밑동지름 4촌

전함을 만드는 과정에는 이상의 목재를 선박 각 부분의 크기와 기능에 따라 적절히 사용해야 하며, 이상의 목재를 생산하는 데 대체로 300~400주의 소나무가 필요하다는 의미로 보인다.

48 전영우, 앞의 책, 50쪽.

49 《비변사등록》 153책, 영조 45년 6월 1일.

50 《비변사등록》 162책, 정조 5년 4월 5일.

51 《비변사등록》 55책, 숙종 30년 6월 3일.

52 홍금수, 앞의 논문.

53 소금가마용 땔감 소비량에 대해 전영우는 매년 40만 입방미터의 임목이 벌채되었을 것으로 추정했다. 전영우, 앞의 책, 144쪽.

54 《광해군일기》 9권, 광해 즉위년 10월 14일 무진.

55 《비변사등록》 44책, 숙종 16년 7월 14일.

56 《비변사등록》 59책, 숙종 34년 12월 30일.

57 《현종개수실록》 18권, 현종 9년 2월 28일 정유.

58 《비변사등록》 36책, 숙종 8년 5월 17일.

59 김경숙, 《조선의 묘지 소송》, 문학동네, 2014.

60 《비변사등록》 48책, 숙종 20년 7월 15일.

61 《비변사등록》 48책, 숙종 20년 9월 13일.

62 이경식, 앞의 논문.

63 참고로 화전에서는 화전타량을 통해 그 전등을 정하고 징세 업무를 실행했다. 화전
타량에 대한 기준은 현종 3년에 설정되었는데, 산지 지역에서는 일괄적으로 속전으
로 처리되었다. 숙종 경자양전 때에는 1) 화전의 전품을 모두 6등으로 하여 별건으로
성책한다는 방침과 2) 화전의 성책은 자호를 배열하지 않고 위치 지명 그 지번 전형
과 장광척수, 사표四標만 표시한다는 양안 표기 원칙도 정해졌다. 화전은 으레 일경
을 단위로 면적이 표시되었다. 수세 또한 이를 기준으로 행해졌다. 일경이라는 단위
도 고을마다 실제 면적이 다를 수 있었다. 평전 1결이 '우4일경'으로 간주되고 있음
에 비추어볼 때 대략 화전 1결은 평전의 6배 정도 넓이였을 것으로 이해된다. 화전세
는 황해도의 경우 1일경에 1~4두 정도였다. 내수사는 사화이면 등에 소재한 절수지
에서 양외 가화전을 조사하겠다고 말한 적이 있는데, 이는 절수가 이루어진 후 새로
개간된 화전이 상당히 많았음을 시사한다. 아마 내수사는 화전의 정확한 '일경'을
계산하고, 정해진 바에 따라 수세했을 것이다.

64 《현종실록》 6권, 현종 3년 9월 21일 신묘.

65 앞의 자료.

66 《연산군일기》 41권, 연산 7년 10월 2일 정미.

67 《현종개수실록》 10권, 현종 4년 12월 3일 병신.

68 《숙종실록》 8권, 숙종 5년 1월 23일 기미.

69 조선총독부, 《朝鮮森林山野所有權ニ關スル指針》, 1913, 3쪽.

70 조선총독부, 《朝鮮森部落調査報告》, 1924, 7쪽.

71 조선총독부, 《火田の現狀》, 1926, 195쪽을 참고하여 작성함.

72 조선총독부 임시토지조사국(지적기술연수원 역), 앞의 자료, 122쪽.

73 《성종실록》 192권, 성종 17년 6월 20일 계사.

74 《세종실록》 29권, 세종 7년 8월 22일 무자.

75 《태종실록》 29권, 태종 15년 6월 25일자 기사에는 다음과 같이 이 문제를 언급하고
있어 참고가 된다. "공안부윤 안성이 진언하기를 "강원도에서 연례로 바치는 목재는
궐闕할 수 없는 것이니, 그 도의 다른 공물은 타도他道로 적당히 옮기어, 그 백성들을

부생復生하게 하소서'라고 하였다. "

76 《중종실록》15권, 중종 7년 5월 14일 정사.

77 《명종실록》32권, 명종 21년 4월 17일 무인.

78 《광해군일기》10권, 광해 2년 윤3월 7일 임자.

79 앞의 기사.

80 목재 부족 현상에 대해서는 이권영, 〈조선 후기 관영 건축공사의 목부재木部材 생산 과 물량 산정〉, 《건축역사연구》 10-1, 2001 참조.

81 《광해군일기》113권, 광해 9년 3월 18일 계미.

82 《선조실록》201권, 선조 39년 7월 20일 정해.

83 권순구, 앞의 논문.

84 《비변사등록》172책, 정조 12년 1월 8일.

85 김동욱, 〈조선 후기 건축공사에 있어서의 목재공급체제—수원성곽공사를 중심으 로〉, 《건축》 28-2, 1984.

86 규장각 문서번호 178122 《靑山東面板藪尊位牒呈》

87 금산은 조선왕조가 일반인의 출입을 제한한 산림으로서 한양 인근의 사산四山 금산 과 군사 목적으로 지정된 관방금산關防禁山, 전함 건조 등을 위해 연해 지역에 설정된 연해금산沿海禁山, 태봉금산胎封禁山 등이 있었다. 금산 제도는 조선 후기에 이르러 사 회구조적 변화 등으로 인해 본래 기능을 다하지 못하게 되었고, 이에 국용 임산물 확 보처로서 봉산이 새롭게 지정되기에 이른다.

88 《인조실록》31권, 인조 13년 7월 14일 임술.

89 《승정원일기》962책, 영조 19년 8월 3일.

90 《승정원일기》549책, 경종 3년 1월 20일 자 기사에는 "두 갑자 전의 병신년에 뚝섬 에 수세소를 설치하여 상류로부터 뗏목을 만들어 재목을 흘려 내려 보내는 상인들로 부터 10분의 1의 비율로 재목을 징수하여 국용으로 사용했습니다. 그 재목은 본조가 맡아 처리하지만 수세는 선공감이 하고 있습니다. 원래는 검사를 철저히 하여 창고 에 수납할 만한 물건이 아니면 거두지 않아야 하는데 최근에는 짧거나 굴곡이 많은 것을 다수 거두어들이고 있어 국용에 쓰기 어려운 실정입니다"라 보고하는 내용이 등장해 참고가 된다.

91 재목, 시탄 등의 공급을 맡은 선공감을 달리 부르는 이름이다.

92 선공감에 딸려 있는 9개소의 영선소를 일컫는 표현이다.

93 《市弊》(奎 15085). 이 글에서는 조영준(역), 《시폐—조선 후기 서울 상인의 소통과 변통》, 2013에 수록된 번역문을 이용하였다.

94 앞의 자료.

95 《비변사등록》 129책, 영조 31년 8월 8일.

96 《영조실록》 85권, 영조 31년 8월 14일 을묘.

97 《비변사등록》 109책, 영조 17년 11월 18일.

98 松本伊織, 〈朝鮮の林野制度〉, 《朝鮮》 123, 1925.

99 이만우, 〈이조시대의 임지 제도에 관한 연구〉, 《한국임학회지》 22, 1974.

100 《선조실록》 80권, 선조 29년 9월 28일 신유.

101 《광해군일기》 163권, 광해 13년 3월 21일 계해 .

102 이에 대해서는 배재수, 〈조선 후기 봉산의 위치 및 기능에 관한 연구—만기요람과 동여도를 중심으로〉, 《산림경제연구》 3–1, 1995 참조.

103 조선왕조가 민에게 부과한 임산물 관련 부역과 공물의 종류에 대해서는 김선경, 〈조선 후기 산림천택 사점에 관한 연구〉, 경희대 박사학위논문, 1999, 214~225쪽 참조.

104 김무진, 앞의 논문.

105 《광해군일기—중초본》 100권, 광해 8년 2월 15일 병진.

106 '갑자송금사목'이라고도 칭함.

107 《비변사등록》 38책, 숙종 10년 2월 30일.

108 앞의 기사.

109 기존 연구에 의하면 조선 전기부터 정부는 한양 외의 외방에서 조선용 소나무를 확보하기 위해 연해 지역과 섬들에 소재한 소나무 숲을 의송지宜松地로 선정하였다(김선경, 앞의 논문). 17세기에 접어들어 정부는 국용 목재, 특히 선박 건조용 목재 확보를 위해 의송산 가운데 특별히 관리할 곳을 선정해 관리했다. 이 조치는 본문에서 소개한 '갑자송금사목'에 나타나 있는데, 당시에는 '봉산'이라는 용어가 사용되지 않다가 1788년에 발표된 '무신戊申송금사목'에서 '봉산'이라는 용어가 사용되었다. 이에 대해서는 배재수, 〈조선 후기 송정의 체계와 변천 과정〉, 《산림경제연구》 10–2,

2002 참조.

숙종 10년(1684)에 발표된 〈송금사목松禁事目〉에 따르면 전함 건조용 목재를 확보하고자 따로 '금송산'이라는 구역을 지정한 것으로 나타난다. 이 사목이 발표된 지 몇 달 만에 다시 만들어진 '황해도연해금송절목'에도 비슷한 내용이 있는데(《비변사등록》 38책, 숙종 10년 11월 26일), 숙종21년(1695)에는 그와 함께 연해 30리 이내의 산을 '금송산'으로 엄히 지정하겠다는 방침이 내려지기도 하였다(《비변사등록》 41책, 숙종 13년 8월 13일). 이러한 자료에 나타난 '금송산'이라는 표현은 1788년에 발표된 '제도송금사목諸道松禁事目'에서는 '봉산'이라는 이름으로 표현되기 시작했다(《諸道松禁事目》규 957). 이러한 사실로 보아 '금송산'이 곧 '봉산'이라는 것을 알 수 있다.

110 《인조실록》 11권, 인조 4년 1월 11일 을묘.

111 《비변사등록》 1책, 광해군 9년 11월 9일.

112 배재수, 앞의 논문.

113 황장목은 소나무가 오랜 세월 동안 자란 것을 의미한다. 황장목은 내성이 좋아 관곽이나 건축용 목재로 사용되었는데, 매우 귀한 탓에 구하기 쉽지 않았다. 《속대전》에 의하면 1746년(영조 22)에는 황장봉산이 경상도에 7개 소, 전라도에 3개 소, 강원도에 22개소가량 지정되어 있던 것으로 나타난다.

114 이에 대해서는 배재수, 〈조선 후기 봉산의 위치 및 기능에 관한 연구〉, 《산림경제연구》 3-1, 1995 참조.

115 《비변사등록》 237책, 철종 1년 8월 21일.

116 능원의 제향에 필요한 신탄 재료를 공급하기 위해 별도로 지정된 산림.

117 《비변사등록》 171책, 정조 11년 7월 30일.

118 《비변사등록》 169책, 정조 10년 10월.

119 《비변사등록》 182책, 정조 18년 12월.

120 《정조실록》 49권, 정조 22년 10월 12일 임인.

121 《비변사등록》 180책, 정조 16년 2월 17일.

122 《정조실록》 49권, 정조 22년 8월 6일 정유.

123 《승정원일기》 1806책, 정조 23년 3월 30일.

124 일례로 〈其他平安道觀察使兼巡察使書目〉(규장각 문서번호 522702)라는 제목의 자료

에는 관찰사가 식목 수량을 보고하라고 전한 내용이 있어 참고가 된다.

125 《고종실록》 19권, 고종 19년 10월 21일 갑술.

126 《비변사등록》 180책, 정조 16년 2월 17일.

127 《비변사등록》 85책, 영조 5년 4월 19일.

128 《비변사등록》 49책, 숙종 21년 1월 23일.

129 《비변사등록》 43책, 숙종 15년 윤3월 22일.

130 《비변사등록》 48책, 숙종 20년 7월 15일.

131 《승정원일기》 840책, 영조 13년 1월 7일.

132 《승정원일기》 840책, 영조 13년 1월 7일.

133 《비변사등록》 91책, 영조 8년 1월 20일.

134 《승정원일기》 878책, 영조 14년 9월 28일.

135 《영조실록》 41권, 영조 12년 6월 5일 무진.

136 《태종실록》 29권, 태종 15년 6월 25일 경인.

137 조선시대 경기도 양주에 속한 곳으로 현재 경기도 남양주시 삼패동 일대에 해당한다.

138 《인조실록》 50권, 인조 27년 2월 13일 임인.

139 《성종실록》 24권, 성종 3년 11월 19일 신해.

140 《성종실록》 130권, 성종 12년 6월 19일 임술.

141 앞의 기사.

142 《연산군일기》 41권, 연산 7년 12월 21일 을축.

143 고동환, 《한국 전근대 교통사》, 2016, 97쪽.

144 《현종실록》 6권, 현종 3년 10월 4일 갑진.

145 《비변사등록》 59책, 숙종 34년 12월 30일.

146 규장각 문서번호 76034, 76035 《延齡君房·內需司》.

147 《비변사등록》 20책, 현종 1년 4월.

148 《비변사등록》 77책, 영조 1년 6월 16일.

149 《비변사등록》 81책, 영조 3년 6월 4일.

150 《숙종실록》 29권, 숙종 21년 7월 28일 무자.

151 《숙종실록》 29권, 숙종 21년 7월 23일 계미.

152 《숙종실록》 22권, 숙종 16년 12월 25일 신사.

"지평 김문하가 상소하기를, '지난번 새로 탄생한 대군의 방에서 열읍列邑에 절수한 곳이 지나치게 많았거니와, 대군이 졸서卒逝한 뒤에 전하께서 내수사에 옮겨 붙이라고 명하셨는데, 이른바 내수사의 도장導掌이라는 무리는 무뢰한 상한常漢이니, 척량尺量할 즈음에 결結을 많이 얻는 것만을 능사로 여기고 백성의 원망을 돌보지 않아서 마구 다니며 난을 지으므로, 지나간 마을은 닭이나 개도 온전하지 못하여 원한의 소리가 하늘에 사무치고 시끄러워서 삶을 즐기는 마음을 잃게 합니다. 내수사를 둔 것은 본디 왕자는 사私가 없다는 뜻에 어그러지나, 그 유래가 오래 되었으므로 하루아침에 혁파하기는 어렵더라도, 어찌 더욱 더하여 백성의 피해를 거듭 끼칠 수 있겠습니까?'라고 하였다."

153 《비변사등록》 59책, 숙종 34년 12월 30일.

154 숙종 34년에 혁파가 결정된 곳은 상당수에 달하는데, 그중 산림(시장)은 그리 많지 않았다.

155 《현종개수실록》 2권, 현종 1년 3월 5일 경신.

156 《비변사등록》 173책, 정조 12년 9월 8일 자 기사에 그 사례가 기록되어 있어 참고가 된다.

157 《비변사등록》 185책, 정조 21년 2월 22일.

158 《비변사등록》 191책, 순조 즉위년 8월 16일.

159 규장각 문서번호 137687 《慶德郡守傳令》이라는 자료에 실제 사례가 기록되어 있다.

160 《비변사등록》 138책, 영조 36년 5월 16일.

161 《비변사등록》 168책, 정조 10년 4월 11일.

162 《영조실록》 11권, 영조 3년 3월 20일 정미 기사에는 영조가 "죽은 사람도 또한 백성이 아니겠는가? 요사이 상언한 것을 보건대 산송이 10의 8, 9나 된다. …… 늑장勒葬·유장誘葬·투장偸葬의 유를 각별히 엄중하게 금단하여 율대로 시행하고, 수령도 또한 잡아다가 추문하고, 해마다 도사都事가 복심覆審 때에는 추생抽性하여 적간摘奸하도록 하고 나타나는 대로 계문啓聞하게 하여 파서 옮기게 하거나 죄를 과하거나 하여, 내가 민생을 산 사람이나 죽은 사람이나 차이가 없이 하는 뜻을 보이라"고 하면서 투장 관행이 너무 많아지고 있다는 염려를 하는 장면이 기록되어 있어 참고가 된다.

163 규장각 문서번호 194080 《朴奎欽等等狀(山訟)》; 규장각 문서번호 194025 《閔商勳單子(山訟)》 등 참조.

164 규장각 문서번호 178122 《靑山東面板藪尊位牒呈》과 같이 송계가 발급받은 입안 문서가 현재 전하고 있다. 이 자료에는 "청산 동면에 송계가 있어 금양을 실시한 지 백여 년이 되었는데, 엄동설한에 땔감이 없어 주민들로부터 돈을 받고 송계가 관리하는 산에 입산해 땔감을 채취해 쓰도록 허용하였다. 그런데 배문돌 등의 무리가 송계가 입산을 허용했다면서 마음대로 벌목하고 분란을 일으키니 송계 유사가 현감에게 배문돌 등을 잡아들여 그 행위를 제지해달라고 요청하는 바 이에 입안을 발급한다"고 되어 있다.

165 《비변사등록》 205책, 순조 16년 윤6월 19일.

Ⅳ. 조선총독부의 '근대 임업' 기반 조성 정책

1 이성기, 〈敎育勸奬이 如植木培養〉, 《서북학회월보》 제4호, 1908.

2 윤효정, 〈본회회보〉, 《대한자강회월보》 1, 1906.

3 〈삼림의 효용론〉, 《서북학회월보》 14, 1909.

4 〈실업의 필요〉, 《서우》 8, 1907.

5 박상락, 〈식목의 이야기〉, 《태극학보》 11, 1907.

6 박정양, 〈地方官吏의 事務章程에 關혼 請議書〉, 《內部請議書》, 1896.

7 〈照會〉, 《宮內府來文》(발신자 궁내부대신서리 윤정구, 1898)

8 〈大韓山林協會 設立〉, 《대한협회회보》 9, 1908.

9 앞의 기사.

10 통감부 문서 憲機第五三四號, 〈李夏榮と松下牧男が組織運營する山林事業不振件〉(국사편찬위원회 한국사데이터베이스 jh_096_0010_1550 참조)

11 〈大韓山林協會 設立〉, 《대한협회회보》 9, 1908.

12 앞의 기사.

13 일제가 오리나무, 아카시나무 등의 식목을 강조한 사실은 조선총독부 편, 임경빈 외

역, 《조선임업사(하)》, 1944, 335쪽 이하의 표에서 확인할 수 있다.

14   강정원, 앞의 논문, 35쪽.

15   齋藤音作, 〈朝鮮の山林に就て〉, 《朝鮮》, 朝鮮雜誌社, 1911년 2월.

16   道家充之는 1907년에 공포된 일본 〈森林法〉을 원용해 대한제국의 〈삼림법〉을 입안
     했다. 이에 대해서는 배재수, 〈삼림법(1908)의 地籍申告制度가 日帝의 林地 정책에
     미친 影響에 관한 연구〉, 《한국임학회지》 90-3, 2001 참조.

17   工藤英一, 〈山林組合을 發達케 하라〉, 《朝鮮山林會報》 7, 1922.

18   〈공진회는 조선인의 신원지기 1〉, 《매일신보》 1915년 3월 3일.

19   釋尾旭邦, 〈總督政治に對韓し朝鮮人は何の不平あるか〉, 《朝鮮及滿洲》 45, 1912.

20   釋尾旭邦, 〈寺內總督に奉る書〉, 《朝鮮及滿洲》 40, 1911. 권태억은 이러한 사고방식
     을 일컬어 '식민 지배를 정당화'하기 위한 '문명화 이데올로기'로 규정한 바 있다.
     권태억, 〈1904~1910년 일제의 한국 침략 구상과 시정 개선〉, 《한국사론》 31, 1994.

21   釋尾旭邦, 앞의 글.

22   최병택, 〈1910~20년대 식민지 조선에서 개최된 공진회와 박람회의 성격〉, 《전북사
     학》 53, 2018.

23   조선총독부, 《施政5年記念朝鮮物産共進會報告書》, 1916, 239쪽.

24   〈삼림보호의 급무〉, 《매일신보》 1914년 2월 7일.

25   卦場定吉, 〈朝鮮に於て薪材林を仕立つるには如何なる樹種と土地とを選ぶべき
     か〉, 《朝鮮農會報》 6-5, 1911.

26   전영우, 앞의 책, 287~288쪽.

27   齋藤音作, 〈朝鮮の山林に就て〉, 《朝鮮》, 朝鮮雜誌社, 1911년 2월.

28   조선총독부가 1911년 11월 10일에 공포한 '要存置豫定林野 選定標準に關する件'
     (조선총독부官報 1911. 11. 10)에 따르면 봉산은 "요존국유림", 즉 어떤 일이 있어도
     민간인에게 양여해서는 안 되는 국유림으로 지정되어 있다.

29   일제 당국자들은 "지상에 수목이 총생叢生하는 곳 혹은 그 벌채적지로서 수목의 성장
     이 예상되는 곳"을 '삼림'이라고 부르고, 수목이 성장하는 곳으로서 경사도가 15도
     이상인 곳을 '산야'라고 불렀다. 삼림과 산야를 합쳐 '임야'라고 하며, '임야' 안에
     는 조선 후기 이후 경작지로 변화한 산전이 위치할 수도 있었다. 임야 안에 위치한 산

전의 경우에는 후술하는 바와 같이 복잡한 절차를 거쳐 '임야'인지 '전답'인지 구분하는 작업이 있었다. 조선총독부, 《朝鮮森林山野所有權ニ關スル指針》, 1913, 3쪽.

30 〈임야의 국유사유구분표준〉, 《매일신보》 1912년 2월 4일.

31 韓國度支部大臣官房, 《韓國法典》, 1910, 1,062쪽.

32 이영학, 〈1910년대 과세지견취도의 작성과 그 성격〉, 《한국학연구》 29, 2013.

33 필자가 '소유자'라고 하여 따옴표를 덧붙인 것은 삼림법이 시행되는 단계에서는 '소유자'가 아직 법인되지 않았던 상황을 감안한 것이다. 또 조선왕조 시기의 임야에 관한 권리를 '소유권'으로 표현하지 아니하고 '점유권'으로 명명한 것은 전근대 임야에 관계된 개인의 권리가 등기를 대항요건으로 삼지 않고, 임야라는 부동산에 대한 지배 그 자체에서 발생하는 권리였기 때문이다. 잘 알려진 바와 같이 점유권은 '어떤 것을 현재 갖고 있는 사람에게 인정되는 권리'이다. 이에 비해 소유권은 혼일성(사용, 수익, 처분 등의 모든 권한이 합쳐진 권리), 탄력성(지상권 등의 제한물권으로 인하여 일정한 범위와 시간 내에서 제한을 받을 수 있으나 그러한 제한이 소멸되면 당연히 완전한 지배를 회복한다는 것), 항구성(소멸시효에 걸리지 아니하고 영속적으로 소유하는 권리)을 특징으로 한다는 점에서 점유권과 다르다. 조선 후기에 임야의 점유자는 자신이 점유하는 임야 내에 제3자가 투장할 경우, 그 투장의 사실을 관에 알리고 굴거屈去를 요구하지 않으면 일정기간이 지나 점유권을 주장할 수 없게 되어 있었다. 이런 점에서 필자는 '점유권'이라고 지칭하는 것이 타당하다는 입장이다.

한편 조선 후기 임야의 점유자는 자신의 점유권을 제3자에게 매도하는 경우도 있었다. 임야를 매도한 사실은 '규장각 문서번호 150397 其他衿川縣立案' 등의 자료에 소개되어 있다.

34 〈永年禁養の實否認定に關する件〉, 《조선총독부관보》 1911년 10월 20일.

35 배재수, 〈임적조사사업(1910)에 관한 연구〉, 《한국임학회지》 89-2, 2000.

36 朝鮮山林會, 《朝鮮林業逸誌》, 1933, 41~45쪽.

37 朝鮮山林會, 《朝鮮林業逸誌》, 1933, 53~54쪽.

38 참고로 조선임야조사사업에서 각 임야 필지의 소유권을 확인하는 과정은 다음과 같았다.

39 배재수, 〈임적조사사업(1910)에 관한 연구〉, 《한국임학회지》 89-2, 2000.

40 〈要存置豫定林野 選定標準に關する件〉,《조선총독부官報》1911년 11월 10일.

41 조림대부제도는 조림을 유인책으로 내세워 민간인으로 하여금 식림 비용을 직접 부담하도록 하고, 조림이 성공할 시에 해당 임야의 소유권을 넘겨주는 제도로서, 1911년 구분조사의 뒤를 이어 공포된 〈삼림령〉에 관련 규정이 있다.

42 京畿道, 〈國有森林山野及其の産物處分調査に關する件〉,《京畿道例規集(中卷)》 1,135~1,138쪽.

43 《조선총독부통계연보》 각 연도 발행 자료를 참고하여 작성.

44 〈大正 8, 4, 10-速成造林に關する件〉,《咸鏡北道例規集》.

45 《山林公報》 1918년 6호, 524~525쪽(萩野敏雄, 앞의 책 60쪽에서 재인용)

46 배재수 외,《한국의 근·현대 산림소유권 변천사》, 2001에서 재인용

47 배재수, 〈조선 후기 봉산의 위치 및 기능에 관한 연구—만기요람과 동여도를 중심으로〉,《산림경제연구》 3-1, 1995.

48 조선총독부 편, 임경빈 외 역,《조선임업사(상)》, 1944, 446쪽.

49 영림창은 1926년 산림부 설치와 함께 폐지되고 영림서로 재편되었다.

50 조선총독부 편, 임경빈 외 역, 앞의 책, 488쪽.

51 국가기록원 문서 관리번호 CJA0004846 〈신광사사업구시업안설명서〉.

52 조선총독부 편, 임경빈 외 역, 앞의 책, 24쪽.

53 앞의 책, 24~27쪽.

54 대다수의 시업안에는 소반小班 단위로 언제 식목을 실시할 것인지, 그리고 평균 연령 20년 이상의 나무를 벌채할 때 그 수량과 벌목 시기 등이 적시되어 있다.

55 황해도 신광사의 기록에 의하면 보호계에 가입되어 있는 주민은 32호였고 한 해 입산료 수입은 420여 원 정도였다고 하는 바, 1호당 10원 정도를 납부하는 것이 보통이었다고 짐작할 수 있겠다. 국가기록원 소장 문서, 관리번호 CJA0004846-0027156359 〈神光寺事業區施業案說明書〉.

56 앞의 자료.

57 최병택, 〈일제하 사찰 소유 임야 관리의 실태〉,《사학연구》 114, 2014.

58 조선총독부 편, 임경빈 외 역, 앞의 책, 25쪽.

59 川崎貞平, 〈民有林指導方針實施に當て〉,《朝鮮山林會報》 104, 1933.

60 일제가 군을 단위로 삼림조합을 재편, 정비한 것은 삼림이 수 개의 면에 걸쳐 존재하는 경우가 많아 면을 단위로 삼림행정을 행하기에는 문제가 있다고 판단했기 때문이다. 한규복, 〈朝鮮に郡制施行に就て〉, 《朝鮮地方行政》 9-6, 1928.

61 〈장성군민의 숙원—조합비징수에만 예의 식수양재에는 등한〉, 《동아일보》 1928년 6월 23일. 이 기사에 의하면 "군수가 조합원과 회의를 하거나 통고하는 일도 없이 자의로 소유자 전부를 조합원으로 만들어 버렸다"고 하며 이러한 사정이 전국적으로 동일하다고 했다.

62 각 도의 〈사유림 벌채 취체규칙〉에 의하면 1평 내에 다수의 나무가 존재하고 있을 때에는 적당히 간벌을 시행할 수 있었다. 삼림조합은 이러한 경우에 해당하는 나무를 난방용 땔나무로 베도록 허용하기도 했는데, 그 수량을 임의로 제한하는 등 여러 가지 물의를 일으켰다.

63 혹자는 이 사건이 단천청년동맹과 농민동맹 등 사회주의 세력에 의해 기획된 것이라고 주장하기도 한다. 이에 대해서는 이준식, 〈단천 삼림조합 반대운동의 전개 과정과 성격〉, 《한국사회사연구회논문집》 28(1991) 참조. 단천삼림조합 사건을 사회주의 세력에 의해 우연히 일어난 사건이라고 보는 것은 그 이면에 있던 조선총독부 산림정책의 모순을 간과한 의견에 지나지 않는다고 필자는 생각한다.

64 〈端川事件의 死者 十三〉, 《조선일보》 1930년 7월 23일.

65 〈端川에서 面事務所襲擊, 數百群衆이 對抗〉, 《조선일보》 1930년 7월 21일.

66 〈단천 민요 사건 진상—본사 특파원 박윤석 發電〉, 《조선일보》 1930년 7월 25일.

67 〈단천 사건으로 15명 검국 송치〉, 《조선일보》 1930년 8월 14일.

68 〈단천기자단 월례회 개최〉, 《조선일보》 1930년 3월 11일.

69 〈단천삼림조합 전 군민 일치 반대〉, 《조선일보》 1930년 5월 11일.

70 〈청맹반 설치회〉, 《동아일보》 1929년 3월 28일.

71 〈남원삼림보호계 군민 반대로 중지〉, 《조선일보》 1928년 11월 9일.

72 〈端川民擾事件報告演說會禁止〉, 《조선일보》 1930년 8월 2일.

73 〈단천격문 사건〉, 《조선일보》 1930년 8월 3일.

74 〈동대문 격문 진범이 판명〉, 《동아일보》 1930년 9월 10일.

75 〈조합비만 강요하는 삼림조합을 폐지—금후 정면충돌 우려〉, 《매일신보》 1930년 3

월 8일.

76 〈삼림조합에 대한 일반군민의 불평 자자〉, 《조선일보》 1930년 7월 25일; 〈長淵森林組合に不平〉, 《朝鮮通信》 1930년 9월 2일.

77 〈장성군민의 숙원, 조합비징수에만 예의 식수양재에는 등한, 삼림조합해체전말〉, 《동아일보》 1928년 6월 23일.

78 《조선총독부통계연보》 및 《조선총독부林野統計》 각 연도 발행분 참조.

79 조선총독부 편, 임경빈 외 역, 《조선임업사(하)》, 1944, 26쪽의 자료를 참고로 작성함.

80 加藤兵次, 〈林野稅の廢止問題に就て〉, 《朝鮮農會報》 10-5, 1936.

81 〈山林令違反과 盜伐者 激增〉, 《동아일보》 1933년 10월 19일.

82 최근 아시아, 아프리카의 개발도상국 산림 지역에서 발생하는 산림전용 사례를 분석한 자료에 따르면 산림전용을 시도하는 사람들은 농경지 확보, 교통로 혹은 거주지 마련, 목재 및 연료 확보 등을 목적으로 하고 있는 것으로 확인된다. 그런데 그 사례를 집계해 계산해보면 농경지 확보를 위해 산림을 없애는 경우가 35.6퍼센트, 교통로 및 거주지 마련 목적이 26.8퍼센트, 나무 확보가 24.9퍼센트, 기타 12.7퍼센트의 비중을 각각 차지했다. 그런데 나무를 확보하기 위한 산림전용 사례 가운데 연료 확보를 목적으로 한행위는 전체 사례의 6.8퍼센트를 차지한 것으로 나타난다. 오늘날에는 기름이나 천연가스, 석탄 등이 연료재로 사용되는 경우가 많아 장작이나 목탄 확보를 위한 산림전용의 비율은 줄어든 것으로 파악된다. 그러나 다른 지역과 동떨어진 원격지의 경우에는 연료재 확보를 위한 산림전용 사례가 더 많은 것으로 짐작된다. 이에 대해서는 Markku Kanninen 외 저, 김종호 역, 《나무는 돈으로 자라는가? 산림전용 방지로부터 탄소배출 감축 (REDD) 정책 홍보를 위한 산림전용 연구의 시사》, Center for International Forestry Research, 2009, 21쪽 이하 참조.

83 실제로 원나라 대도大都를 방문한 마르코 폴로는 중국인들이 석탄으로 연료 문제를 해결하는 모습을 목격하고 이를 소개한 바 있다. 북경 인근의 서산에는 석탄이 다량 매장되어 있어 주민들의 연료로 오랫동안 사용되었다. 기존의 연구에 따르면 遼 이후 역대 중국 왕조가 북경 일대를 중요한 도회지로 간주하게 된 것은 석탄 때문이었다고 한다. 이에 대해서는 원정식, 〈乾·嘉 연간 북경의 석탄 수급 문제와 그 대

책〉, 《동양사학연구》 32, 1990 참조.

84 〈京城における煉炭需給の情況(上)〉, 《朝鮮經濟雜誌》, 1922.

85 조선임학회, 《朝鮮における林産燃料對策》, 1940, 1쪽.

86 앞의 자료, 2~3쪽.

87 〈경성석탄수급상황〉, 《동아일보》 1936년 2월 25일.

88 高橋喜七郎, 《溫突の築き方と燃料》, 1923, 49~50쪽.

89 渡邊忍, 〈民有林指導方針〉, 《朝鮮》 214, 1933.

90 앞의 자료.

91 木谷重榮, 〈農村振興上より見た林野の經營〉, 《朝鮮山林會報》 133, 1936.

92 1911년에 공포된 〈삼림령〉 제22조에는 '① 조림 명령 또는 영림방법과 지도를 위반하는 자, ② 경찰의 허가를 받지 않고 화입한 자, ④ 타인의 삼림을 개간한 자는 200원 이하의 벌금에 처한다'고 규정되어 있다. 본문의 "삼림령 위반자"란 바로 이 조항을 위반한 사람을 의미한다. 이 조항에 따르면 당국이 지정하는 조림, 영림방법을 위반하는 것은 삼림범죄에 해당하며, 벌금형을 받도록 되어 있었다.

93 〈갈수록 심각화하는 농산촌 연료 문제〉, 《조선중앙일보》 1934년 12월 28일; 〈산림에 낙엽채취 금지, 세농층에 막대한 타격〉, 《동아일보》 1935년 2월 15일.

94 참고로 삼림조합은 '민유림지도방침대강'의 발표와 함께 폐지되었으며, 그 업무는 도로 이관되었다. 이에 대해서는 今井田淸德, 〈産業團體の統一整理と森林保護制度の革新〉, 《朝鮮山林會報》 92, 1932 참조.

95 조선총독부 편, 임경빈 외 역, 《조선임업사(상)》, 1944, 53쪽.

96 〈對韓方針竝ニ對韓施設綱領決定ノ件〉, 《日本外交文書》 37, 1904.

97 생산조사회, 《生産調査會錄事》, 1910, 36쪽.

98 일본농상무성, 《韓国森林調査書摘要》, 1906.

99 조선총독부 영림창, 《영림창案內》, 1919, 1쪽.

100 남만주철도주식회사, 《滿洲材の日本に對する價値》, 1930을 참조하여 작성함.

101 배재수, 《일제의 조선산림 정책에 관한 연구—국유림 정책을 중심으로》, 서울대학교 박사학위논문, 1997.

102 남만주철도주식회사, 《我國に於ける木材の需給と滿洲材》, 1923.

103 志岐信太郎, 〈鴨綠江沿岸森林伐採及販賣權ニ關スル顚末書〉, 《統監府文書》 1, 1908.

104 일본이 압록강, 두만강 유역 삼림벌채권을 확보해가는 구체적 과정에 대해서는 조재곤, 〈브리네르 삼림이권과 일본의 대응〉, 《역사와현실》 88, 2013 참조.

105 남만주철도주식회사, 《我國に於ける木材の需給と滿洲材》, 1923을 참고하여 작성하였다. 원 자료에는 목재 재적 단위가 석石으로 표기되어 있다. 이를 '1석=0.2782 입방미터'로 계산하여 입방미터 단위로 환산하여 적시하였다.

106 이미경, 〈일제하 신의주 목재업계의 변동과 목재상조합의 활동(1910~1936)〉, 서울대학교 석사학위논문, 2016.

107 조선총독부 영림창, 《영림창事業報告》, 1922, 5~7쪽.

108 이미경, 앞의 논문.

109 《조선총독부통계연보》 1910~1920년도 발행분의 자료 참조.

110 참고로 1926년에 결정된 각 영림서의 명칭과 위치를 나열하자면 다음과 같다(위치는 괄호 안에 표시하되 당시의 행정구역 명칭을 표기하는 것으로 함).

경성영림서(경성부), 충주영림서(충북 충주군 충주면), 제주도영림서(제주도 제주면), 봉화영림서(경북 봉화군 춘양면), 곡산영림서(황해도 곡산군 곡산면), 영원영림서(평남 영원군 영원면), 신의주영림서(평북 신의주), 희천영림서(평북 희천군 희천면), 대유동영림서(평북 창성군 동창면), 초산영림서(평북 초산군 초산면), 위원영림서(평북 위원군 밀산면), 강계영림서(평북 강계군 강계면), 중강진영림서(평북 자성군 여연면), 후창영림서(평북 후창군 후창면), 춘천영림서(강원도 춘천군 춘천면), 인제영림서(강원도 인제군 인제면), 통천영림서(강원도 통천군 통천면), 양양영림서(강원도 양양군 양양면), 강릉영림서(강원도 강릉군 강릉면), 울진영림서(강원도 울진군 울진면), 복계영림서(강원도 평강군 평강면), 평창영림서(강원도 평창군 평창면), 함흥영림서(함남 함흥군 함흥면), 원산영림서(함남 원산부), 영흥영림서(함남 영흥군 홍인면), 북청영림서(함남 북청군 북청면), 단천영림서(함남 단천군 파도면), 하갈우영림서(함남 장진군 신남면), 풍산영림서(함남 풍산군 이인면), 신갈파진영림서(함남 삼수군 강진면), 혜산진영림서(함남 갑산군 보혜면), 경성영림서(함북 경성군 오촌면), 명천영림서(함북 명천군 하운면), 부령영림서(함북 부령군 하무산면), 무산영림서(함북 무산군 읍면), 회령영림서(함북 회령군 회령면) 朝鮮林業協會, 《朝鮮林業史(上)》(1941) 50쪽.

111 맹아를 보육하여 새로운 숲을 만드는 작업을 일컫는다.

112 1911년을 예로 들었을 때 한 해 동원된 연인원은 343,500명이었다. 이 중에서 벌목
조재에 동원된 인원은 10퍼센트 정도였고, 운재運材 및 유벌流筏 등의 운반 업무에 종
사한 사람이 거의 대부분을 차지했다. 〈영림창事業槪況〉, 《조선총독부官報》 1912년
7월 26일.

113 조선총독부 편, 임경빈 외 역, 앞의 책, 506~618쪽을 참고하여 작성하였다.

114 《조선총독부임야통계》 각 연도 발행분 자료 참조.

115 조선총독부 영림창, 《영림창案內》, 1919.

116 조선총독부, 《朝鮮の林業》, 1936, 43쪽.

117 아사카와 다쿠미와 같은 기수는 외래 수종과 조선 수종의 비교 식재 결과를 보고서
로 작성하여 제출한 바 있으며, 이에서 조선산 수종을 중심으로 국유림 식재를 할 필
요가 있다고 주장한 적이 있다. 참고로 아사카와 다쿠미는 노천매장발아촉진법이라
는 잣나무 식재방법을 개발한 인물로 잘 알려져 있다. 이에 대해서는 김석권, 〈아사
카와 다쿠미의 임업사적 재평가〉, 《숲과 문화》 119, 2011 참조.

118 장정룡·이한길, 《인제 뗏목과 뗏꾼들》, 2005, 65~69쪽.

119 김종혁, 〈북한강 수운 연구〉, 고려대학교 석사학위논문, 1991.

120 조선총독부 편, 임경빈 외 역, 앞의 책 《조선임업사(상)》, 1944, 522~525쪽.

121 萩野敏雄, 《朝鮮·滿洲·臺灣林業發達史論》, 1965, 130쪽.

122 조선총독부, 《大正十一年度영림창事業報告》, 1923.

123 조선총독부 편, 임경빈 외 역, 앞의 책, 1944, 623~626쪽.

124 조선총독부, 《大正十一年度영림창事業報告》, 1923에 수록된 자료를 참조하여 작성
함. 표에서 벌목조재 재적이 산지운재 재적보다 적은 것은 당해연도에 조재된 목재
만 산지에서 계벌장으로 운반한 것이 아니라 전년도에 운반하지 못하고 보관하던 목
재도 함께 운반했기 때문이다.

125 앞의 자료.

126 참고로 1922년도 경우 신의주제재소에 운반된 자재의 재적은 107,172입방미터였는
데, 제재를 통해 생산된 물량은 60,478입방미터였다.

127 유벌 과정에서는 표류목이 발생할 우려가 높고 목재 분실의 가능성도 많았다. 또 산
   지운재 과정에 종사하는 노동자의 다수는 조선인이었던 반면, 유벌 과정에는 일본인
   이 상당수 종사하고 있었다는 사실로 미루어 보아 그에 필요한 노동비도 높은 편이
   었을 것으로 판단된다. 조선총독부, 《大正十一年度영림창事業報告》, 1923.
   참고로 벌목, 산지운재, 유벌, 저장, 제재 과정에서 발생한 모든 비용을 합하면 1921
   년의 경우 1입방미터당 11원 68전의 비용이 발생했는데, 영림창이 이 목재를 민간업
   자에게 팔 때의 평균 가액은 1입방미터당 24원 90전이었다고 한다. 萩野敏雄은 입목
   대立木代, 벌목운재비, 잡비 등을 합산하여 압록강재 1입방척체의 표준생산원가를
   3.92원으로 계산한 바 있다. 이를 입방미터 단위 기준으로 환산하면 11원 74전이 되
   어 필자의 계산과 비슷한 수치가 나온다. 이에 대해서는 萩野敏雄, 《朝鮮·滿洲·臺
   灣林業發達史論》, 1965, 155쪽 참조.

128 조선총독부, 《北鮮開拓事業計畵書─森林關係ノ分》, 1932.

129 1910년도 대중국 수출액은 148,882원이었는데 1925년에는 1,855,853원으로 증가
   했고 1939년에는 9,483,694원으로 대폭 늘어났다. 조선총독부, 《조선총독부통계연
   보》 각 연도 발행자료 참조.

130 〈관세철폐와 조선 산업〉, 《동아일보》 1920년 7월 10일.

131 이미경, 앞의 논문.

132 1927년 현재의 목재 수이입량은 원목 37만 6340척체, 제재목 45만 8530척체였고,
   수이출량은 원목 29만 447척체, 제재목 29만 8677척체로서 수이입초과 상태였다.
   庄田作輔, 《滿蒙林業事情槪要》, 1932, 16쪽.

133 〈농림성에 木材關稅定率改正을 企圖〉, 《동아일보》 1927년 9월 28일.

134 〈法律第35號 '關稅定率法中改正〉, 《조선총독부官報》 1929년 4월 5일.

135 萩野敏雄, 《朝鮮·滿洲·臺灣林業發達史論》, 1965, 160쪽.

136 조선총독부, 《朝鮮林政計劃書》, 1927, 9~15쪽.

137 〈咸鏡 平安等 六道의 國有林을 大量으로 伐採〉, 《동아일보》 1938년 2월 10일.

138 배재수, 〈1926년부터 1936년까지의 일제의 한국 국유림 정책에 관한 연구─조선임
   정계획서(1926) 중 요존국유림 관련 계획을 중심으로〉, 《한국임학회지》 85, 1996.

139 배재수·노성룡·김태현, 《일제강점기 산림 정책과 산림 자원의 변화─빈약한 산림

자원, 과도한 목재생산〉, 국립산림과학원 연구신서 122, 2021.

140 조선총독부 편, 임경빈 외 역, 앞의 책, 53쪽.

141 앞의 책. 38쪽의 [표 10]을 재인용한 것임.

142 조선식산은행조사과, 《朝鮮ノ木材》, 1925, 9쪽의 내용을 근거로 작성한 것이다.

143 앞의 자료를 바탕으로 작성함.

144 앞의 자료.

145 앞의 자료.

146 현재 전하는 기록에 따르면 1928년에는 일본으로부터 들어오는 목재 이입량이 347,391석이었고 중국 등으로부터 들어오는 수입량은 943,372석이었다. 반면 일본으로 나가는 이출량은 102,554석이었고 중국으로 수출되는 양은 200,033석이었다. 일본과 중국으로부터 들어오는 목재량이 수이출량보다 훨씬 많아서 1928년도 조선 내 목재 자급률은 88퍼센트에 지나지 않은 것으로 확인된다. 이러한 경향은 1933년과 34년을 제외하고 1940년대까지 유지되었다.

147 〈지원 주민의 명맥인 이천 정보의 국유산림을 속히 대부하라〉, 《동아일보》 1923년 1월 27일.

148 제탄조합은 중일전쟁 발발 직전까지 경기도에만 54개가 설립되어 있었다고 한다. 京畿道, 《京畿道道勢概要》, 1936, 674쪽.

149 〈개천개량목탄 연산액 일만원 이상〉, 《동아일보》 1930년 9월 12일.

150 〈양제탄인 개천탄의 진출〉, 《동아일보》 1930년 12월 4일.

151 국가기록원 문서 CJA0004897□0027156624 〈海印寺寺有林伐採許可願に關する件〉.

152 조선총독부 편, 임경빈 외 역, 앞의 책, 233쪽.

153 조선총독부, 《조선총독부통계연보》, 1932.

154 앞의 자료.

155 조선총독부, 《朝鮮人の商業》, 1925, 326쪽.

156 〈목포 신탄 정매로 부민생활 대위협〉, 《동아일보》 1932년 9월 22일.

157 조선총독부, 《朝鮮人の商業》, 1925, 250쪽.

158 오늘날의 뚝섬 일대이다.

159 조선총독부, 《朝鮮に於ける公設市場》, 1930, 10쪽.

160 앞의 자료.

161 조선총독부, 《朝鮮の市場》, 1924, 85쪽.

162 조선총독부, 《朝鮮に於ける公設市場》, 1930, 10쪽.

163 조선총독부, 《朝鮮の市場》, 1924, 85쪽.

V. 일제 당국의 임업 공익 확보 정책

1 윤여창 외, 〈임업의 공익적 기능 평가방법 개발 및 내부화 방안 연구(농림부 정책연구 보고서)〉, 2003, 1~3쪽.

2 앞의 보고서, 3~4쪽.

3 산림청, 《2018년 기준 목재이용실태조사 보고서》, 2019, 46~48쪽.

4 앞의 보고서, 218쪽에는 일본 효고현에 위치한 '숲과 녹색 公社'의 사례를 통해 이에 대해 자세히 언급하고 있어 참고가 된다.

5 《비변사등록》 31책, 숙종 1년 2월 28일.

6 《비변사등록》 31책, 숙종 1년 8월 29일.

7 《비변사등록》 256책, 고종 12년 2월 27일.

8 〈화전정리에 관하여〉, 《매일신보》 1929년 1월 12일. 화전민들은 나무가 울창한 산 경사지를 몇 년간 경작하다가 지력이 다하면 그 땅을 내버리고 휴경하는 것이 보통이다. 특정 산지에 화전을 처음 만들 때에는 나무를 베어버리거나 '환상 각피', 즉, 나무 줄기의 껍질을 고리 모양으로 떼어내어 결국 나무가 고사하도록 하는방법으로 대목을 제거한다. 그 후에 불을 놓고, 첫 비가 온 다음에 기경한 후 4~5년 동안 경작을 한다. 지력이 다하면 5~10년간 휴경을 하는데, 다시 화입을 할 때에는 처음 개간할 때에 자리 잡고 있던 나무가 이미 사라지고 새롭게 자라는 나무들만이 있기 때문에 벌목에 들이는 노동력은 줄어들고 땅의 생산력도 낮아지게 된다. 이러한 과정을 거치게 되면 토사 유실이 심해지게 되는데, 조선총독부 당국자는 이 때문에 화전이 정리되어야 한다고 말한 바 있다. 조선총독부 관방문서과, 《火田の現象》, 1926,

43~50쪽.

9 이경식, 앞의 논문.

10 최원규, 〈대한제국기 양전과 관계발급사업〉, 《대한제국의 토지조사사업》, 1995.

11 조선토지조사사업에 이어 1917년부터 1924년까지 조선임야조사사업이 시행되어 '임야'에 대한 지적 신고와 측량, 사정 작업이 이어졌다는 것은 주지의 사실이다.

12 조선총독부, 《朝鮮森林山野所有權ニ關スル指針》, 1913, 3쪽.

13 조선총독부, 《朝鮮森落調査報告》, 1924, 7쪽.

14 조선총독부 임시토지조사국(지적기술연수원 역), 《조선토지조사사업보고서》, 1919, 76쪽.

15 앞의 책, 83쪽.

16 《비변사등록》 3책, 숙종 4년 10월 26일.

17 조선총독부 임시토지조사국, 지적기술연수원 역, 《조선토지조사사업보고서》, 1919, 122쪽.

18 조선총독부, 《火田の現狀》, 1926, 144~158쪽.

19 앞의 자료.

20 조선총독부, 《조선부락조사보고》, 1924, 7쪽.

21 특정 화전이 사유지로 사정됨과 동시에 그 지목이 '전'으로 분류되는 경우에는 소정의 절차를 밟아 결가(지세)를 납부하게 된다. 1914년에 공포된 '조선지세령'에서는 11원, 9원, 8원, 6원, 5원, 4원 및 2원의 7종으로 결가를 나누어 부과하도록 되어 있었다. 화전 경작자로서 그 경작지의 지목이 '전'으로 분류된 자, 자기 땅이 아닌 국유림 내에 화전을 경작하는 자, 자기 소유의 임야에 경찰의 허가를 받아 일시 화전을 경작하는 자 모두에서 소정의 결가가 부과되었다. '화전' 농법 방식으로 경작된 땅이 결가는 대개 2원 내지 4원이었다. 조선총독부, 《火田の現狀》, 1926, 79쪽. 1918년 지세령 개정에 따라 지가의 1000분의 17에 해당하는 액수만큼 지세를 납부하게 되었다. 화전 농법으로 경작된 땅의 지가 산정 작업은 각 지역 사정을 감안하여 이루어졌고, 지역에 따라 지세도 달리 책정되었다. 평안북도 희천군의 사례를 보면 화전 1반보에 평균 26전의 지세를 납부한 것으로 확인되는데, 아마도 사유지 내에 있는 보통의 화전은 그 정도의 세액을 부담했을 것이다. 조선총독부, 앞의 자료, 118쪽. 한편 광무양전 이전에는 화전 소재지의 국유, 사유 여부를 막론하고 25일경을 1

결로 간주하여 세미 1석에 대한 대전代錢 8냥을 거두어들였다. 그러다가 광무양전 당시에 양지아문이 화속전을 세이전歲易田으로 분류하고, 이를 일이전一易田, 재이전再易田, 삼이전三易田의 3등으로 나눈 후 각각 12부, 8부, 6부로 결부를 정하였다. 1902년에 이르러 1결당 세액이 80냥으로 다시 조정되었다. 이에 대해서는 최원규, 〈대한제국기 量田과 官契發給事業〉, 《대한제국의 토지조사사업》, 1995 참조.

22 국가기록원 기록물철 관리번호 CJA0010651, 〈火田整理に關する件(大正5年4月25日內訓第9號)〉.

23 영림창은 1906년 10월 '한국삼림특별회계설치에 관한 합동계약'에 따라 설치된 통감부영림창이 1910년 조선총독부의 설치와 함께 그 명칭을 바꾼 것이다. 영림창은 조선총독부 회계와 분리된 독립회계를 운영하는 기관으로서 북부 지방 주요 삼림지대를 관할하면서 관행작벌을 관리하는 업무를 맡아 보았다. 영림창 관할하의 임야는 모두 214만 정보에 이르렀다. 영림창은 1926년 6월 12일 칙령 제163호 '조선총독부 영림서관제'의 공포로 영림서가 설치됨에 따라 사라지고 그 업무는 총독부 산림과와 영림서에 흡수되었다. 배재수·윤여창, 〈1926년부터 1936년까지의 일제의 한국 국유림 정책에 관한 연구〉, 《한국임학회지》 85-3, 1996.

24 〈火田整理に關する件(大正5年5月29日山第3526號)〉, 《火田の現狀(조선총독부調査資料15輯)》, 161쪽.

25 〈國有林野に屬する火田を結數連名簿より削除の件(大正5年7月8日通牒第112號)〉, 《火田の現狀(조선총독부調査資料15輯)》, 164쪽.

26 〈火田調査に關する訓示(大正7年6月13日營業第707號)〉(조선총독부 편, 임경빈 외 역, 《조선임업사(하)》 335쪽에서 인용).

27 이때 지역에 따라서는 도 당국이 화전정리에 부정적인 견해를 보이기도 했다. 경상남도 당국자는 "하동군의 화전은 연초 경작하는 토지로서 연산액이 3만~4만 원 이상에 달하여 지방 경제에 영향을 미치는 바가 크다. 이곳의 화전은 전지의 중앙에 풀을 베어 모아놓고 이를 소각하여 비료로 삼는 것으로서 위험하지 않은 곳은 당분간 경작을 용인하고 있다"라고 말한 바 있다. 조선총독부, 《火田の現狀》, 1926, 166쪽.

28 조선총독부, 앞의 자료, 195쪽.

29 국가기록원 기록물철 관리번호 CJA0011404, 〈甲山郡普惠面松哥洞及瀧龍谷火田事

件實況〉에 의하면 당국이 지정한 이주지는 '도저히 농사가 불가능한 곳'이어서 주민들이 이를 둘러본 후 모두 이주를 포기했다고 되어 있다.

30 국가기록원 기록물철 관리번호 CJA0010969−火田調查書類, 〈火田調查委員會小委員會報告書〉.

31 조선총독부 편, 임경빈 외 역, 《조선임업사(상)》, 1944, 389쪽.

32 일제가 1926년에 이르러 산림과를 산림부로 승격시킨 것은 이 무렵 임야조사사업이 종료되고 그 결과를 바탕으로 본격적으로 삼림운영 정책안을 실행하게 됨에 따라 임정 관련 조직 확대가 필요했기 때문이다. 산림부는 1932년 7월 조선총독부 관제개정에 따라 농림국 임정과 및 임업과로 축소, 흡수되었다. 이에 대해서는 渡邊忍, 〈年頭所感〉, 《朝鮮山林會報》 83, 1932 참조.

33 조선총독부 편, 임경빈 외 역, 앞의 책, 391쪽.

34 서일수, 〈1930년대 '北鮮開拓事業'과 城津의 도시 공간 변동〉, 《도시연구》 22, 2019.

35 〈전조선 화전정리 착수 백만 화전민 將安之〉, 《동아일보》 1927년 9월 4일.

36 조선총독부山林部 編, '道知事會議答申事項(昭和2年5月)', 《火田整里に關スル參考書》, 1937, 3쪽.

37 앞의 자료.

38 국가기록원 기록물철 관리번호 CJA0010969−火田調查書類, 〈火田調查に關する件〉.

39 국가기록원 기록물철 관리번호 CJA0010969−火田調查書類, 〈火田調查要綱(秘)〉.

40 〈火田整理の根本方針協議〉, 《大阪每日新報−朝鮮板》 1929년 1월 16일.

41 국가기록원 기록물철 관리번호 CJA0010969−火田調查書類, 〈火田調查委員會小委員會報告書〉.

42 앞의 자료.

43 국가기록원 기록물철 관리번호 CJA0011556−제78회제국의회설명자료, 〈火田の禁制〉.

44 국가기록원 기록물철 관리번호 CJA0011225−예규철, 〈火田の侵犂防止及整理に關する件〉.

45 국가기록원 기록물철 관리번호 CJA0011404−농롱곡화전민정리, 〈火田整理狀況〉.

46 국가기록원 기록물철 관리번호 CJA0011225-예규철, 〈火田臺帳及其の圖面整備處理に關する件〉.

47 국가기록원 기록물철 관리번호 CJA0011404-농롱곡화전민정리, 〈抗議文〉.

48 국립산림과학원, 《숲가꾸기 표준교재 Ⅶ》, 2007, 66쪽.

49 비탈면의 붕괴를 막기 위해 비탈을 다듬고 표면침식을 받지 않도록 지면을 평활하게 하는 것으로서, 땅속 흙막이, 돌쌓기, 누구막이, 배수구 조성 등의 작업으로 구성되는 일련의 공사이다.

50 비탈면의 붕괴를 막는 데 필요한 나무의 성장 공간을 확보하는 공사이다. 비탈 다듬기를 시행한 산지 비탈에 높이 1~2미터 정도마다 수평으로 단 끊기를 한 후에 일정한 규모의 계단 형태로 메우기를 하고, 그 면에 흙떼를 세워 붙여 토사를 고정하는 방식으로 작업이 진행된다. 일제강점기에는 적묘공積苗工이라고 불렸다.

51 계류의 유속을 줄이고 침식을 방지하기 위하여 하천 바닥에 바닥막이 시설물을 만들거나 계곡 입구에 콘크리트나 돌로 기슭막이 시설물을 설치하는 공사를 의미한다.

52 《비변사등록》 240책, 철종 4년 7월 18일.

53 음력 정월, 4월, 7월, 10월 등 계절이 시작되는 첫 달을 의미한다.

54 《비변사등록》 167책, 정조 8년 11월 17일.

55 《비변사등록》 273책, 고종 29년 5월 6일.

56 《비변사등록》 251, 책 정조 8년 2월 19일 기사에 의하면 함경도 고령이라는 곳에서는 무너진 방축에 보토를 하기 위해 무산 등 세 읍 민정 약 만 명에게 3일씩 부역을 부과했는데, 그 공사에 들어가는 재력과 민력을 제대로 확보하지 못해 "나라의 역사라 말하면서도 유명무실하게 이런 지경에 이르렀다"는 평가가 있어 참고가 된다.

57 〈조림의 효과〉, 《매일신보》 1912년 8월 20일.

58 1913년 무렵에 식민 당국은 조선 내 산림의 면적을 1,600만 정보로 파악하고 그중 1,300만 정보가 미입목지이거나 어린 나무만 존재하는 황폐지라고 판단했다. 〈造林의 一大方針〉, 《매일신보》 1913년 8월 17일.

59 〈農部의 조림 계획〉, 《황성신문》 1910년 2월 27일.

60 〈京山 사방 기공〉, 《慶南日報》 1911년 3월 24일.

61 오늘날의 서울시 종로구 세검정 일대에 해당함.

62 〈경기도 사방 공사〉, 《매일신보》 1913년 9월 24일.

63 오늘날의 서울 삼청동 서북쪽 산봉우리에 해당하는 곳이다.

64 《비변사등록》 167책, 정조 8년 11월 17일.

65 조선총독부, 《朝鮮の砂防事業》, 1937, 35쪽.

66 산림청, 《사방기술교본》, 2014, 53쪽.

67 떼를 수평 방향으로 줄지어 심는다는 의미로, 비탈 다듬기를 시행한 곳에 떼를 세워 붙여 토사를 고정하는 공법이다. 오늘날에는 '선떼 붙이기'라고 부른다.

68 계단형으로 산비탈을 평평하게 만드는 '비탈 다듬기' 작업을 이르는 말이다.

69 〈경기도와 사방공사〉, 《매일신보》 1916년 7월 1일.

70 선떼 붙이기 공정을 의미하는 용어이다.

71 조선총독부 농림국, 《朝鮮の砂防事業》, 1937, 7~8쪽.

72 〈한국 수재에 대하여〉, 《신한민보》 1916년 7월 13일.

73 〈조선 수해와 修補〉, 《매일신보》 1916년 6월 17일.

74 최병택, 〈1920년대 초~1930년대 전반기의 하천개수사업과 토목청부업 비리〉, 《사학연구》 118, 2015.

75 조선총독부, 《조선총독부통계연보 −4編》, 1920, 78쪽.

76 〈제1기 치산사업〉, 《동아일보》 1922년 2월 21일.

77 〈명년 조선 예산 보급금증액곤란〉, 《동아일보》 1921년 10월 31일.

78 조선총독부, 《朝鮮河川調査書》, 1929, 433~434쪽.

79 〈제1기 치산사업〉, 《동아일보》 1922년 2월 21일.

80 〈당국자의 치수책 여하〉, 《동아일보》 1925년 7월 26일.

81 〈제1기 치산사업〉, 《동아일보》 1922년 2월 21일.

82 〈大正12年度砂防事業實行概況〉, 《조선총독부官報》 1925년 5월 29일.

83 〈11년도 치산사업 개황〉, 《동아일보》 1924년 4월 13일.

84 조선총독부 농림국, 《朝鮮の砂防事業》, 1937, 19쪽.

85 〈산업시설 문제 서촌식산국장 담〉, 《동아일보》 1924년 7월 17일.

86 조선총독부 농림국, 《朝鮮の砂防事業》, 1937, 9쪽.

87 조선총독부, 《朝鮮河川調査書》, 1929, 325쪽.

88 〈당국자의 치수책 여하〉, 《동아일보》 1925년 7월 26일.

89 조선총독부 농림국, 《朝鮮の砂防事業》, 1937, 10~11쪽.

90 국가기록원 소장 문서 CJA0010809, 〈大田郡外南面砂防工事計劃書(1928)〉.

91 〈11년도 치산사업 개황〉, 《동아일보》 1924년 4월 13일.

92 앞의 기사.

93 〈朝鮮砂防事業令〉, 《조선총독부官報》 1933년 8월 25일.

94 조선총독부 농림국, 《朝鮮の砂防事業》, 1937, 3쪽.

95 앞의 자료, 39쪽.

96 앞의 자료, 12쪽.

97 조선총독부 농림국, 《朝鮮の砂防事業》, 1937, 12쪽 및 국가기록원 소장 문서 CJA0011226, 〈冷害旱害砂防事業費國庫補助書類〉에 수록된 내용을 바탕으로 작성하였다.

98 1맥陌은 1헥타르에 해당된다.

99 국가기록원 소장 문서 CJA0003476, 〈昭和14年度洛東江流域外砂防工事のため賦役賦課の件〉에 의하면 사방공사를 실시할 때 해당사업 구역에 소재하는 면 주민에게 사방사업비의 10퍼센트에 상당하는 비용을 부역환산금으로 부과하는 것으로 규정되어 있었다.

100 〈은폐된 官惡과 민원〉, 《동아일보》 1925년 2월 6일.

101 국가기록원에 소장된 문서 중 CJA0010962~CJA0010967 등의 자료에 궁민구제 사방사업의 실행보고서가 수록되어 있으며, 이 자료에는 대부분의 사업 시행구역에서 다양한 산복공사와 계간공사 공법이 적용되었다는 내용이 있어 참고가 된다.

102 《조선총독부통계연도》 각 연도 자료 참조.

103 조선총독부, 《南鮮の洪水》, 1936, 5쪽.

104 《조선총독부통계연보》(소화 14년: 1939)를 참조하여 작성함. 조선총독부는 1932년 이전까지 토사로 매몰된 하천 용적을 조사, 발표하다가 1933년부터 해당 통계를 더이상 집계하지 않았다. 이러한 점을 감안해 이 글에서도 1832년 이전의 통계와 이후의 통계를 분리하여 표로 제시했다.

105 앞의 자료.

106 조선총독부 농림국, 《朝鮮の砂防事業》, 1937, 114쪽.

107 〈洛東江沿岸一帶에 砂防工事를 實施 慶南北聯合으로 本府補助 밧어 洪水慘害根本的退治〉, 《매일신보》 1933년 11월 27일; 〈洛東江流域中心으로 砂防工事를 補强 明年度부터 三個年繼續으로 洪水害의 擴大防止〉, 《매일신보》 1936년 9월 17일.

108 조선총독부 농림국,, 《朝鮮の砂防事業》, 1937, 12쪽.

109 앞의 자료, 13쪽.

110 〈窮民救濟 土木事業의 內容〉, 《매일신보》 1930년 12월 28일.

111 조선총독부 내무국, 《朝鮮窮民救濟治水工事年報》, 1931, 2쪽에 궁민구제 하천개수 사업의 규모가 소개되어 있어 참고가 된다.

112 〈11시간 노임 17전〉, 《동아일보》 1933년 6월 13일.

113 앞의 기사.

114 〈궁민구제사업의 실효 검토〉, 《동아일보》 1931년 2월 28일.

115 〈조선총독부예산안검토〉, 《개벽》 1935년 3월.

116 〈齋藤內閣의 經濟政策과 農村救濟政策의 展望〉, 《동광》 1932년 8월.

117 〈궁민구제사업의 실효 검토〉, 《동아일보》 1931년 2월 28일.

118 〈전조선유지인사총망라 궁민구제대책지상좌담회〉, 《동아일보》 1932년 7월 5일.

119 산림청 편, 김병섭 외 저, 《한국의 치산녹화 성공사례 분석》, 2009, 54~55쪽.

120 앞의 책, 110~111쪽.

VI. 전시 체제기의 임산물 증산과 임업 생산기반의 약화

1 특히 목탄에 대한 수요가 높았는데, 목탄은 제철, 고철재생공업, 가솔린 대용의 자동차연료, 가스발생원료 등으로서 '시국관련 공업'에 없어서는 안 될 물품이었다. 〈木炭은 生擴의 동력〉, 《매일신보》 1942년 8월 15일.

2 《조선총독부임야통계》에 수록된 자료에서 영림서 관할 임야 면적과 총 입목재적을 나누어 구한 수치이다. 참고로 1934년 영림서 관할 국유림의 총 면적은 3,443,088정보이며 1938년에는 3,825,096정보에 이르렀다.

3   조선총독부 편, 《朝鮮林政計劃書》, 1927, 9~15쪽. 조선임정계획서는 1) 당시까지 영림창, 조선총독부 농림국 산림과 출장소, 도지사 등으로 그 관리 주체가 나뉘어져 있던 국유림의 관리기관을 산림부로 통일하고, 2) 식민재정의 확충을 위하여 요존국유림 가운데 "관리, 보호하기 어려운 곳"과 농경지로 사용이 가능한 곳 등을 민간에 대폭 처분하며, 3) 국유림 대폭 증벌을 통한 이윤확대 등을 주요 내용으로 했다.

4   국유림에서의 벌채량이 늘어난 결과 국유림 입목 축적은 점차 하향 추세를 보였다.

5   〈咸鏡 平安等 六道의 國有林을 大量으로 伐採 軍需材와 팔프需要增加로 三百萬圓 經費計上〉, 《동아일보》 1938년 2월 10일.

6   조선총독부 농림국, 《朝鮮の林業》, 1940, 54쪽.

7   조선총독부 편, 《朝鮮林政計劃書》, 1927, 17~18쪽.

8   〈경기의 삼림자원개발〉, 《매일신보》 1937년 11월 20일.

9   〈전시공업의 발전기도, 자원공급을 원활화, 경기서 속성식림계획을 수립〉, 《매일신보》 1937년 10월 28일.

10 〈用材增産 計劃, 今年은 一萬町步用材林設定 京畿道에서 十萬圓計上〉, 《동아일보》 1938년 2월 19일.

11 《조선총독부조사월보》 1941년 8월호 기사 〈民有林造林事業槪要〉를 참고하여 작성하였다.

12 〈목탄은 걱정 없다. 도직영의 체탄소에서 1만 표. 불일중 경성에 반입〉, 《조선일보》 1939년 11월 3일.

13 1938년의 생산 감소는 이 해부터 수년간 지속된 한발의 영향인 것으로 추측된다. 당시 계속된 한발로 묘포에서 생산된 묘목의 수가 급감하였으며 임지의 다수가 황폐해졌다.

14 〈林業開發會社슈 今二十六日附公布 矢島농림국長談〉, 《동아일보》 1937년 6월 26일.

15 〈森林資源의 重要性と森林政策〉, 《朝鮮山林會報》 1941년 9월.

16 〈조선 내 치수책 2천만원 자본32만 정보를 10년간에 식림〉, 《조선일보》 1937년 1월 1일.

17 〈林業開發會社슈 今二十六日附公布 矢島농림국長談〉, 《동아일보》 1937년 6월 26일.

18 〈조선 내 치수책 2천만원 자본32만 정보를 10년간에 식림〉, 《조선일보》 1937년 1월

1일.

19 〈1,000,000町步 조림계획. 재무국 사정 관문 통과〉,《조선일보》1938년 11월 20일.

20 〈2만여 화전민 정리. 신간금지 기경지정 이행, 임업개발회사 첫사업〉,《조선일보》 1939년 5월 24일.

21 《조선산림회보》각 호에 수록된 '京城市場林産物商況'에 의하면 적송 판목의 경우 중일전쟁 발발 이전 표준크기(1,800㎝×24㎝×1.8㎝)의 가격이 3.06원이었으나 1937년 10월부터 가격이 등귀하기 시작하여 3.15원을 기록한 후 1938년 10월에는 3.87원, 39년 10월에는 4.32원을 기록했다. 이 가격은 일제가 표본조사에 의하여 발표한 것이므로 실제 시장가격은 더 가파르게 상승하였을 것으로 보인다. 한편 기타 임산물도 가격이 상승하여 목탄의 경우 1937년 1월 10관 당 가격이 60전이었으나 1937년 10월에는 1원 15전으로 상승하였고 가격통제가 이루어진 1938년 10월 무렵에는 약 2원가량의 시세를 기록했다.

22 〈임업개발 총회〉,《조선일보》1940년 4월 16일.

23 〈용재공출을 적극화〉,《매일신보》1943년 7월 11일.

24 〈官營製炭について〉,《朝鮮山林會報》1940년 12월.

25 〈造林國策要望 民有林更生會서〉,《동아일보》1938년 6월 12일.

26 〈民有林關係諸問題の展望〉,《朝鮮山林會報》1936년 5월.

27 加藤兵次,〈林野稅の廢止問題に就て〉,《朝鮮農會報》10-5, 1936.

28 조선총독부 편, 임경빈 외 역,《조선임야사(하)》, 1944, 493~494쪽.

29 東洋拓殖株式會社,《東洋拓殖株式會社三十年誌》, 1939, 269쪽.

30 일제가 국고를 보조하여 임도개설사업을 시작한 것은 1936년부터의 일이었다. 1936년도에 일제는 포천군 영중면, 문경군 문경면 대미산, 거창군 북상면 덕유산, 서흥군 소사면 일대 등 총 11개소 93킬로미터의 임도를 개설한 바 있다. 당시 개설된 임도 역시 도유림이나 片倉殖産 등의 기업림 지대에 만들어진 것이었는데, 예를 들면 경기 포천군 영중면 일대 지역은 일인 多木久米次郎 소유림이 존재하는 곳이었고 문경군 문경면 대미산은 경상북도 도유림, 거창군 북상면 덕유산 일대는 경상남도 도유림, 서흥군 소사면 일대는 片倉殖産의 소유림이 자리 잡은 곳이었다. 표는 조선총독부 편, 임경빈 외 역, 앞의 책, 170~173쪽 및《조선총독부관보》를 참조하여 작성하였다.

31 〈民有林野の伐採統制に就て〉, 《朝鮮山林會報》 1941년 3월.

32 〈朝鮮內民有林에 對한 增筏의 餘力은 尙存〉, 《동아일보》 1938년 12월 27일.

33 植木秀幹, 〈産業の新體制と人的要素の擴充〉 《朝鮮山林會報》 191, 1941.

34 〈산림 축적량을 조사, 벌채증재계획 수행에 만전 기도〉, 《매일신보》 1942년 9월 4일.

35 〈목탄업자에 영향 다대, 강력 통제조합 결성, 원목배급조합사업계획 발표〉, 《매일신보》 1942년 10월 2일.

36 〈벌재와 조림의 목표, 전년비 약 2할을 인상〉, 《매일신보》 1943년 5월 5일. 1942년도 일제가 결정한 목재 생산량은 300만 석(540만 입방미터)이었고 1943년도에는 360만 석(648만 입방미터)이었다.

37 〈목재증산운동 실시요강내용〉, 《매일신보》 1943년 5월 29일.

38 〈朝鮮燃料販賣最高價格〉, 《經濟月報》 1938년 10월.

39 농무성 산림국, 〈薪の統制に就て〉, 《木炭》 3, 1942.

40 〈朝鮮木炭配給統制規則〉, 《조선총독부官報》 1940년 7월 25일.

41 《조선총독부통계연보》를 참조하여 작성함.

42 〈목재는 결전의 무기, 증산에 총력을 바치자〉, 《매일신보》 1943년 8월 20일.

43 조선임학회, 《朝鮮に於ける林産燃料對策》, 1941, 1~3쪽.

44 조선총독부 농림국, 〈木炭曾殖立に配給施設補助〉, 《조선총독부帝國議會說明資料》 7, 1941.

45 〈목재는 결전의 무기, 증산에 총력을 바치자〉, 《매일신보》 1943년 8월 20일.

46 〈벌재와 조림의 목표, 전년비 약 2할을 인상〉, 《매일신보》 1943년 5월 5일.

47 〈목재증산운동 실시요강내용〉, 《매일신보》 1943년 5월 29일.

48 〈신탄소비를 절약하라〉, 《매일신보》 1942년 9월 19일.

49 〈목탄의 출하통제, 도산림회에서 취급〉, 《동아일보》 1940년 8월 2일.

50 〈京畿道における木材の增産配給統制〉, 《朝鮮山林會報》 1941년 4월.

51 〈緊急! 燃料의 合理化 朝鮮林産物의 太半을 溫突의 燃料로 燒却 民有林産은 八十六퍼센트가 燃料로 消費 國有林産合해 五六퍼센트〉, 《동아일보》 1938년 5월 10일.

52 조선총독부 임정과, 〈朝鮮木材統制令發表に就て〉, 《朝鮮山林會報》 209, 1942.

53 高橋猛, 《朝鮮年鑑》, 1942, 292~293쪽.

찾아보기

이 저서는 2014년 대한민국 교육부와 한국학중앙연구원(한국학진흥사업단)의
한국학총서사업의 지원을 받아 수행된 연구임(AKS-2014-KSS-1230001)

한국 근대 산업의 형성 04__
한국 근대 임업사

2022년 8월 19일 초판 1쇄 인쇄
2022년 8월 22일 초판 1쇄 발행
글쓴이   최병택
펴낸이   박혜숙
디자인   하민우
펴낸곳   도서출판 푸른역사
　우) 03044 서울시 종로구 자하문로8길 13
　전화: 02)720-8921(편집부) 02)720-8920(영업부)
　팩스: 02)720-9887
　전자우편: 2013history@naver.com
　등록: 1997년 2월 14일 제13-483호

ⓒ 최병택, 2022

ISBN 979-11-5612-224-1 94900
(세트) 979-11-5612-195-4 94900